MIT CHRISTUS IM CHINESISCHEN STRAFLAGER

Mit Christus
im chinesischen Straflager

- Freude im Leiden -

von Rose Hu

„Denn Christus ist für mich das Leben, und das
Sterben ist Gewinn" (Phil. 1, 21).

Inhalt

5

Einführung

Die Unterdrückung der Christen in China, der rote Terror und das System der Arbeitslager

Der rote Terror

Der Kommunismus brachte eine ebenso gewaltige wie gewaltsame Zäsur in der fünftausendjährigen Geschichte Chinas, des sogenannten „Reiches der Mitte". Der Umbruch der bisherigen Gesellschaftsordnung kündigte sich schon Anfang des 20. Jahrhunderts an, als 1912 die Republik China ausgerufen wurde, denn damit war das Ende der Monarchie und des Kaisertums in China besiegelt.

Nach dem 2. Weltkrieg folgte der große chinesische Bürgerkrieg, in dem die 1921 gegründete Kommunistische Partei (KPCh), angeführt von Mao Zedong, die bürgerliche Regierung der Kuomintang nach Taiwan vertreiben und die Herrschaft an sich reißen konnte.

Am 1.10.1949 erfolgte die Gründung der Volksrepublik China durch Mao Zedong, der das Land bis zu seinem Tode im Jahre 1976 wie ein „Roter Kaiser" regierte. Auf ihn folgten die vier weiteren „großen Führer": Deng Xiaoping (1978–1989), Jiang Zemin (1989–2002), Hu Jintao (2002–2012) und Xi Jinping (2012 bis heute).

Die Umformung Chinas
zu einem kommunistischen Musterstaat

Ab 1950 begann Mao mit der systematischen Umgestaltung Chinas, um es von einem rückständigen, bäuerlichen Land in einen kommunistischen Musterstaat zu verwandeln. Dazu war gemäß kommunistischer Ideologie die Schaffung des „neuen Menschen" unerlässlich. Dieses Ziel verfolgte man mit größter Härte, zunächst durch die Ausrottung der politischen und ideologischen Gegner, dann aber auch durch die Umerziehung der restlichen Bevölkerung.

Die Säuberung der Gesellschaft von ihren potenziellen Feinden sollte aber nicht nur von den Staatsorganen, sondern auch mit Helfershelfern aus dem Volk durchgeführt werden. Es wurden vielmehr zentral organisierte Massenkampagnen von der kommunistischen Partei inszeniert, denen die Gesellschaft in immer kürzeren Abständen unterworfen wurde.

Ab 1951 gab es die „Drei-Anti-Bewegung" und die „Fünf-Anti-Bewegung". Die 3-Anti-Bewegung hatte offiziell den Kampf gegen Korruption, Verschwendung und Bürokratismus zum Ziel; die 5-Anti-Bewegung richtete sich gegen Bestechung, Betrug, Steuerhinterziehung, Veruntreuung und Verrat. Die Bekämpfung dieser Verbrechen war freilich nur der Vorwand für die Verfolgung der letzten freien Unternehmer, die man „kapitalistische Tiger" nannte. Es ging in Wahrheit um die Zerschlagung der Reste der Privatwirtschaft und um ihre Einverleibung in den Staatsapparat.

Die darauffolgenden Maßnahmen, die sogenannte „Sufan-Bewegung" und die „Anti-Rechts-Bewegung" der Jahre 1955-1957, dienten der Eliminierung sogenannter „Konterrevolutionäre" (sufan). Deren Definition war so weit, dass man sämtliche „Rechtsabweichler" ins Arbeitslager stecken oder in die Verbannung schicken konnte. Die Kampagne der „Reform des Denkens" sollte darüber hinaus regierungs- und ideologiekritische Intellektuelle, Schriftsteller und Akademiker aussortieren, um auch sie ins Arbeitslager stecken zu können. Besonders hinterhältig war die sogenannte „100-Blumen-Kampagne" (1956/57): Mao hatte durch seine persönliche Selbstkritik zunächst Künstler und Intellektuelle zu öffentlicher Kritik an der Partei und ihrer Politik ermutigt, um nach wenigen Monaten genau jene, die sich als Kritiker hervortaten, mit aller Härte zu verfolgen. Damit bereitete Mao den berühmten „Großen Sprung nach vorn" (1958-1961) vor, dessen Ziel der Aufbau einer zentralistisch geführten Industrie und Landwirtschaft nach dem Vorbild der modernen Industriestaaten sein sollte.

Der „Große Sprung nach vorn"

Bis heute kann man das Argument hören, dass der Kommunismus immerhin jedem Chinesen „zu einer Schale Reis verholfen" hätte.[1] Vor dem „Großen Sprung nach vorn" hatte Mao sich und dem Volk versprochen: „drei Jahre Mühe und Entbehrungen und tausend Jahre Glück",[2] doch das Ergebnis war die schlimmste Hungerkatastrophe, die die Welt jemals gesehen hatte, mit 40 bis 45 Millionen Opfern.

Der große Sprung sollte, so fantastisch es auch klingen mochte, die Entwicklungen zweier Jahrhunderte, welche andere Länder für die Industrialisierung brauchten, in nur wenigen Jahren nachholen. Entsprechend radikal waren die Maßnahmen: Kollektivierung der Landwirtschaft, ihre Industrialisierung und zugleich Aufbau einer international konkurrenzfähigen Industrie. Mit dem wirtschaftlichen Sachverstand, den sich die Parteifunktionäre aus den Werken von Marx und Lenin angelesen hatten wurden nun 5-Jahres-Pläne erstellt, welche den Aufbau einer Infrastruktur für eine moderne Industrie zum Inhalt hatten: Stahlproduktion, Staudämme, Eisenbahn, Straßenbau, Elektrifizierung u.v.m.

Doch zeigten sich schon bald die systemimmanenten Nachteile einer Planwirtschaft in aller Deutlichkeit: Misswirtschaft, wirtschaftlicher Unverstand, Fehlinvestitionen, sinnlose Zuteilung von Ressourcen, Korruption. Dazu kam die Ignoranz der Parteiführer, die die Pläne um so lieber absegneten, je fantastischer und radikaler sie waren.

Als die landwirtschaftliche Produktion einbrach und die ersten Millionen an Hunger starben, reagierte die Politik in der ihr eigenen Systemblindheit mit einem entschiedenen „Weiter so!" Die Ignoranz der Parteibonzen forderte die Manipulation der Statistiken geradezu heraus; wer warnte, ja nur auf die Tatsachen hinwies, kam ins Arbeitslager. Anstatt den Bauern zu helfen, exportierte man Getreide in die UdSSR, und um die Überlegenheit des Kommunismus nicht in Frage zu stellen, lehnte man Hilfslieferungen aus den USA ab. In manchen Dörfern verhungerten 50% der Einwohner. In den Arbeitslagern wurden die Inhaftierten gezwungen, neue Formen der Ernährung zu testen: Brot, das zu 30% aus Papierschilf bestand, Würmer und Insekten aller Art. Nicht selten führten diese Experimente zu einem tödlichem Ausgang.

Die Bauern hatten jetzt endgültig gelernt, den Kommunismus zu hassen: Zwar gab es in den Jahren von 1961 bis 1965 eine gewisse wirtschaftliche Konsolidierung, doch dauerte es über 30 Jahre, bis 1983 wieder so viel Nahrungsmittel produziert wurden wie vor der Katastrophe.

Die Große Kulturrevolution

Ähnlich radikal wie der „Große Sprung" die Wirtschaft revolutionieren wollte, sollte die „Große Proletarische Kulturrevolution" (1966-1976) die 5.000-jährige Kultur Chinas den Idealen einer kommunistischen Gesellschaftsordnung anpassen und den neuen Menschen hervorbringen.

Die Revolution wurde zur Institution: Jeder konnte jetzt zum Klassenfeind erklärt werden. Träger der Kulturrevolution sollte die Jugend sein. Nachdem man 1966 Universitäten und Schulen geschlossen hatte, stand eine neue Generation von Intellektuellen bereit, um mit religiösem Eifer die Welt zu verbessern. Sie waren ausschließlich von jenen Lehrern ausgebildet worden, welche die Säuberungswellen der 50-er Jahre überlebt hatten, so dass ihre Bildung vorwiegend aus den Lehrsätzen der Partei bestand. Die 14- bis 24-Jährigen stellten die „Elite-Soldaten" der Roten Garden, jung, zornig, ungebildet und entsprechend fanatisch, von den Parteiführern aufgewiegelt, von den Staatsorganen protegiert und zu jedem Verbrechen bereit.

Sie waren getrieben vom Hass, vom Hass gegen ihre Eltern, die sie verdächtigten, Konterrevolutionäre zu sein, vom Hass gegen die Tradition und die vorrevolutionäre Geschichte Chinas. Mao gab den Roten Garden die Lizenz für jedes Verbrechen und garantierte Straffreiheit für jeden Übergriff, den sie begingen; die Volkspolizei stand auf der Seite der jugendlichen Plünderer und Mörder und unterstützte sie soweit sie nur konnte.

Die Schüler und Studenten verprügelten ihre Lehrer, verhörten, folterten, massakrierten sie. Akademiker aller Fächer, Wissenschaftler, Intellektuelle, Techniker, Ärzte, Schriftsteller und Künstler wurden wahllos schikaniert und gnadenlosen, oft tagelangen öffentlichen Kritiksitzungen unterzogen, viele begingen Selbstmord.

Und wieder wurde eine politische Kampagne ausgerufen, diesmal gegen die „vier Alten": alte Ideen, alte Kultur, alte Sitten, alte Gebräuche. Die Rotgardisten plünderten und zerstörten, was sie nur fanden, drangen in Museen, Bibliotheken und Privathäuser ein, um „das alte Porzellan zu zerschlagen", profanierten Kirchen, rissen buddhistische und sogar Konfuzius-Tempel nieder; es kam zu Koranverbrennungen, zur Christenverfolgung; jede Ausübung der Religion wurde verboten.

Als Anfang der 70-er Jahre wegen der bürgerkriegsähnlichen Zustände im ganzen Land die Wirtschaftsproduktion zusammenbrach, kam die Stunde der Volksbefreiungsarmee (VBA), die sich bisher erstaunlich zurückgehalten hatte; sie sollte dem Spuk ein Ende machen. Die Armee übernahm die Kontrolle im ganzen Land und schickte 12 bis 20 Millionen Rotgardisten in die Verbannung auf das Land, zur Zwangsarbeit.

Nach dem Tode Maos 1976 stand für die Staatspräsidenten von Deng Xiaoping bis zum heutigen Xi Jinping der wirtschaftliche Aufbau im Vordergrund, so dass China heute die zweitgrößte Wirtschaftsmacht der Welt ist. Dazu dienten vergleichsweise sachte Reformen, die Einführung marktwirtschaftlicher Prinzipien auf unterster Ebene – unter Beibehaltung der Vorherrschaft und der Kontrolle der kommunistischen Partei. Mit jedem neuen Herrscher kam neue Hoffnung auf Wohlstand, auf mehr Freiheiten und Menschenrechte. Und tatsächlich: Die Arbeitslager leerten sich.

Als es allerdings zu Massenprotesten im ganzen Land kam und im Jahre 1989 im Zuge der Demokratiebewegung die absolute Vorherrschaft der Partei in Frage gestellt wurde, kam es zum Massaker auf dem Platz des Himmlischen Friedens in Peking. Es gab ca. 1.000 Tote, meist Studenten. Massenhinrichtungen im ganzen Land zerbrachen den Traum von Freiheit und Menschenrechten. Die Arbeitslager füllten sich wieder.

Die Laogai: Chinas Straf- und Arbeitslager

Das chinesische Wort „Laogai" bedeutet so viel wie „Umerziehung" oder „Reform durch Arbeit".

Die Internationale Gesellschaft für Menschenrechte (IGFM) spricht von einem regelrechten „Zwangsarbeitslagersystem" in China, in dem aktuell (!) bis zu 4 Mio. Häftlinge inhaftiert sind.[3]

Die Laogai wurden in großer Zahl (man zählte ca. 1.300 Lager) schon ganz zu Anfang der Herrschaft der Kommunisten in China eingerichtet, und seither wurden ca. 50 Mio. Menschen inhaftiert. Die Laogai erfüllten von jeher mehrere Zwecke: Sie waren allem voran ein Instrument zur Sicherung der Herrschaft des Proletariats, sprich: der kommunistischen Partei Chinas. Sie dienten offiziell als Straflager für Kriminelle aller Art, sind aber bald zu einem bedeutenden Wirtschaftsfaktor geworden, vor allem in der Landwirtschaft, in der Teeproduktion, für die Herstellung von Sportartikeln, Elektronikartikeln und Computern für die internationalen Großkonzerne – „Made in China".

Bis heute erfolgt die Einweisung ins Lager zumeist ohne Gerichtsprozess, allein durch die Polizeibehörde; es gibt keine Rechtsmittel, keine Transparenz. Auch die Umerziehungsmethoden haben sich kaum geändert: neben härtester Zwangsarbeit, nicht selten über 14 Stunden täglich, sind öffentliche Demütigungen Teil des Systems, dazu fast tägliche Verhöre (die auf ein regelrechtes „psychologisches Zureiten", d.h. auf ein Brechen der Person hinauslaufen), öffentliche Kritiksitzungen, eine alles erstickende Atmosphäre des Terrors, verbreitet nicht nur durch die Aufseher, sondern auch durch die Mitgefangenen, die beständig zum Verrat angetrieben werden. Dazu kommt schließlich noch die Folter, auch Isolationsfolter und nicht zu vergessen: der allgegenwärtige Hunger.

Zwar ist die Zahl der politischen Dissidenten in den Lagern, so zumindest die offizielle Darstellung, seit den Zeiten Maos drastisch gesunken, doch wurden und werden die „freien Stellen" alsbald mit neuer Klientel angefüllt, mit ethnischen und „religiösen" Minderheiten, allen voran mit den Christen der Untergrundkirche.

Das, was im vorliegenden Werk als „Nachhäftlinge" bezeichnet wird, die zeitlich unbefristete Überwachung auch nach Abbüßung der Strafe, gibt es auch heute noch, nur nennt man es „erzwungene Arbeitszuweisung". In den Arbeitslagern kommt es auch unter dem Vorwand von Grippeimpfungen zu Zwangssterilisation der Mitglieder der ethnischen Minderheiten (Tibeter, Uiguren, Kasachen und Kirgisen etc.), so die Vorwürfe der UN-Menschenrechtskommission.[4]

Die Bürger haben Angst vor der Partei und die Partei hat Angst vor den Bürgern. Zeugnis davon geben die Wohnsitzkontrolle, die „schwarzen" (d.h. nicht öffentlich als solche deklarierten) Gefängnisse, die erzwungene Arbeitszuweisung und die konsequent ausgebaute Totalüberwachung: In jeder Stadt und in jedem Dorf Chinas gibt es Kameras mit Gesichtserkennung, die zur Disziplinierung der Bevölkerung dienen. Ein raffiniert ausgeklügeltes „Sozialpunktesystem" bringt die Bevölkerung und die Unternehmen dazu, genau das zu tun, was die Regierung will.[5] Das Lagersystem garantiert zusammen mit der ständigen digitalen Totalüberwachung die absolute Herrschaft Xis und der kommunistischen Partei Chinas.[6] Ganz China gleicht immer mehr einem Laogai.

Die Unterdrückung der Christen in China

Die Geschichte der chinesischen Kultur[7] ist geprägt von der Verschmelzung der urtümlichen Naturreligionen, des Ahnenkultes, des Taoismus, der Philosophie des Lao-Tse (6. Jh. v. Chr.) des Konfuzianismus (Konfuzius oder Kung-Tse, ca. 551–479 v. Chr.) und des Buddhismus.

Der Konfuzianismus hat von Anfang an den Taoismus naturalistisch und rationalistisch interpretiert und so aus der Religion eine Morallehre gemacht, die für den typisch chinesischen Herrscher- und Staatskult verwertbar war. Noch Mao Zedong hat seine Parteigenossen ermahnt, die Werke des Konfuzius nicht weniger zu studieren als die von Marx und Lenin.[8]

Es gibt eine bedeutende inhaltliche Entsprechung zwischen den Verneinungen, die die chinesische Kultur geprägt haben und dem Wesen des Kommunismus in seiner maoistischen, wie in moderner Interpretation: Der Atheismus, der Personenkult dem Parteiführer gegenüber, die Vergötzung des Staates, aber auch die ständige Überwältigung des Individuellen durch das Kollektive sind begründet in der in der Geschichte Chinas sich wiederholenden Ablehnung Christi, des Mensch gewordenen Gottes. Das Christentum sieht den Menschen als Kind Gottes. Ohne Christus haben die Würde des einzelnen Menschen und die Unantastbarkeit des menschlichen Lebens keine verlässliche Grundlage.

Das missionarische Wirken der katholischen Kirche in China wurde von Anfang an behindert durch kaiserliche Edikte und staatliche Eingriffe, die bis hin zum totalen Missionsverbot gingen. Schon die ersten Missionierungsversuche durch die assyrische Ostkirche im 7. Jh. wurden von den Kaisern nicht weniger erschwert als die Mission der Franziskaner und Dominikaner im 14. Jh. und das Wirken der vorwiegend spanischen und portugiesischen Jesuiten im 17. und 18. Jahrhundert. Als die Inkulturation des Christentums in die chinesische Kultur („Akkommodation") sich in eine Assimilierung des Christentums zu verkehren drohte, schob Papst Benedikt XIV. mit der Bulle „Ex quo singulari" im Jahre 1742 einen Riegel vor, was umgehend zu einem Missionsverbot von Seiten des chinesischen Kaisers führte.[9]

Erst die im 19. Jh. wiederaufgenommenen missionarischen Tätigkeiten führten zu einem starken Wachstum des Christentums in China: Im Jahre 1949 zählte man 1,2 Mio. Protestanten und 3 Mio. Katholiken. Nach der Machtübernahme der Kommunisten wurden praktisch alle im Lande tätigen Priester und Missionare vertrieben oder verhaftet: 1950 gab es 5.500 Missionare in China, 1955 nur noch rund ein Dutzend.[10] Das Parteiprogramm von 1950 und die Verfassung von 1954 erlaubten eine Religionsfreiheit solange und in dem Maße, als eine Religion nicht der kommunistischen Lehre und Führung widersprach. So kam es im Jahre 1951 zum Abbruch aller diplomatischen Beziehungen zwischen dem Hl. Stuhl und China.

Die Christen lebten fortan im Untergrund. Um die seit ca. 1957 stark wachsende Untergrundkirche in China zu schwächen und unter Kontrolle zu bringen, gründete die kommunistische Partei Chinas die sogenannte „Katholisch-Patriotische-Vereinigung", welche ohne Erlaubnis Roms vom Staat ausgewählte Bischöfe weihte. Innerhalb wie außerhalb dieser Staatskirche wurde jede religiöse Tätigkeit strengstens kontrolliert, und wo als nicht konform erfunden, rigoros verfolgt.

Dennoch gab es weiterhin ein starkes Anwachsen der Zahl der Christen. Man schätzt für die 80-er Jahre ca. 17 Mio. Protestanten, 12 Mio. Katholiken in der offiziellen Kirche und ca. 45 Mio. Christen in der Untergrundkirche; Schätzungen aus dem Jahr 2.000 gehen gar von 58 Mio. Katholiken in der Untergrundkirche aus.

Die Vertreter des Heiligen Stuhles haben jahrelang versucht, auf die Politik Chinas einzuwirken und die Rechte der Katholiken zu stärken, doch scheint es, als kehre die Regierung Chinas immer wieder zu der schon in der Kaiserzeit und unter Mao verfolgten Politik der „Sinisierung des Christentums" (so Präsident Xi; d.h. der Einverleibung des Christentums in die chinesische Kultur), zurück.

Am 22.09.2018 schloss der Hl. Stuhl ein Abkommen mit der Regierung Chinas und hob die Exkommunikation der von der chinesischen Regierung installierten Bischöfe auf. Ziel dieses als provisorisch deklarierten Vertrages, so Papst **Franziskus**, sei die „Verwirklichung der vollen Einheit aller chinesischen Katholiken mit dem Hl. Stuhl". Der Papst änderte damit die bisherige Diplomatie des Vatikans grundlegend und sendete verstörende Signale aus: Kurienerzbischof Marcelo Sanchez Sorondo attestierte kurz nach der Unterzeichnung des Abkommens China die „beste Verwirklichung der katholischen Soziallehre".

Nun kann man zwar bei den Idealen einer Morallehre anknüpfen, um mit den chinesischen Machthabern ins Gespräch zu kommen, aber wie schnell eine vom Übernatürlichen losgelöste Vernunftreligion in einen Atheismus oder in den dialektischen Materialismus zurückfällt, dürfte die Entstehung und Ausbreitung des Marxismus in der Geschichte Europas zur Genüge gezeigt haben. Die chinesischen Machthaber lassen sich nichts vormachen. Wenn sie das Christentum akzeptieren, dann nur ein Christentum ohne Christus. Die kommunistische Partei Chinas hat kein Jahr nach dem Abschluss des Vertrags mit dem Vatikan „Verwaltungsmaßnahmen für religiöse Gruppen" verfügt, wo von diesen eine vollständige Unterwerfung unter die kommunistische Partei und ihre Prinzipien verlangt wird. Kritik an der Regierungspolitik, an Abtreibung, Arbeitslager, Organhandel, Zensur ist trotz der schlimmsten Menschenrechtsverletzungen aller Art verboten; die Werte des Sozialismus sind umzusetzen, so Art. 17 des Gesetzes.

Joseph Kardinal Zen, der inzwischen über 90-jährige, emeritierte Bischof von Hongkong, die „graue Eminenz" der chinesischen Untergrundkirche, übte scharfe Kritik am Abkommen. Er spricht von einem „Suizidvertrag", gar von einem Verrat an den glaubenstreuen Katholiken. In einem Interview mit „Kirche in Not" erklärte er die Feindschaft der kommunistischen Partei Chinas mit dem Christentum so: „Es macht das Wesen einer kommunistischen Partei aus, alles zu kontrollieren, sobald sie an der Macht ist. Warum? Weil sie wissen, dass ihnen, wenn sie nicht alles unter Kontrolle haben, alles zusammenbricht. Nur mit Gewalt, durch Angst, durch Verfolgungen schaffen sie es, ihre Macht zu erhalten. (...) Deshalb gibt es keine Hoffnung (für die Chinesen), solange sie sich nicht bekehren. (...) Man ist da zu optimistisch, auch in Rom!"[11]

Die Herrscher Chinas hegen bis heute größten Argwohn, ja eine unversöhnliche Feindschaft dem Christentum gegenüber. Dafür gibt es mehrere Gründe: von ideologischer Seite her, weil der Kommunismus von seiner Natur her atheistisch ist und somit gegen alles steht, was einer christlichen Gesellschaftsordnung wichtig ist, namentlich individuelle Freiheit, Privateigentum, Familie, traditionelle Kunst und Kultur. Aus historischer Sicht besteht die Feindschaft, weil man das Christentum nach wie vor mit dem „imperialistischen" Westen und der Gefahr einer Konterrevolution identifiziert. Und schließlich sind es die religiösen Gründe, die zur Feindschaft führen, weil das Christentum von seinem Wesen her jede Vermischung verschiedener Religionen ablehnt und sich entschieden der Vergöttlichung des Staates und der Staatsideologie widersetzt.

Rose Hu, die Autorin des vorliegenden Werkes, hat wie unzählige Katholiken der Untergrundkirche bis heute ihr Leben geopfert, um für Christus Zeugnis abzulegen.

Zur Übersetzung des Werkes

Rose Hu erzählt in diesem Werk in kurzen Episoden ihre Lebensgeschichte. Sie schildert in einfachen Sätzen, in einem direkten, manchmal fast hölzern anmutenden Stil ihre ganz persönlichen Erlebnisse, die sie als glaubenstreue Katholikin in zwei chinesischen Arbeitslagern zu erleiden hatte. Dabei stehen nicht die politischen oder historischen Details des chinesischen Kommunismus im Vordergrund, sondern vielmehr wie ein gottloses Terror-System im konkreten Leben unzähliger Menschen unvorstellbares persönliches Leid hervorruft, wie es zur Zerrüttung der Grundlagen einer ganzen Gesellschaft führt; wie das Böse hineinreicht in die Familien, wie es nach dem Innersten des Herzens greift, wie es die Menschen innerlich brechen will – aber auch, wie ein Christ darauf zu antworten hat.

Es macht den ganz eigenen Charme dieses Buches aus, wie die Autorin, verwurzelt in der Jahrtausende alten Kultur und Lebensweisheit Chinas, in ihrer bildhaften Sprache, in einfachen Sätzen, wie in den eingestreuten Gedichten, in teilweise sprunghaften Assoziationen uns ihre ganz persönliche Kreuzesmystik vor Augen stellt.

Die Übersetzung ins Deutsche wurde auf der Grundlage der schon vorliegenden englischen und der stark verbesserten französischen Übersetzungen des chinesischen Originals erstellt, wobei darauf geachtet wurde, dass sie den Eigenheiten und dem Sprachfluss der deutschen Sprache gerecht wurde ohne dabei die besondere Denk- und Ausdrucksweise von Rose Hu preiszugeben.

Franz Kronbeck, am 23.02.2024

Vorbemerkung

Ich kannte den ehrwürdigen Pater McGrath schon, als ich noch ein kleines Mädchen war. Nachdem meine Familie 1989 in die USA ausgewandert ist, besuchte er mich jedes Mal, wenn er eine Missionsreise in die Vereinigten Staaten unternahm. Ich kann mich nicht mehr erinnern, wie oft er mich ermahnt hat, über die heiligmäßigen Priester und die mutigen Gläubigen, die ich im Arbeitslager getroffen hatte, zu schreiben. Gottes Vorsehung erlaubte mir, in der schlimmsten Verfolgungszeit in China zu leben. Die Verfolgung der Christen durch die chinesischen Kommunisten im China der Fünfzigerjahre war ein dramatisches Ereignis in der Kirchengeschichte.

1997 erkrankte ich an Brustkrebs, dem folgten Operationen und acht Chemotherapien. Während der Erholungszeit begann ich zu schreiben. Ich hatte Angst, dass ich sterben oder mein Gedächtnis verlieren könnte, bevor das Buch fertig ist. Deshalb habe ich jeden Tag genützt, so gut es nur ging. Es dauerte nur neun Monate, bis die neunzig Kapitel der chinesischen Originalfassung vollendet waren.

Gottes Vorsehung ist unglaublich. Im Jahr 2006 breiteten sich die Krebszellen in meinem Brustkorb aus. Ich dachte, mein letzter Tag sei nahe. So beeilte ich mich das Buch in gebrochenes Englisch zu übersetzen. Bedenken Sie bitte, dass ich als Autorin allein ermächtigt bin, mein Buch zu kürzen und einige Absätze vom Originalskript wegzulassen. Den Übersetzern und dem Herausgeber (anonym auf Verlangen), die sehr hart an diesem Projekt mitgearbeitet und die die vielen Herausforderungen gemeistert haben, bin ich sehr dankbar.[12]

Ich danke meinem Seelenführer, Pater Daniel Couture und dem Herausgeber. Möge der Herr sie segnen. Ich widme dieses Buch

Jesus und Maria, aus Liebe zu Gott, zur größeren Ehre Gottes und zur Rettung zahlreicher Seelen.

Rose Hu, am 6. Januar 2011

Vorwort

Eine Generation folgt auf die andere,
die Erde dreht sich, einfach so,
die Sonne geht auf,
die Sonne geht unter,
der Wind weht erst von Süden,
dann von Norden.

Die Erde dreht sich jeden Tag,
das Wasser der Flüsse ergießt sich ins Meer,
und der Ozean wird niemals voll.

Die Schwalben kommen und gehen,
die Weidenblätter werden erst gelb,
und dann werden sie wieder grün,
im Frühling.

Aber die Generation von Katholiken, die in ihrer Jugend in den 50-er Jahren des 20. Jahrhunderts ganz Gott ergeben war, ist dahin und wird nie mehr zurückkehren. Wo ist sie jetzt? Wo ist sie? Sie ist tief im Grund unserer Herzen verborgen und schon jetzt ist von ihnen nur noch wenig im Gedächtnis der Menschen übrig geblieben.

Die Geschichte dieser Zeit kann man nicht vergessen und man soll sie auch nicht vergessen. Unter den Priestern, Nonnen und Gläubigen der alten Generation haben einige ihre eigene Autobiografie geschrieben, andere haben ihr Blut über die Seiten der Kirchengeschichte vergossen. Die Saaten, die sie im großen Land China ausgebracht haben, trieben Sprösslinge hervor, wie ein junger Bambusschössling, der nach dem Frühlingsregen aus dem Boden emporschießt. Ihre Ehre ist im Himmel, da sie ihre vornehme Mission, die ihnen unser himmlischer Vater zugeteilt hat, erfüllt haben.

Glücklicherweise haben wir einige hervorragende Priester, die nicht nur durch viel Leid und Qual gegangen sind, sondern auch ausgezeichnet schreiben können; ihre Lebenserfahrungen sind eine reiche Quelle der Inspiration. Aber weil sie nun in China sind und keine Möglichkeit haben, frei ihren Glauben zu bekennen, sind ihre Schriften der Zensur eines totalitären Regimes unterworfen. Wie sollten sie aber ihr Unglück der letzten Jahrzehnte wahrheitsgetreu aufzeichnen? Wer kann diese Aufgabe ausführen? Gott hat in seiner weisen Vorsehung seine eigenen Pläne.

Ich bin wie ein wanderndes Kind, das seine Spuren überall auf der Welt hinterlassen hat, das in seiner Jugend alle Bitterkeit der Welt gekostet hat und ich habe nun, am Ende meines Lebens, nichts außer einen Körper voller Krankheiten, den inneren Frieden und die Ruhe, die mir Gott geschenkt hat. Ich besitze immer noch einen Stift zum Schreiben. Mein Gedächtnis ist trotz meiner Krankheit noch sehr gut. Ich knie nieder und nehme die Aufgabe an, die mir unser himmlischer Herr zugewiesen hat. Ich will den Menschen etwas von der Güte Gottes künden; ich will schreiben, schreiben über die Größe unseres himmlischen Vaters.

In meinen Jugendtagen schaute ich gerne Künstlern beim Malen zu. Wenn ich sah, wie sie verschiedene Farbflecken auf die leere Leinwand malten, einen schwarzen Flecken hier, einen gelben Flecken dort, fragte ich mich jedes Mal, zu welchem Zweck diese Farben wohl dienen könnten. Später, wenn sie dann fertig waren, konnte ich erkennen, ob es ein galoppierendes Pferd oder ein fliegender Vogel war. Eigentlich ist das Leben nicht anders. Schon so oft haben wir den Frühling und den Herbst erlebt, die Freuden und Leiden, das Glück und die Mühsal des Alltags.

Ich habe viele verschiedene Menschen getroffen; einige waren gute Samariter, andere würden nicht einmal einem Ertrinkenden die Hand reichen. Was diese Dinge und Menschen erlebt haben, ist alles ein Teil jenes Meisterwerks, welches unser himmlischer Vater für uns gestaltet hat. Wenn ich nun alle Punkte, die in meinem Leben geschehen sind, miteinander verbinden wollte, die kleinen wie die großen, würde es die Worte „Gott ist Liebe" ergeben.

In der Vergangenheit sah ich nur die einzelnen Puzzleteile, ein unvollständiges Bild. Obwohl ich es in alle Richtungen gedreht habe, konnte ich nicht herausfinden, wozu es da war. Aber allmählich wird das Bild klarer und klarer; es ist Zeit, die Liebe Gottes zu erkennen.

Es war Gottes herrliche Vorsehung, dass ich in die Vereinigten Staaten kommen konnte, wo ich völlige Schreibfreiheit habe. Gott wollte, dass ich von Zeit zu Zeit krank werde, damit ich genug Zeit zum Schreiben habe und mich niemand daran hindert. Jedes Mal, wenn ich über diese Dinge nachdenke, kann ich nicht anders als Gottes Vorsehung zu preisen.

Die heilige Bernadette sagte: „Wenn die Muttergottes eine dümmere und hilflosere Person als mich gefunden hätte, dann hätte sie diese und nicht mich gewählt." Ich möchte dem Beispiel der hl. Bernadette folgen, meine eigene Schwäche bezeugen und den Hl. Geist bitten, mich dahin zu bringen, allein zur Ehre Gottes zu schreiben.

Kapitel 1

Im Unklaren über den Sinn des Lebens

Ein kleines Boot schwimmt in der Mitte des Sees wie ein kleines Blatt. Es dreht sich im Kreis und weiß nicht, wohin es fahren soll; es zeichnet große Ringe auf die Oberfläche des Wassers. Es scheint einen Meter vorwärts zu kommen, aber in Wahrheit bewegt es sich zwei Meter zurück.

Unser himmlischer Vater hat uns schon geliebt, bevor wir geboren wurden. Wie hätten wir erschaffen werden können, wenn das nicht so wäre? Gottes Segen begleitete mich schon, bevor ich getauft wurde. Wie hätte ich die Weisheit gehabt, mich taufen zu lassen, wenn es nicht so wäre? Der Glaube ist die erstaunlichste Gnade, die Gott mir gegeben hat.

Gott hat verschiede Wege, die einzelnen Seelen zur Wahrheit zu rufen. Ich wurde in einer heidnischen Familie geboren, die nicht sehr reich war, aber dennoch genug Geld hatte, allen Familienmitgliedern ein doch komfortables Leben zu erlauben. Da ich niemals Kontakt mit Verwandten oder Freunden in extremer Armut hatte, musste ich auch nie bitteren Mangel kennenlernen. Weil ich keinen Kontakt mit einer Welt hatte, in der man wenig besaß, schätzte ich einfach nicht, was ich hatte. Ich nahm an, dass andere Leute ein ebenso einfaches Leben hätten wie ich. Die Grund- und Hochschule, welche ich besuchte, wurden von den Herz Jesu Schwestern geleitet. Die Herz-Jesu-Grundschule und die Aurora-Hochschule für Mädchen waren berühmt für Schüler aus adligen und elitären Familien. Die Studiengebühren waren so hoch, dass normale Familien sie sich gar nicht leisten konnten. Als ich an der Hochschule war, bevor die Kommunisten die Macht ich China übernahmen, sank der Wert des Geldes drastisch. Eines Tages fand ich in unserem Vorratsraum einen Beutel voller Geldscheine. Auf Wunsch des Vaters brachte unser Chauffeur die Tasche mit dem Geld zur Schule, um damit wenigstens ein Trimester für mich, meine zwei Schwestern und unsere Nichte zu bezahlen.

Für mich war es eine große Überraschung, dass wir für die Schule bezahlen mussten und dazu noch so viel! Jetzt sehen Sie, wie wenig ich wusste und wie naiv ich war. Nach der Schule ging ich gerne Filme schauen. An einigen Sonntagen schaute ich sogar drei Filme. Das Essen durfte ausfallen, aber nicht die Filme. Ich schaute mir „Vom Winde verweht" achtmal an, und mindestens fünfmal „Ihr erster Mann – Abschied auf Waterloo Bridge", aber auch „Jane Eyre" und anderes. Einige Passagen daraus kannte ich sogar auswendig. Mehrere Male schrieb ich den Hollywood-Stars; ab und zu sendeten sie mir Fotos mit Unterschrift zu, die ich dann wie unbezahlbare Schätze aufbewahrte. Es gab Zeiten, in denen ich mir dachte: „Was für ein Dummkopf war ich doch! Ich verehrte diese Filmstars wie Idole, und sie wussten nicht einmal wer ich war." Den größten Teil meiner Energie investierte ich in Filme und Kinos und der Lohn dafür waren viele Momente der Illusion und der Verwirrung.

Man kann das Glück nicht kaufen. Die materielle Welt kann uns nur zeitliches Glück anbieten. Ruhm und Ansehen sind wie Wolken, die in einem Augenblick vorbeiziehen. Wie sonst konnten einige Milliardäre und berühmte Filmstars Selbstmord begehen, wenn dem nicht so wäre? Warum hätten sie den Weg der Selbstzerstörung gewählt, wenn Reichtum die Sehnsucht der Herzen erfüllen könnte?

Seitdem ich mich an etwas erinnern kann, bemerke ich, dass die Zeit dahinfließt wie das Wasser im Fluss. Man kann die Zeit weder anhalten noch antreiben. Schöne, glitzernde Schneeflocken glänzen wie Kristalle, aber ein einziger Hauch warmer Luft lässt sie schmelzen. Der Mond nimmt zu und wieder ab, und zeigt den Menschen, dass die Zeit beständig vergeht. In meiner Kindheit sehnte ich mich am meisten nach dem neuen Mondjahr. Es war die Zeit jener Feste, an denen die Leute köstlichen Reis, Schweineknödel, süße Knödel, Schlachthühnchen und Enten aßen. Wir Kinder waren überglücklich. Wir zündeten Feuerwerkskörper an, aßen Süßigkeiten und getrocknete Melonensamen. Wir bekamen, was immer wir nur wollten. Wenn wir unseren älteren Verwandten die feierlichen Neujahrsglückwünsche überbrachten, erhielten wir rote Schachteln mit Glücksgeld. Nichts macht ein Kind glücklicher als das chinesische Neujahr. Trotzdem ist alles vergänglich. Ganz gleich, wie fröhlich Neujahr auch sein mag, am Ende geht es doch vorbei. Wenn man auf das Neujahr wartete, konnte man die Erde selbst mit einer Peitsche nicht beschleunigen. Die Erde dreht sich noch immer in ihrem eigenen Rhythmus, so langsam und regelmäßig, wie eh und je. Schenkt die Erde etwa deinem Verlangen, sie festzubinden und zu bremsen, auch nur die geringste Beachtung, wenn das Neujahr da ist? Auf der Erde dauert nichts ewig. Auch ich wünschte, dass die Menschen nie sterben würden, so könnten wir unser Dasein auf dieser Welt genießen, ein Leben nach dem anderen. Als ich älter wurde, begriff ich, dass jedermann sterben muss. Die Menschen werden gezwungen, eine realistischere Auffassung von allen Dingen in diesem Leben zu bekommen. Sonst wäre es schwierig, sich davon eine Vorstellung zu machen, welch schreckliche Konflikte und Widersprüche in den Herzen der Menschen wüten.

Ich wanderte und war verwirrt. Wo kann ich die wahre Quelle oder den Sinn des Lebens finden? Wo ist die Wahrheit, die ewiges Leben schenkt?

Kapitel 2

Auf der Suche

Ganz gleich aus welcher Richtung der Wind kommt, ein kleines Boot kann sich ihm nicht widersetzen. Für eine Person, die nach der Wahrheit sucht, bedeutet schon jedes kleine Ereignis einen Schritt zu Gott.

Der Heilige Geist führte mich die ganze Zeit. Er ist es, der mir half, die zeitliche Begrenztheit der Natur und die Vergänglichkeit der Welt zu verstehen. Damals entschloss ich mich, die Wahrheit zu suchen.

Es ist allgemein bekannt, dass in China die meisten Familien den buddhistischen Gebräuchen folgen und meine Familie war da keine Ausnahme. Während des chinesischen Neujahrs oder an großen Festen gehen die Leute in den Tempel, um Buddha zu verehren und ihn um Erfolg im Leben und um eine männliche Nachkommenschaft zu bitten. Ich dachte, es sei ziemlich einfach, solche Dinge auf anderem Wege zu erlangen. Man könnte ja einen reichen Mann um Hilfe bitten oder zu einem erfahrenen Arzt gehen. Warum musste man dazu eine holzgeschnitzte Statue verehren, als wäre sie Gott? An jedem chinesischen Neujahr besuchte ich mit meiner Mutter den Tempel in der Stadt. Überall war dichter Rauch und man konnte kaum atmen im Tempel. Das düstere Gesicht des Königs der Unterwelt konnte ich erkennen, und die vier Kung-Könige mit ihren Gesichtern. Ich war zu Tode geängstigt und bekam Albträume davon. Die Anbetung im buddhistischen Tempel brachte mir überhaupt keinen Frieden und auch keine Freude. Mein Geist war so leer, dass ich keine Freude mehr fand.

Eines Tages wurde einer meiner Brüder, jener, der an der Schule St. Johannes studierte, protestantisch getauft. Er erzählte mir gelegentlich etwas von der Lehre seiner Religion; von der Menschwerdung unseres Herrn Jesus Christus, seiner Kreuzigung, um das Menschengeschlecht von den Sündenstrafen zu befreien und von seiner Auferstehung vom Tod am dritten Tage. Ich sagte zu mir, dass Jesus Christus doch der Erlöser ist, den ich so viele Jahre lang erwartet hatte. Er ist sowohl Mensch als auch Gott. Er hat den Tod überwunden und uns das Tor zum Himmel geöffnet. Aber mein Bruder sagte mir ebenfalls, dass der Gründer seiner Religion König Heinrich VIII. sei, der sich vom Papst trennte und dass er eine neue Religion ins Leben rief, nur weil er sich scheiden lassen wollte. Gut, hier haben wir einen Religionsgründer, der selbst nicht einmal Gottes Gebote halten konnte. Wie konnte diese Religion wahr oder makellos sein? Wie konnte ich davon überzeugt sein? Ich musste die Wahrheit anderswo suchen.

Mein kleines Boot drehte sich immer noch auf dem See. Ich besuchte die Aurora-Mädchenschule und den Katechismusunterricht viele Jahre lang. Ich war so uneinsichtig und widerspenstig, ich war wie ein wildes Pferd ohne Zügel, das schwer zu bändigen ist. Ich war gut darin, die Schwestern und einige Gläubige häufig zu ärgern, oft sogar mit Absicht. Zum Beispiel fragte ich, warum Schwester X jemanden verteidigt, der es gar nicht verdient, und warum meine Klassenkameradin keine Strafe für ihr Fehlverhalten kriegt, und so weiter.

Eines Tages fragte mich Schwester Lu, ob ich bereit zur Taufe sei. Ich sagte ihr freimütig: „Schwester, ich möchte nicht aus irgendwelchen persönlichen Interessen Katholik werden. Manche werden nur katholisch, um den Schwestern zu gefallen. Einige möchten ins Ausland gehen, und andere..." Schwester Lu war sehr überrascht über meine Antwort. Sie zögerte eine Weile, dann sagte sie: „Du willst deinen Willen reinigen und aus reiner Absicht katholisch werden. Das ist sehr gut so! Die katholische Religion wird dir dann in der Zukunft noch mehr Kraft geben."

Das waren prophetische Worte.

Kapitel 3

Ich habe den Schatz gefunden

Wenn wir Schach spielen, hat jeder Zug einen Einfluss auf den Ausgang des Spiels: Es geht um Sieg oder Niederlage! Nicht anders ist es in unserem Leben. Gott sieht uns immer. In unserem täglichen Leben geschieht nichts durch Zufall; Gottes Vorsehung hat die Absicht, uns vollkommen zu machen. Wir aber, wir Menschen, müssen mit Gott zusammenarbeiten.

Die Schule, an der ich studierte, bot mir die Mittel, die Wahrheit kennen zu lernen. Der Himmel war schwarz, als die chinesischen Kommunisten die Macht im Land übernahmen. Man sagte, es käme ein Unwetter, in dem sich die katholische Kirche einer grausamen Verfolgung stellen müsste. Zu dieser Zeit waren einige Priester aus Übersee nach Shanghai gekommen: Pater Joseph Shen, Pater Matthew Chen und Pater Aeden McGrath.

Pater Joseph war der jüngste von ihnen. Er war erst 33 Jahre alt. Er verließ sein zu Hause mit 18, um, seiner Berufung folgend, an Seminaren in Irland, England und Italien zu studieren. Zuletzt besaß er drei Doktortitel, einen in Theologie, einen in Philosophie und einen in Politik-Wissenschaften. Er hatte nicht nur ein tiefes und breites Wissen, sondern verfügte auch über eine herausragende Intelligenz. So jung er auch war, man kannte ihn auf der ganzen Welt. Was mich aber am meisten überraschte war dies, dass er die ihm angebotene Professur an einer weltberühmten Universität in Rom ablehnte. Er wollte unbedingt nach China zurückgehen. Als ich ihn zum ersten Mal sah, war ich noch nicht katholisch; ich schätzte seinen Sinn für Humor und seine angenehme Persönlichkeit. Oft baten wir ihn, nicht zu viel über den Katechismus zu sprechen, der uns nicht sonderlich interessierte. Wir liebten Hollywood, Filme und Reiseberichte.

Der Pater hatte eine ganz spezielle Weise, uns zu führen. Weil er wusste, dass wir Filme mochten, lieh er den Film „Das Lied von Bernadette" für unsere Schule aus. Er fragte uns, ob wir ihn zweimal anschauen möchten; dann bat er jemanden, den Film noch einmal vorzuführen. Manchmal lud er uns in einer Bäckerei zum Essen ein. Ich bestellte jedes Mal den teuersten Kuchen oder das teuerste Eis. Ich tat das absichtlich und sagte zu ihm: „Für mich immer nur das Beste!" Er antwortete ohne zu zögern: „Es ist gut, immer das Beste zu wählen. Später, wenn du die Bibel gelesen hast, wirst du sicher Maria Magdalena nachahmen. Sie wählte immer den besten Weg um Gott zu gefallen." Wie schlau doch Pater Joseph Shen war. Er benutzte alle möglichen Wege, um uns zu Gott zu führen und ich habe seine Worte mein ganzes Leben lang nicht vergessen.

Eines Tages bekam ich eine schlechte Note in Physik. Ich war sehr deprimiert. Es war mir unerträglich, eine schlechtere Note als meine Mitschülerinnen zu haben. Pater Shen spürte, dass irgend etwas nicht in Ordnung war und führte bei der nächsten Gelegenheit ein persönliches Gespräch mit mir. Ich sagte ihm offen, mein Ziel sei es, immer nur die Klassenbeste zu sein, alles andere wäre nichts. Pater Shen war ein wahrer Psychologe. Er benutzte nie negative, sondern immer nur ermutigende Worte. Er sagte mir in aller Entschiedenheit: „Unser Herr liebt jene Menschen nicht, die weder kalt noch warm sind; du hast einen sehr starken Charakter. Aber nur wenn du lernst, dich selbst zu beherrschen, kannst du jemand sein, vor allem in der Zeit der Verfolgung. Wir müssen stark in unserem Glauben sein. Die hl. Theresia vom Kinde Jesu hat scheinbar während ihres Lebens nicht viel getan, aber sie liebte Jesus zu 100 Prozent, jeden Tag." Ich verstand das Geheimnis seiner Worte nicht, aber ich war von der Gutherzigkeit dieses Priesters überzeugt. Von da an hatte ich den Wunsch, katholisch zu werden.

Eines Nachmittags, es war im Jahre 1948, kam ich ins Klassenzimmer, aber Pater Shen hatte die Katechismusstunde schon begonnen. An der Wandtafel standen die Worte: „Jeder von uns hat eine himmlische Mutter." Diese Worte fesselten mich mit einer ungeheuerlichen Gewalt. Ich schaute mich schnell nach einem Stuhl um und setze mich hin. Der Pater fuhr fort: „Um unsere himmlische Mutter besser zu verstehen gab uns Gott auch hier auf Erden eine Mutter. Die Liebe einer Mutter zu ihren Kindern ist immer rein, echt und selbstlos. Unsere katholische Kirche hat eine hervorragende Mutter, die Jungfrau Maria." Dann erzählte er uns seine eigene Geschichte, um uns zu zeigen, wie Unsere Liebe Frau ihn in Zeiten der Gefahr beschützt hatte. Einmal reiste er in einem Flugzeug von Italien nach Irland. Das Wetter war schlecht und die Sicht so miserabel, dass die Maschine schließlich abstürzte. Pater Shen trug eine Reliquie der hl. Theresia vom Kinde Jesu bei sich, hielt den Rosenkranz fest in seinen Händen und betete inbrünstig zur Gottesmutter. Er dachte, er habe nichts zu bereuen, seine Mutter jedoch erwartete seine Priesterweihe und die Rückkehr nach China. Das Flugzeug stürzte ins Meer. Viele kamen ums Leben und noch mehr wurden verletzt. Wunderbarerweise blieb Pater Shen heil und unverletzt.

Von jenem Tag an begann ich zur Muttergottes zu beten. Etwa einen Monat später entschied ich mich, den katholischen Glauben anzunehmen und fortan treu zu seiner Wahrheit zu stehen.

Ende 1948 plante die kommunistische Armee den Jangtse-Fluss zu überqueren; Nanjing und Shanghai waren ihre nächsten Ziele. Es gibt keinen Kompromiss zwischen der katholischen Kirche und dem Kommunismus! Pater Shen wusste genau, was auf ihn zukommen sollte, aber er sah allen Gefahren mit Ruhe und Vertrauen entgegen. Er sagte uns immer wieder, dass wir im zwanzigsten Jahrhundert lebten. Die Art und Weise, wie der Feind uns verfolgen werde, werde ganz anders sein als im alten Rom. Es werde kein Kolosseum, keine Kreuzigungen geben. Sie werden nicht zulassen, dass man für den Glauben sofort sterbe. Man werde die Menschen manipulieren, die Wahrheit mit der Lüge vermischen und die Leute lange Zeit verwirren. Sie werden die Peitsche in der einen Hand halten und die Karotte in der anderen Hand. Denkt daran, wie Giftgas wirkt. Ganz am Anfang merkt man nicht, dass man von Gas umgeben ist, aber im Kopf beginnt sich alles zu drehen und zwar immer schneller. Wenn man dann merkt, was los ist, ist es schon zu spät. Dann hat man keine Kraft mehr die Türe oder ein Fenster zu öffnen. Das Schlimmste, was die Kommunisten machen, ist, die schwächsten Gläubigen zu manipulieren und zu zerstreuen, um Zwietracht zu säen und

Menschen zu verwirren, so dass sie jedes Vertrauen zueinander verlieren. Unser Feind trägt meist eine nette Maske und spricht mit süßen Worten, wie „wir zwingen euch nicht, eure Religion aufzugeben, aber ihr müsst die Imperialisten hassen. Ihr sollt sie anklagen und ihre Verbrechen aufdecken." Leute, die schwach im Glauben sind, werden dann andere verraten und ihre Verhaftung veranlassen. Aber die Kommunisten reden solche Taten schön als „Liebe zum Vaterland und zur Kirche".

Ich erinnere mich genau daran, wie Pater Shen mich vor der Taufe sehr ernst fragte, ob ich bereit sei, für den Glauben zu leiden, ja dafür verhaftet zu werden. Er fragte mich: „Warum willst du in dieser kritischen Zeit Katholikin werden? Du suchst wohl Ärger. Bist du bereit, dein Blut für den Glauben zu vergießen?" Ich antwortete kurz und entschlossen: „Jetzt, wo ich Gott kennengelernt habe, will ich ihn unter keinen Umständen mehr verleugnen. Ich bin bereit für den katholischen Glauben zu sterben. Wie wunderbar ist doch unsere katholische Kirche. Herr Pater, sie singen doch immer wieder Bing Crosbys Lied „Going My Way". Ich bin sicher, dass ich Ihnen folgen kann." Pater Shen verlangte noch etwas von mir: ich müsste meinen Verfolgern vergeben. Meine Antwort war „Nein!" Ich wurde in eine heidnische Familie hineingeboren. Wenn jemand meine Schulbücher durcheinanderbrachte, auch wenn es ohne Absicht war, dann beschmierte ich im Gegenzug sein Heft. Jetzt verlangte die Kirche von mir, meine Feinde zu lieben. Dazu hatte ich weder den Mut noch die Seelenstärke. Aber ich versprach Pater Shen, sollte er eines Tages Feindesliebe zeigen, dann würde ich ihn sicher nachahmen.

Am 16. April 1949, ich war 16 Jahre alt, wurde ich zusammen mit neun Mitschülerinnen im Herz-Jesu-Kloster in Shanghai von Pater Joseph Shen getauft. Der Pater gab uns ein Andenken – ein schönes Heiligenbild aus Seide. Auf dem Bild war ein Schiff mit einem weißen Segel und auf dem Segel ein rotes Kreuz dargestellt. Er erklärte uns, dass wir in Petrus` Schiff säßen, auf der Überfahrt zum anderen Ufer. Ganz egal, wie fest der Wind bläst oder wie stark der Regen ist, in diesem Boot würden wir sicher sein.

1950 wurde Pater Shen wegen einer Herzkrankheit nach Shanghai ins Spital gebracht. Meine Schwester und ich besuchten ihn. Es war das letzte Mal, dass wir ihn sahen. Er wusste, dass Gott ihn bald zu sich rufen würde. Obwohl er den wunderbaren Traum hatte, in der chinesischen Mission zu arbeiten, so wollte er doch lieber als Märtyrer sterben. Zum Schluss erklärte er uns, dass er immer für uns beten werde, ganz egal in welcher Situation wir uns befinden würden.

1953 bekam ich einen Brief von meinem Bruder aus Hongkong. Er sagte, dass ein französischer Priester namens Jean Billot einen Artikel über Pater Shens Martyrium geschrieben habe. So erfuhr ich von seinem Tod.

Wer war Pater Jean Billot? Es war ein Jesuit, der viele Jahre in einem Waisenhaus in Shanghai gearbeitet hatte. Er wurde von den chinesischen Kommunisten verhaftet und ungefähr zwei Jahre lang eingekerkert. Er war der erste Priester, der 1953 ausgewiesen wurde. Als er am Flughafen in Hongkong ankam, war er in Lumpen gekleidet, und einer seiner Schuhe war kaputt. Ein Angestellter bat ihn, sein Visum zu zeigen, was er aber nicht konnte. Daher verweigerten sie ihm die Einreise. Er erklärte ihnen, dass er ein Priester sei. Man erlaubte ihm schließlich, das Büro der Jesuiten in Hongkong anzurufen und zur großen Überraschung aller begannen innerhalb von nur fünfzehn Minuten die Kirchenglocken mit aller Kraft zu läuten. So begrüßten sie Pater Billot. Bald kamen auch einige Jesuiten zum Flughafen. Sie brachten ein neues Paar Schuhe und neue Kleider mit, und empfingen so diesen bemerkenswerten Mann.

In Pater Billots Artikel hieß es, dass er, als er krank im Gefängnisspital in Shanghai war, den sterbenden Priester Joseph Shen getroffen hat. Er nahm große Mühen auf sich, zu Pater Shen ans Bett zu kommen, um ihm die Sterbesakramente spenden zu können. Pater Shen war sehr ruhig und friedlich. Seine letzten Worte waren, er habe weder irgendjemanden angeklagt, noch Informationen gegeben, die jemanden hätten schaden können. Er hatte allen seinen Verfolgern vergeben. Dann breitete er seine Arme in Kreuzesform aus und sagte: „Wir sind sechs. Alle sind wir Märtyrer für Christus." Unter diesen sechs Priestern befanden sich auch Pater Matthew Chen und Pater Hou, die zusammen im katholischen Zentralbüro in Shanghai lebten. Sie wurden ebenfalls alle zusammen verhaftet; alle starben im Gefängnis.

Was Pater Shen sagte, das tat er auch. Nun war es an mir, ihm, meinem größten Vorbild zu folgen – bis zum letzten Atemzug.

Kapitel 4

Die Legion Mariens – eine Avantgarde der katholischen Kirche[13]

Alle, die die katholische Kirche angreifen, greifen zuerst die Muttergottes an. Sie machen es genauso, wie die Schlange, zu der Gott in Genesis 3,15 gesagt hat: „Feindschaft setze ich zwischen dir und der Frau, zwischen deinem Samen und ihrem Samen. Er wird dir den Kopf zertreten, und du wirst nach seiner Ferse schnappen."

1949 übernahm die Kommunistische Partei die Macht in China. Zu dieser Zeit kam ein irischer Priester, ein Missionar der Gemeinschaft des hl. Columban, Pater Aedan McGrath, nach China und gründete dort hunderte Legionspräsidien der Legio Mariae in Shanghai, Peking, Haikou, Tianjin, Guangzhou, usw. Pater McGrath wurde oft kritisiert, selbst von Seiten des katholischen Klerus. Einige meinten, es gäbe schon genug Vereinigungen, die die Verehrung der Muttergottes fördern. Andere machten ihm den Vorwurf, die meisten Legionäre seien Jugendliche, die nur Spaß haben wollten und deshalb keine seriösen Mitarbeiter in einem apostolischen Werk wären. Pater McGrath ignorierte jede Kritik und Opposition. Er fuhr fort, in einem Umfeld großer Spannungen zu arbeiten. Er gründete ein Präsidium nach dem anderen.[14] Und in meiner Schule, der Aurora-Mädchenhochschule in Shanghai gründete er sogar sechs Präsidien.

Insgesamt waren wir über einhundert aktive Mitglieder. Viele von uns wurden in heidnischen Familien geboren und erzogen.

Einige von uns hatten erst einige Monate oder Jahre zuvor die Taufe empfangen. Wir waren im Alter von 15-18 Jahren, und so mussten wir ein doppeltes Kreuz während der Verfolgung tragen.

Maria wählte vor allem die Schwächsten unter uns aus. Sie verlangte von uns, dass wir nicht nur Missionsarbeit leisteten, sondern auch Prüfungen und Leiden ertrugen. Von 1949 bis 1951 plante die KPCh die Kirche anzugreifen.[15] Wir warteten, beobachteten die Lage und fragten uns, welche Methoden sie wohl anwenden würden, um uns zu verfolgen. Es war wirklich unglaublich, aber wir mussten feststellen, dass die junge Legion Mariens zur Zielscheibe der KPCh wurde. Vielleicht dachten sie, die Legion Mariens sei gerade erst errichtet worden, ohne starke Basis oder Unterstützung. Vielleicht vermuteten sie, dass die jungen Legionäre nicht genug Mut und Stärke hätten, den Versuchungen und Anstürmen zu widerstehen. Dachten sie vielleicht, dass es einen Domino-Effekt geben würde, wenn die Legionäre untreu würden, dann alle Katholiken in China nachgeben würden?

Der 8. Oktober 1951 war ein Tag in meinem Leben, den ich nie vergessen werde. Fast alle Zeitungen in China hatten folgende Schlagzeile in großen Buchstaben auf der ersten Seite: „Die Legion Mariens ist eine antirevolutionäre Organisation! Alle Mitglieder müssen sich im Sicherheitsbüro eintragen lassen." In den Straßen und an den Türen jedes Sicherheitsbüros hing ein großes Schild mit den Worten „Registrierungsbüro" für die Legionäre. Die Regierung lancierte eine riesige Propagandakampagne, jedoch nur mit geringem Erfolg. Nur einige wenige Familien stellten sich mit ihren Kindern im Sicherheitsbüro, denn sie hatten Angst, dass die ganze Familie eine grausame Strafe bekommen würde, wenn sie sich nicht registrieren ließen. Einige Eltern weinten und flehten ihre Söhne oder Töchter auf den Knien an, sich doch registrieren zu lassen.

1951 wurden einige Legionsoffiziere verhaftet, darunter der Präsident und der Vizepräsident des Senats von Shanghai.[16] Einer wurde zu zwölf Jahren Gefängnis verurteilt. Sein Name war Francis Shen. Er hatte sieben Kinder. Die jüngste Tochter kam erst nach seiner Verhaftung zur Welt. Später, im Jahre 1960 wurde er in einem Schauprozess zum Tode verurteilt, weil der kommunistische Aufseher ihn ertappte, wie er seinen Mitgefangenen den Glauben lehrte. Ein Gläubiger, der im selben Gefängnis wie Herr Shen war, erzählte mir, dass Herr Shen sehr ruhig war und wie ein Märtyrer das Kreuzzeichen machte, als ihn die Wache aus der Zelle holte und zur Hinrichtung führte. Er war in der Tat ein Märtyrer; er hatte eine hübsche Frau und sieben Kinder. Dies alles gab er hin, um den Glauben zu bewahren.

Zu dieser Zeit wurden zahlreiche katholische Familien aus Shanghai ausgewiesen und in ferne und unterentwickelte Provinzen gebracht, wie Xin Jiang oder die Mongolei... Die Regierung verbot ihnen jemals wieder zurückzukehren. Viele verloren ihre Anstellung; viele wurden von der Schule geschmissen. Ich selber wurde von der Universität ausgeschlossen, weil ich mich nicht bei der Regierung als Mitglied der Legion Mariens selbst anzeigte.

Wir ermutigten uns gegenseitig. Unser Motto lautete: „Ich bin ganz dein, meine Königin, und alles was ich habe, gehört dir!" Wir hatten vollstes Vertrauen, dass wir die geliebten Kinder Marias sind. Sie wird uns immer beschützen. Unsere Waffe war, so oft wie möglich den Rosenkranz zu beten.

1951, zur Zeit der Verfolgung der Legion Mariens, war ich ständig darauf gefasst, verhaftet zu werden. Man sagte mir, es sei den Gefangenen verboten, einen Gürtel oder einen Rock zu tragen, da die Behörden fürchteten, sie würden Selbstmord begehen. Meine Mutter machte einige Hosen und Unterwäsche mit elastischen Bändern und eine gefütterte Baumwolljacke mit Knöpfen, nicht mit Reißverschlüssen. Meine Schwester und ich legten diese Kleider und etwas Seife, Taschentücher, eine Zahnbürste, Zahnpasta usw. in ein kleines Paket. Ich klebte ein weißes Blatt Papier darauf, auf das ich mit einem Pinsel und schwarzer Tinte in großen chinesischen Buchstaben schrieb: „Gott, unser Herr über alles!" Unsere Pakete legten wir unter unsere Kopfkissen. Ich fragte mich jeden Abend bei der Gewissenserforschung, ob ich unseren himmlischen Vater heute über alles andere gestellt hatte.

Jedes Mal wenn wir hörten, dass es an der Türe klingelte, sagten meine Schwester und ich zueinander: „Vielleicht ist es jetzt Zeit zu gehen. Bete und bewahre den Glauben."

Meine Eltern, vor allem aber mein Vater, litten viel während dieser stürmischen Zeit. Tag und Nacht lebten sie in Angst und Sorge. Belastet mit so angstvollem und unsicherem Warten traf meinen Vater schließlich ein Schlaganfall; er war ein sehr nervöser Mann. Einige Stunden später starb er. Zuerst beklagte ich mich bei Gott: Ich bin bereit, Leid hinzunehmen, aber warum müssen meine Eltern auch leiden? Als mein Vater zum Friedhof getragen wurde, konnte man in der Leichenhalle viele entstellte Körper reicher Kaufleute sehen, denn zu dieser Zeit lief die „Drei-Anti- und Fünf-Anti-Bewegung" gegen die Kapitalisten.[17] Da erkannte ich, dass mein Vater von der göttlichen Vorsehung vor einem solchen Unglück bewahrt wurde. Dazu kommt, dass er auf dem Totenbett getauft worden war und eines friedlichen Todes starb. Dank sei Gott!

Während der kommunistischen Verfolgung bis 1955 spielte die Legion Mariens eine wichtige Rolle in der streitenden Kirche Chinas. Wenn eines Tages jemand die Geschichte des Kampfes der Kirche gegen den Kommunismus in China aufzeichnen sollte, müsste man die Legion Mariens als die Avantgarde und die Festung in diesem Kampf nennen. Wurden die Priester und Bischöfe 1955 noch nicht angegriffen, so waren doch die Laienlegionäre an vorderster Front und waren im ganzen Land ein besonderes Vorbild. In den Fünfzigerjahren gab es ein berühmtes Sprichwort: „Das ganze Land schaut nach Shanghai und Shanghai schaut auf die Aurora" (die Mädchenhochschule), denn die meisten Aurora-Katholiken waren Legionäre Mariens. Maria führte uns durch alle Nöte. Nur ganz, ganz wenige von uns verleugneten ihren kostbaren Glauben. Und von diesen wenigen bereuten nicht wenige aus ganzem Herzen, was sie getan hatten.

Nun sind seither schon fünfzig Jahre vergangen, doch wir haben immer noch Prüfungen und Kämpfe vor uns. Glaube und Wahrheit bleiben immer dieselben. Unsere Haltung gegenüber dem Glauben soll auch dieselbe bleiben. Niemand kann sich seiner Erlösung sicher sein, bis er den letzten Atemzug getan hat. Beten wir täglich um Standhaftigkeit im letzten Kampf!

Kapitel 5

Aus Saulus wurde Paulus – auch in meiner Familie

Als der erste Märtyrer der Kirche, der heilige Stephanus, gesteinigt wurde, war Saulus sein Hauptverfolger. Aber kurze Zeit darauf bekehrte sich Saulus durch eine besondere Gnade auf dem Weg nach Damaskus. Er legte sein Schwert weg und wurde ein Heiliger – der berühmte Apostel Paulus.

Am 8. Oktober 1951 erklärte die Chinesische Kommunistische Partei offiziell, dass die Legion Mariens eine antirevolutionäre Bewegung sei. Alle Legionäre sollten sich eintragen lassen. Wir wussten genau, dass wir nichts Böses gegen unser Land und unser Volk getan hatten. Sich eintragen zu lassen wäre darauf hinausgelaufen, die falschen Anklagen der Kommunisten gegen unser Gewissen und unseren Glauben anzuerkennen. Die Kommunisten waren sehr schlau; sie griffen uns nicht nur öffentlich an, sondern sie übten auch Druck auf uns aus, indem sie sich derer bedienten, die uns lieb und teuer waren.

In der Zeit, als ich der Legion Mariens wegen verfolgt wurde, kam die Polizei in unser Haus, um meine Eltern zu bedrohen. Meine Eltern weinten deswegen Tag und Nacht. Unter solchen Umständen setzten uns meine Eltern und meine Brüder, besonders aber mein vierter Bruder, unter großen Druck. Er war immer hart, ja grausam zu uns. Bei jeder Mahlzeit versuchte er, uns zur Eintragung zu zwingen. Ich kann schon verstehen, warum er das tat. Erstens wusste er nicht was er tat. Er konnte es nicht mitansehen, dass unser Vater soviel für uns litt, denn er liebte Vater sehr. Zweitens machte er sich Sorgen um uns. Was sollte aus unserer Familie werden, wenn wir eines Tages festgenommen würden?

Unser Vater hatte uns verboten, sonntags zur Kirche zu gehen. Meinem Bruder hat er befohlen, das zu überwachen. Das hat mich sehr traurig gemacht, und ich fing an, meinen Bruder im Grunde meines Herzens zu verachten. Oft machte ich ihm Vorwürfe und stritt mit ihm. Ich beschimpfte ihn als Jagdhund der kommunistischen Partei, weil er für die Regierung freiwillig Böses tat. Die chinesische Regierung hatte ein scharfes Auge auf die Katholiken und sie benutzte arglose Menschen wie meinen Bruder. Diese verfolgten dann in ihrer Blindheit und in ihrer Unwissenheit die katholische Kirche. Genau wie unser Herr gesagt hat: „Sie wissen nicht was sie tun."

Ende 1951 befahl mein Vater meinem Bruder, sich die Bücher in unserem Schlafzimmer genauer anzuschauen. Er sagte: „Die zwei Mädchen sind äußerst stur. Früher oder später wird die Polizei sie verhaften. Geh in ihr Schlafzimmer, prüfe ihre Bücher und schaue, ob irgendein Buch gegen den Kommunismus dabei ist. Wenn du eines findest, sorge dafür, dass es verschwindet, damit es nicht noch mehr Ärger gibt." Mein Bruder tat, was mein Vater von ihm verlangte. Er las ein Buch nach dem anderen und kam so mit einem Buch in Berührung, das den Titel „Marxismus und Religion" trug und das von Pater Matthew Shen geschrieben worden war. Er machte sich detaillierte Notizen, während er las. Das machte mir große Angst, denn vielleicht hatte er etwas „Falsches" gefunden. Am selben Abend noch redete er mit mir; er hatte eine erstaunlich gute Stimmung: „Das Buch, das Pater Shen geschrieben hat, ist sehr aufschlussreich. Wäre es möglich, dass ich mit deinem Priester spreche und ihm einige Fragen stelle?" Ich antwortete: „Wenn du den Glauben an Gott annehmen möchtest, bist du herzlich willkommen. Und wenn du den katholischen Glauben nicht annehmen willst, nachdem du mit dem Priester gesprochen hast, ist es auch kein Problem. Sag aber ja nichts zur Polizei. Ich hoffe, dass du dich anständig und ehrenvoll verhältst!" Darauf erklärte mir mein Bruder mit überraschender Aufrichtigkeit: „Ich war gegen dich wegen der Legion Mariens, weil ich ein Heide bin. Über deine katholische Kirche weiß ich nicht das Geringste. Wenn ich mich so verhalten habe, dann nur, um dich zu beschützen. Als dein Bruder hatte ich keine schlechten Absichten. Sollte ich deine Gefühle verletzt haben, bitte ich dich um Verzeihung."

Am anderen Morgen ging ich in unsere Pfarrkirche, die Christkönigskirche. Ich traf mich dort mit meinen Pfarrer, Pater Xavier Chu, um über meinen Bruder zu reden. Er erklärte mir: „Gott führt jede Seele auf einem anderen Weg. Wenn dein Bruder ein Gespräch mit mir führen möchte, ist er jederzeit willkommen. Mir kommt es nicht darauf an, welche Haltung er gegenüber dem Glauben in der Vergangenheit hatte. Du weißt, dass aus Saulus Paulus wurde." Von da an besuchte mein Bruder Pater Chu zweimal in der Woche. Er hatte viele Fragen... Gott hat seine Seele mit unermesslichen Gnaden beschenkt.

Im März 1952 beschloss er, sich taufen zu lassen. Pater Chu war so aufgeregt, dass er es Bischof Kung meldete, der so tief bewegt war, dass er sich entschloss, meinen Bruder selber zu taufen im Rahmen einer feierlichen Zeremonie am Karsamstag in der Christkönigkirche, also in meiner Gemeinde.

Ich werde die Szenerie dieses seltsamen Abends nie vergessen. Wenn ich daran denke, habe ich alle Details deutlich vor Augen. Um 16 Uhr warteten meine Schwester und ich in der Vorhalle der Kirche. Plötzlich kam ein sichtlich gut gelaunter Priester herein. Er ging so schnell, dass die zwei Gürtel seiner Soutane flatterten wie ein Paar Schmetterlinge im Wind. Er sprach sehr schnell: „Wer ist Meizen Hu? Und wer ist Hu Meiyu?" Ich stand ohne Zögern auf, stieß meine Schwester mit dem Ellbogen an und sagte: „Wir sind es." Der Priester schüttelte uns herzlich die Hand und sagte: „Herzlichen Glückwunsch! Ihr habt den ersten Kampf gewonnen. Eure Leiden und Tränen haben unsere Kirche beschützt. Gott hat euch gesegnet. Die Taufen eures Vaters und eures Bruders sind wirklich ein Geschenk Gottes." Das war sehr amüsant, denn wir kannten nicht einmal den Namen dieses Priesters. Wie konnte er sich so vertraut mit uns geben? Wir wussten ohnehin nicht, was wir antworten sollten, denn unsere Augen waren voller Tränen. Tatsächlich hatten wir viele Monate lang gelitten und haben die schlaflosen Nächte nicht gezählt, in denen wir vor der Statue unsere Lieben Frau knieten und sie hunderte Male baten, unsere Fürsprecherin zu sein. Das Schlimmste, das wir befürchteten, war, sie während eines Verhörs zu verleugnen.

Wir legten unsere Schwachheit in die Hände unserer himmlischen Mutter. Eines Tages verhaftet zu werden, war nicht schlimm. Die Tatsache, dass unser Vater schon am Anfang der Verfolgungen der Legion Mariens starb, war wirklich eine Gnade Gottes. Wir fürchteten uns vor nichts, was auch geschehen mochte. Doch hielt uns das nicht davon ab, die Gottesmutter zu bitten, dass wir nie unseren Glauben verlieren sollten: „Liebste Mutter, falls wir in der nächsten Minute zu einem zweiten Judas werden sollten, dann bitte Gott, dass er uns gleich jetzt zu sich rufen möge."

Der Priester sah die Tränen auf unseren Wangen, er klopfte uns auf die Schultern und sagte: „Ich bin Pater Matthew Zang und es freut mich sehr, euch zu treffen. Wäre es möglich, dass Bischof Kung nach der Zeremonie persönlich mit euch spricht?" Als mein Bruder sich auf die Taufe vorbereitete, konnte man sehen, dass er das, was er der katholischen Kirche angetan hatte, sehr bereute. Er wollte den hl. Augustinus nachahmen und wählte ihn zu seinem Namenspatron. Während der Zeremonie war mein Bruder sichtlich aufgeregt, weil der Bischof persönlich gekommen war, um ihn zu taufen.

Er faltete inbrünstig seine Hände. Als ich hörte, wie entschlossen er die Worte „…ich widersage dem Satan und allen seinen Werken, ich will den katholischen Glauben annehmen", sprach, brach ich in Tränen aus. Was kann einen mehr bewegen als das! Noch wenige Monate zuvor war er gegen uns, griff uns Tag und Nacht an und war so blind. Jetzt befanden wir uns in derselben Herde. Wie gnädig doch Gott ist!

Nach der Feier hatte Bischof Kung ein kurzes Gespräch mit uns und gab uns einige Rosenkränze und Heiligenbildchen. Zum Schluss ermutigte uns der Bischof: „Ihr solltet Gott dankbar sein. Viele Prüfungen stehen euch bevor. Ihr müsst Schritt für Schritt vorankommen. Seid immer der Muttergottes ergeben! Geht weiter auf dem Weg zum Gipfel des geistlichen Lebens!"

Mein Bruder besuchte seit seiner Taufe täglich die hl. Messe und empfing die hl. Kommunion jeden Tag. Er tat Buße und fastete oft, um Sühne zu leisten für seine begangenen Sünden. Pater Xavier Chu wurde sein Seelenführer. Bei jeder Gelegenheit wurde dieses neugetaufte Mitglied der Familie vor den Gläubigen gelobt. „Seht wie die Gnade Gottes in Augustin wirkt, obwohl er erst gerade getauft worden ist. Er liebt Gott so sehr!"

Die kommunistische Bewegung war beständig auf dem Vormarsch; die Situation in China wurde immer angespannter. Da mein Vater eine Firma in Hongkong hatte, drängten wir Augustin, so schnell wie möglich dorthin zu gehen. Er aber wollte nicht. Er bestand darauf, bei uns zu bleiben: „Ich möchte lieber hier bleiben, als ins Ausland gehen." Wir erklärten ihm: „Wir haben keine Möglichkeit von hier wegzukommen, aber du schon. Wenn du dort bist, kannst du im Unternehmen unseres Vaters arbeiten. Und falls wir verhaftet werden sollten, kannst du uns unterstützen. Warum sollten wir uns alle unter demselben Baum verstecken? Mit deiner Unterstützung können wir unser Werk hier fortführen." Schließlich sagte Pater Chu: „Augustin, du musst um der Kirche und um deiner Familie Willen gehen. Um deiner selbst Willen musst du gehen." Als mein Bruder dies hörte, sagte er ohne zu zögern: „Ich werde tun, was Sie sagen." Gleichzeitig kniete er sich hin und bat den Priester um den Segen.

Er bekam nicht viel Lohn in Hongkong, und dennoch behielt er nur sehr wenig für sich. Er sendete große Mengen an Nahrung und Medizin allen, die es nötig hatten, besonders den Seminaristen. Damals sagte Pater Cai, der Pfarrer von Zi Jia Wei, dass ohne die Unterstützung unseres Bruders einige Seminaristen nie hätten zu Priestern geweiht werden können. Als ich 1955 ins Gefängnis gebracht wurde, bekam ich von ihm immer wieder Essenspakete – so ist die Vorsehung Gottes. Dafür bin ich Gott überaus dankbar. Danke für meinen liebsten Bruder!

Augustin starb an einem Herzanfall in Osaka in Japan im Jahre 1965. Viele Katholiken aus Hongkong und Japan lobten ihn, da er ein hervorragender Gläubiger gewesen war. Deo Gratias!

Kapitel 6

Macht Heu, solange die Sonne scheint!

„Unser Herr hat zu seinen Jüngern gesagt: ‚Seid getrost! Ich bin es. Fürchtet euch nicht!' (Mt. 14, 27). Wir müssen in unserem Leben die Furcht loswerden, weil sie uns die Urteilskraft raubt. Wer Angst hat, hat nicht die richtige Haltung. Ich muss es betonen, dass wir ohne jede Furcht sein müssen; die einzige Furcht, die wir haben dürfen und die wir auch haben müssen, ist die Gottesfurcht. Wenn man Gott fürchtet, dann wird man keine Angst vor den Menschen oder dem Geist der Welt haben." Das hat Papst Pius XI. am 17. Mai 1931 bei einer Ansprache gesagt.

1951 wusste Pater McGrath schon, dass unsere Feinde die Messer wetzten, die Situation beobachteten und planten, die Legion Mariens anzugreifen. Ohne Zeit zu verlieren befahl der Priester, alle Legionen sofort aufzulösen. Mittlerweile war ich Präsidentin des Präsidiums „Unbefleckte Mutter" in der Aurora-Mädchen-Hochschule. Es brach mir fast das Herz, als ich diese Nachricht hörte. Wir waren schon zwanzig aktive und ungefähr hundert Hilfsmitglieder. Wir hatten viel zu tun und waren vor allem mit Krankenbesuchen und Katechismusunterricht für Kinder beschäftigt. Wie sollte ich das alles aufhören? Nein, definitiv nein! Ich brach vor unserem geistlichen Direktor, Pater Edward McElroy, in Tränen aus. Ich sagte zu ihm: „Warum sind wir so ängstlich? Die Kommunisten haben uns doch noch nicht angegriffen. Wir hissen schon im Voraus die weiße Fahne. Was soll das?" Der Pater sagte nicht ein Wort, was er persönlich davon hielt: „Es war die Entscheidung der Kurie der Legion.[18] Wir müssen gehorchen. Wir sollten uns ein wenig zurückziehen, um nicht noch mehr Ärger zu verursachen. Der heilige Josef und Maria nahmen das Jesuskind und flohen nach Ägypten, um zu verhindern, dass es von Herodes getötet wird. Manchmal ist es klug, etwas schon im Zustand der bloßen Möglichkeit zu verhindern. Du hast den Eifer zu arbeiten, also arbeite weiter für Gott. Auch ohne die Legion wirst du hart arbeiten und viel bewegen, da bin ich mir sicher." Wie sollte ich, als winziger Laie, eine schon beschlossene Sache noch einmal drehen?

Seit Januar 1951 besuchte ich einmal pro Woche die St. Columba-Kirche, wo Pater McElroy arbeitete, um ihm Bericht darüber zu erstatten, was ich in der vergangenen Woche getan hatte. Doch im Oktober des Jahres 1952 sagte er mir mit einem beunruhigten Ausdruck auf dem Gesicht: „Ich will, dass du mich in Zukunft nicht mehr besuchst, vor allem für den Fall, dass mir etwas zustößt. Wir Priester können jederzeit ausgewiesen werden. Ich meine, dass ich dabei nicht zuviel leiden werde. Aber für dich sieht das anders aus. Weißt du, was ich am meisten befürchte? Es ist nicht die Angst, verhaftet oder verurteilt zu werden. Ich würde lieber bei euch bleiben und mit euch leiden, als des Landes verwiesen zu werden." Ich konnte meine Tränen nicht zurückhalten nachdem ich diesen irischen Priester gehört hatte, der ein Märtyrer für China werden wollte. Ich sagte ihm aus dem tiefsten Grunde meines Herzens: „Ich werde weiterhin hierherkommen, was auch immer geschehen mag. Ich bin bereit zu leiden, falls ich eines Tages Ihretwegen verfolgt werden sollte. Sie kamen von weither in unser Land, Sie verzichteten auf ein bequemes Leben, um hier in dieser armen Gegend Missionar zu werden. Sie haben sich nie beschwert und auch nicht bereut, was Sie für die Kirche in China getan haben. Liebe muss mit Liebe beantwortet werden." Ich besuchte ihn weiterhin, bis er im Juni 1953 ausgewiesen wurde. Seine letzten Worte, die er mir sagte, werde ich niemals vergessen: „Wenn ich euch eines Tages verlassen muss, werde ich in der Stadt, die China am nächsten ist, bleiben, denn ich hoffe, wieder zurückzukehren."

Pater McElroy starb an einem Herzanfall am 22. November 1984 in Hongkong. Sein ganzes Leben bewies er Gott und den Menschen seine Treue. Er war der Obere der Vereinigung des St. Columban. Er hätte nach Irland oder in die USA gehen können, aber ging er nirgendwohin. Er blieb einfach in Hongkong, in der Stadt, die China am nächsten liegt. Er wartete Tag und Nacht und hoffte, sein Wunschtraum würde früher oder später wahr werden. Vielleicht würde er eines Tages die Möglichkeit haben, nach China zurückzukehren... Gott hatte seine eigenen Pläne. Dieser Priester wartete mehr als dreißig Jahre. Wo könnte man eine tiefere und aufrichtigere Liebe finden, als bei ihm?

1998 reiste ich nach Hongkong, um das Grab meiner Mutter zu besuchen. Zu meiner großen Überraschung fand ich Pater McElroys Grab ein paar Schritte neben dem meiner Mutter. Als ich sein Foto auf dem Grab sah, war ich sprachlos. Träumte ich? Ich biss mir in den Finger. Herr Pater, Sie sind im Himmel und Sie sind der Nachbar meiner Mutter!

Mit der Gnade Gottes hielten der Pater und ich unsere Versprechen. Er starb in Hongkong, der Stadt, die China am nächsten liegt, und ich blieb dieselbe Rose. Ich habe nie etwas getan, das ihn geschmerzt hätte. Lasst uns Gottes Vorsehung preisen. Nur Gott kann so etwas machen!

Aber jetzt zurück ins Jahr 1951. Ich war aus der Schule und hatte keine Arbeit, nachdem die Legion Mariens aufgelöst wurde. Doch was wir damals am meisten hatten, war Zeit. Zeit ist das Wichtigste für die Verherrlichung Gottes und die Rettung der Seelen. Nichts konnte uns aufhalten, wenn wir etwas tun wollten. Ganz gleich wie schwierig das Problem war, auch ohne Legion Mariens benützten wir unsere Zeit, um nach etwas zu suchen, was wir tun könnten. Es gab viele Kinder und Jugendliche, junge Leute, deren Eltern viel beschäftigt waren. Diese hatten keine Zeit, um Katechismus zu unterrichten. Zahlreiche Pfarreien hatten zu wenig Gläubige, die halfen, die jüngere Generation auszubilden. Wir nahmen sie mit zur hl. Messe und zum Rosenkranz. Ein- oder zweimal in der Woche unterrichteten wir sie in der katholischen Lehre. Manchmal besuchten wir Kranke und trösteten sie, oft ermutigten wir auch sterbende Heiden, sich taufen zu lassen. Pater Matthew Zang ermunterte uns oft, mehr geistige Bücher zu lesen und mehr zu beten. Wie könnten wir denn anderen helfen, wenn wir selber nicht viele Gnaden in unseren Seelen hätten? Ich sinnierte oft darüber nach, dass wir nie wüssten, wann wir mit der Festnahme dran wären. Das Kreuz, das ich trug, war schwer, denn ich dachte oft an meine Familie, die vielleicht der Grund dafür sein könnte, dass ich zum Verräter würde. Viele meiner

Freunde waren überaus mutig und hatten offenbar nicht die geringste Angst. Aber etwas sagen ist das eine und danach handeln ist etwas anderes. Die meisten von ihnen verloren leider ihren Glauben während der Verfolgung. Gott aber hilft denen, die um seine Gnade bitten.

Mehr als ein halbes Jahrhundert ist das alles jetzt her. Unglaublich, nur drei von den fünfundzwanzig Mitgliedern aus unserer Universität-Jugendgruppe wurden verhaftet, weil sie den Glauben nicht verleugnet haben. Etliche sind mittlerweile verschieden; manche wurden Professoren, Wissenschaftler, Künstler; doch nur wenige von ihnen hatten ein glückliches Leben. Weltlicher Ruhm, Reichtum oder Macht können das Glück nicht erzwingen. Wahres Glück kommt vom allmächtigen Gott. Für ihn allein sind wir erschaffen.

Null

Ich habe einen schönen Namen: Null.
Das schreibt man mit dem Buchstaben U;
was das wirklich bedeutet ist vielen Menschen ein Rätsel.

In dieser Welt voller Eitelkeit
geben die Menschen ihr Leben für Reichtum hin,
für Ehre und Ruhm.
Sie sind so dumm, kennen nicht mein besonderes Gesetz:
Jede Zahl, die man mit mir multipliziert, wird zu Null.
Das zeigt uns, dass die Welt nichts Ewiges hat.

Jagt also nicht den Seifenblasen nach,
auch wenn sie in der Sonne in schönen Farben leuchten;
wenn man sie einfängt, hat man Null in der Hand.
Lasst euch nicht vom Mondlicht über dem See verführen;
wenn man es in einen Sack stecken will,
bleibt ebenfalls eine nasse Null.

Ich habe aber auch Zauberkräfte
für diejenigen, die Gott an die erste Stelle setzen.
Gott ist 1, füge 0, 0, 0 hinzu, und du wirst sehen,
die Zahl wird immer größer.
Sie wird zu 10, 100, 1000, und so weiter,
wenn du nur dich selbst hintendran setzt.

Du bist nichts; Gott ist alles.
Jetzt bist du noch eine Null,
am Ende aber wirst du alles gewinnen.
Ob Null oder nicht, das hängt ab vom Weg, den du gehst.

5. September 2006

Kapitel 7

Eingefrorene Liebe

Wir sind alle nur Menschen. Katholiken sind da keine Ausnahme. Wir sind keine Übermenschen. Jeder von uns hat seine eigenen Gefühle und Neigungen. Manche haben Interesse an Filmen, andere an Sport. Viele haben wundervolle Träume von ihrer Zukunft. Viele Mädchen haben Sehnsucht nach einem Märchenprinzen, der auf einem großen weißen Pferd geritten kommt. Sie glauben, dass der, den sie verehren, eines Tages ihnen gehören wird und sie dann für immer glücklich mit ihm leben.

Aber in China waren die Fünfzigerjahre keine Zeit, um das Leben zu genießen. Es war eine Zeit der Entscheidungen, eine Zeit, sich zu entscheiden, ein Märtyrer oder ein Verräter zu sein. Wer den Glauben verteidigen wollte, dem drohten die verschiedensten Prüfungen. Ich kann mich genau an das erinnern, was Pater Joseph Shen uns immer wieder gesagt hatte: „Für junge Leute mag es nicht zu schwierig sein, Gott zu bitten, ihn mehr als Vater und Mutter zu lieben. Aber es ist nicht mehr so einfach, wenn es dann so weit ist, dass Gott mit dieser Bitte ernst macht. Ich möchte, dass ihr die Geschichte der Heiligen, der hl. Agnes, der hl. Cäcilia und der hl. Lucia lest. Ihr müsst wissen, wie sie die Tugend der Jungfräulichkeit in schwierigen Zeiten bewahrt haben." Ich gab mein Bestes, den Anweisungen Pater Shens Folge zu leisten. Auf dem Weg nach Kalvaria gab ich mir alle Mühe, mich von niemandem oder irgendeinem weltlichen Ding ablenken zu lassen.

So will ich also jetzt meine Geschichte erzählen, eine Geschichte über die Größe der Gnade Gottes, aber auch über die menschliche Schwäche:

1952 versammelte Pater Matthew Zang etwa dreißig Gläubige der Universität in einer Gruppe. Ignatius Ai war einer davon. Er war nicht wie die anderen. Seine stattliche Erscheinung, seine guten Manieren und sein Sinn für Humor zog viele Mädchen an. Sie beteten ihn regelrecht an; sie hatten einen Narren an ihm gefressen. Und um ehrlich zu sein, ich war eine von ihnen. Pater Shens Worte hallten oft in meinen Ohren wider: Ich müsse mich gänzlich verleugnen, ich müsste selbst die unschuldige erste Liebe zwischen einem Mädchen und einem jungen Burschen verleugnen.

Die Teufel arbeiteten pausenlos, Tag und Nacht. Sie hatten verschiedene Fallen gestellt, um uns zu fangen. Im Frühling 1954 gingen wir, die Gläubigen der Universität, zum Heiligtum Unserer Lieben Frau von She-Shan, um mit Pater Matthew Zang dreitägige Exerzitien zu halten.

Am Ende der Exerzitien fand Ignatius Ai die Gelegenheit, einige Minuten alleine mit mir zu sprechen. Er sagte mir: „Rose, in diesen Exerzitien habe ich mich entschlossen, Gottes Ruf zu folgen. Ich werde bald in ein Priesterseminar eintreten. Wir alle wissen, dass wir auf alles verzichten müssen, wenn wir an unserem Glauben festhalten wollen. Ich muss eine Burg mit hohen Mauern um mich herum bauen, um jede weltliche Störung fernzuhalten und ich werde mich ganz Gott aufopfern."

„Du, Rose," fuhr er mit sanfter Stimme fort, „bist ein sehr mutiges und schönes Mädchen. Pater Zang hat allen von deinem Kampf mit deiner Familie um der Legion Mariens willen erzählt. Bedenke, dass du liebenswert bist, weil du Gott über alles liebst; du wärst aber nicht mehr nett und liebenswert, solltest du eines

Tages zum Verräter werden. Wir werden uns bei Gott wiedersehen, wenn du ihn weiterhin liebst." Bis zu diesem Moment hatte
ich nicht bemerkt, dass es zwischen uns eine wahre Liebe gab.
Diese Liebe aber war so vergänglich wie eine Schneeflocke, die
in meiner Hand schmilzt! Es war besser, diese Liebe sich in ein
höheres Ideal veredeln zu lassen. Seit diesem Tag fror ich diese
Liebe ein und begrub sie in den Tiefen meines Herzens. Sie lag
dort, in meiner Erinnerung, Jahrzehnte, wie ein fest gefrorener
Eisblock.

In den späten 1970-ern erhielt ich schließlich einige Informationen über Ignatius Ai. Er wurde am 22. September 1955 im Semi-
nar verhaftet und zu sieben Jahren verurteilt. Er musste schwere
Arbeiten in einem Arbeitslager leisten. Während all dieser Jahre
verbarg er seine Intelligenz und sein Wissen, auch um nicht irgendeine Erleichterung seiner Arbeit zu erlangen, und das, obwohl er an einer berühmten Universität studiert hatte. Später
wurde er in ein Arbeitslager, das nicht weit entfernt von meinem
war, versetzt. Ich wollte ihn besuchen, aber er bekam Leberkrebs
und wurde nach Shanghai zurückgeschickt. Sein Bruder lebt nun
hier in den Vereinigten Staaten. Er erzählte mir, dass Ignatius
1981 starb. Auf seinem Totenbett hat er all jenen, die ihn verfolgt
haben, vergeben. Er sagte, dass er es niemals bereute, so viele
Jahre für den Glauben gefangen gewesen zu sein. Pater Ignatius
Ai heiligte nicht nur sich selbst, sondern er erwies auch mir einen
großen Dienst.

Wenn wir uns verliebt hätten, als wir jung waren, hätten wir viel-
leicht in diesen schwierigen Zeiten unseren Glauben verloren.
Vielleicht wären wir Mann und Frau geworden, aber was dann?
Ein Ehepaar, das den Glauben verloren hat, kann nicht das wahre
Glück besitzen. Wenn man Gott nicht liebt, wie kann man dann
seinen Nächsten lieben? Das ist nicht möglich. Ich kannte einige
Ehepaare, die sich nicht treu waren. Sie haben kein glückliches
Leben gehabt!

Meine Liebe zu ihm war ungefähr für ein halbes Jahrhundert ein-
gefroren. Ignatius ist jetzt im Himmel; jedes Mal, wenn ich mit
Sehnsucht an ihn denke, erhebe ich mein Herz zu Gott. Überall

in der Welt gibt es so viele Liebesgeschichten, wie die von Romeo und Julia oder von Liang Shando. Der sich, gemäß der chinesischen Legende, nach seinem Tod zusammen mit seiner Geliebten in einen Schmetterling verwandelt hat. Sie sind so berühmt, weil er oder sie oder beide aus menschlicher Liebe ihr Leben hingaben. Manche mögen diese Geschichten, andere nicht, vielleicht, weil sie die Liebe, die sie erwarteten oder verdienten, nie bekommen haben. In der Regel folgt, wenn einem ein großer Wunsch in Erfüllung gegangen ist, eine Enttäuschung. Man wissen, dass der beste Weg, glücklich zu werden, der ist, Gott über alles und alles in Gott zu lieben.

Im Laufe meines Lebens habe ich die größten Höhen und die schlimmsten Tiefen erlebt. Aber nie werde ich Ignatius` Abschiedsworte vergessen, die mich ermutigt haben, ein „nettes und liebenswertes Mädchen" zu bleiben.

Kapitel 8

Zwei Tiger in meiner Familie

Ich muss im Voraus schon darauf hinweisen, dass dieser „Tiger", von dem hier die Rede ist, keine Menschen frisst – im Gegenteil – die Menschen haben ihn gefressen.

Als mein Vater im Januar 1952 starb, hatte die kommunistische Regierung Chinas schon die „Drei-Anti"- und die „Fünf-Anti-Bewegung" gegen die „Kapitalisten" gestartet, die man „Tiger" nannte. Reiche Geschäftsleute hatten sich am meisten vor den Kommunisten zu fürchten. Schon wenn sie hörten, dass ihre Namen irgendwo öffentlich genannt wurden, wurden sie ganz bleich im Gesicht. Nachdem man sie einer grausamen Folter unterzogen hatte, begingen viele Selbstmord; sie nahmen Gift oder stürzten sich von einem hohen Gebäude.

Gottes Gnade ließ es zu, dass mein Vater diese Welt vor dem Aufkommen dieser Bewegung verließ und nur mein ältester und drittältester Bruder in China blieben. Wie alle Geschäftsleute haben sie auch meine Brüder „Tiger" genannt und zur Zielscheibe von Hohn und Spott gemacht. Es ist eine beliebte Methode der Kommunisten, die breite Öffentlichkeit aufzuhetzen und die Leute dann so weit zu bringen, dass einer den anderen verrät. Man war daher auch nicht überrascht zu sehen, wie Söhne und Töchter ihre Eltern denunzierten oder umgekehrt. Es war auch nicht selten, dass die Eheleute sich gegenseitig anklagten. Die Kommunisten erklärten, dass solche Aktionen zur Aufrechterhaltung der Gerechtigkeit und der allgemeinen Moral dienten, wenn auch auf Kosten der Beziehungen zwischen Blutsverwandten.

Auf alle Fälle führten diese niederträchtigen Aktionen der Kommunisten dazu, dass bald keiner mehr dem anderen traute. Das Volk verlor das elementarste Gefühl von Sicherheit in der Gemeinschaft und jedes gegenseitige Vertrauen. Von einem Augenblick auf den anderen konnte jemand zu einem Raubtier werden oder in der Gefangenschaft aus Eigennutz zum Verräter, und dabei jede nur denkbare Lüge über andere erfinden.

Die Firma meines Vaters war den Gesetzen des Landes konform und auch nie in Unregelmäßigkeiten oder unsaubere Geschäfte verwickelt. Meine zwei Brüder glaubten deshalb, dass wir keine Probleme mit dem Staat bekommen würden. Wir wussten jedoch nicht, dass wir einen Verräter in unserem Unternehmen hatten. Es war ein Verwandter, unser Cousin. Als er das erste Mal zu uns kam, war er arbeitslos und sehr arm. Mein Vater hatte Erbarmen mit ihm und gab ihm eine gut bezahlte Stellung in unserem Geschäft, als Buchhalter. Im Zuge dieser „Drei-Anti"- und „Fünf-Anti-Bewegung" sprach die Regierung zuerst mit ihm; sie lockte ihn mit einem großen Bonus und einer hohen Stellung, wenn er etwas gegen unsere Firma unternehmen würde. Schließlich verriet er uns, indem er platte Lügen erfand. Es dauerte gar nicht lange, bis ein kommunistischer Beamter unser Unternehmen durchsuchte und es als „illegal" bezeichnete.

Sie nahmen meine Brüder zum Verhör mit. Jeden Abend warteten wir auf sie, bis wir sie nach harter Folter taumelnd ins Haus kommen sahen. Manchmal erzählten sie uns, dass sie den ganzen Nachmittag knien mussten. Der Beamte behauptete, dass unser zweiter Bruder nach Hongkong geflohen sei, mit fünfzigtausend US-Dollar im Koffer, und schließlich zwangen sie meinen anderen Bruder, ein Papier zu unterschreiben, in dem er das Verbrechen seines Familienangehörigen zugab.

Mein ältester Bruder war ganz und gar davon überzeugt, dass alles eine einzige Lüge sei, denn der Besitz der gesamten Firma hatte weniger Wert als der Betrag, um den es bei dieser Beschuldigung ging! Wie konnte er das Dokument nur unterschreiben? Sie bestraften ihn hart und schlugen ihn.

Zu dieser Zeit waren meine Brüder noch keine Katholiken. Sie wussten nicht, wie man beten muss, um solche Prüfungen im Leben zu überstehen. Sie kannten die Bedeutung des Leidens nicht. Jeden Abend kamen sie voller Tränen und Schmerzen heim. Sie nahmen sich jedoch zusammen, um unserer betagten Mutter willen. Unsere Tränen aber hörten nicht auf zu fließen, da unsere Familie glaubte, unsere Brüder würden am nächsten Morgen hingerichtet. Wir dachten, dass der Verlust von Geld oder Eigentum nicht so wichtig sei, wie der Verlust unserer Brüder. Wir rieten ihnen also, alles zu gestehen, was der Beamte verlangte, um eine Hinrichtung zu vermeiden. Wir wussten jedoch nicht, dass dies keine gute Idee war. Meine zwei Brüder taten alles, was die Agenten von ihnen verlangten. Sie waren nur einige Monate in Haft, dann wurden sie wieder freigelassen. Wir wechselten uns dabei ab, sie zu trösten und wollten lieber unser Hab und Gut als unsere Brüder verlieren. Wir verkauften sogar unser Haus und viel teures Eigentum, um uns von den Forderungen der Regierung freizukaufen.

Nach dieser ersten Welle der Verfolgungen beschloss mein ältester Bruder, unsere Verwandten in Hongkong zu besuchen. Wir hofften, dass er sich dort niederlassen könnte. Während er sich aber in Hongkong aufhielt, verlockte ihn der Bürgermeister von Shanghai mit einer Einladung, zurückzukehren. Da er immer seiner Heimat gegenüber treu und ergeben war, vergab er seinen Feinden, vergaß die bitteren Erinnerungen der Vergangenheit und kehrte trotz der Warnung meines zweiten Bruders nach China zurück. Nach seiner Rückkehr folgte ein Unglück und ein

Verhör nach dem andern. Er wurde als Reaktionär bezeichnet und in ein Arbeitslager gebracht. Während der „Kulturellen Revolution" 1968 wurde sein Haus geplündert und sein Eigentum beschlagnahmt. Schließlich jagte man ihn aus seinem Haus. Für den Unterhalt seiner Familie hatte er monatlich drei Dollar. Die nächsten zehn Jahre musste er die Straßen kehren und öffentliche Toiletten putzen, eine sehr erniedrigende Erfahrung für ihn. Seine Lebensbedingungen besserten sich allmählich im Jahre 1980. Meine bettlägerige Schwägerin hatte 1982 einen Schlaganfall. Danken Sie der göttlichen Vorsehung, die ihnen nach so vielen Leiden das größte Geschenk gewährte, den katholischen Glauben, der ihnen von einem Jesuiten Pater, Pater Cai, vermittelt wurde! Pater Cai war ein guter Freund von uns. Als wir davon erfuhren, dass unsere Verwandte krank war, besuchte er das Ehepaar bei jeder Gelegenheit und legte ihnen die katholische Lehre dar.

Noch im selben Jahr taufte Pater Cai beide. Meine Schwägerin war sechs Jahre lang bettlägerig. Sie sagte uns: „Wie hätte ich ohne diese Jahre des Leidens Sühne für meine Sünden leisten können?" Sie starb friedlich im Herrn im Jahre 1992.

Mein ältester Bruder verschied am Fest Maria Verkündigung 2002. Wie gnädig doch Gott ist!

Kapitel 9

Einer Außergewöhnlichen
unter den Gewöhnlichen gewidmet

Was ist gewöhnlich? Was ist außergewöhnlich? Ich bin nicht dazu im Stande, eine Definition zu geben. Ich würde sagen, dass wir Menschen, weil wir Geschöpfe Gottes sind, alle in den Augen Gottes etwas Gewöhnliches sind. Aber der Sohn Gottes wurde als Mensch geboren und starb am Kreuz, um uns das Tor zum Himmel zu öffnen. Wir dürfen Gott unseren himmlischen Vater nennen. Auf diese Weise sind wir etwas ganz Besonderes geworden.

Also, abhängig davon, ob wir wirklich Gottes Kinder sind, sind wir gewöhnlich oder außergewöhnlich.

Meine älteste Schwester, Agathe, war 18 Jahre älter als ich. Sie starb vor 52 Jahren. Sie war so gewöhnlich wie das Gras am Straßenrand. Als sie jung war, hatten die Leute in China meist noch eine feudalistische Einstellung und die Ningponesen (die Bewohner meines Heimatortes) dachten nicht daran, ein Mädchen aufs Gymnasium zu schicken. Meine Schwester hatte nicht viel Bildung. Sie besuchte nur die Hauptschule und hatte nie eine bessere Stellung in ihrem Leben. Mit achtzehn Jahren verheirateten sie meine Eltern mit dem einzigen Sohn einer reichen Familie. Das war typisch feudalistisch. Ihre neue Familie verlangte von ihr drei Arten von Gehorsam: Gehorsam gegenüber dem Vater vor der Hochzeit, Gehorsam gegenüber dem Ehegatten nach der Hochzeit und Gehorsam gegenüber ihrem Sohn (nach dem Tod ihres Ehemannes). Sie musste vier Tugenden besitzen: korrekte Sprache, anständige Manieren, Fleiß und ein sittsames Benehmen.

Meine Schwester gab ihr Bestes, diesen Ansprüchen zu entsprechen, aber Gott hat seine eigenen Pläne. Meine Schwester hatte vier Kinder, alle waren Mädchen. Und ihr Ehemann war der einzige Sohn der Familie. Jedes Mal, wenn sie ein Kind zur Welt brachte, starrten die Angehörigen der Familie ihres Mannes sie an. Schon vor der Geburt des Babys sagten sie in kaltem Spott und mit beißendem Hohn zu ihr: „Es gibt drei Arten, sich als ein schlechter Sohn zu erweisen und die schlimmste davon ist, keinen Erben zu haben. Man wird aber nicht ihm, sondern dir, der Schwiegertochter, die Schuld dafür geben, wenn ihr keinen Stammhalter bekommt." Meine Schwester fühlte sich wirklich schuldig dafür, dass sie noch keinen Knaben zur Welt gebracht hatte. Sie war schon sehr nervös als sie das zweite Kind erwartete, und danach begannen ihre Herzprobleme. Meine Eltern versuchten sie zu beruhigen und sagten: „Vielleicht wird es ja das nächste Mal ein Junge!" Meine Schwester schonte sich nicht. Sie wollte noch mehr Kinder haben, ganz ungeachtet ihrer Probleme. Als sie ihr viertes Kind, ein Mädchen, gebar, war sie ziemlich am

Ende ihrer Kräfte und ihr Herz wurde immer schwächer. Lange Zeit war sie völlig durcheinander. Ihr Geist und ihr Gedächtnis waren stark mitgenommen. Als sie ihr viertes Kind geboren hatte, hat sie es mit Ablehnung bestraft. Sie dachte, dass das Kleine alles Unglück über sie gebracht hätte. Das war auch für meine Eltern eine große Last. Sie konnten nichts tun, außer sie zu uns nach Hause zu holen und sie zu pflegen. Eine Folge der Bettlägerigkeit waren ihre beträchtlichen Herz- und Leberprobleme.

Meine Schwester Mary und ich waren natürlich um ihre Seele besorgt. Manchmal sprachen wir mit ihr über den katholischen Glauben. Sie zeigte aber nicht das geringste Interesse daran. Im Jahre 1952 bekehrte sich mein Bruder und wurde ein ganz anderer Mensch. Meine älteste Schwester sagte nachdenklich: „Wie sich Augustin verändert hat, überrascht mich völlig. Einen Berg zu versetzen ist sehr schwierig, aber ein Herz zu verändern ist noch viel schwieriger. Ich sehe mit meinen eigenen Augen, wie sehr ihn der katholische Glaube verändert hat. Gebt auch mir einige Bücher zum Lesen."

Ich borgte ihr einige Bücher von unserer Pfarrei aus. Nachdem sie die Bücher gelesen hatte, wusste sie schon mehr über unseren Glauben. Einige Bücher lesen war jedoch nicht genug, denn sie hatte gewisse Bedenken. Da ihr Tod nahe war, dachte ich bei mir: Man muss das Eisen schmieden, solange es heiß ist. Wir dürfen die Rettung ihrer Seele nicht länger hinauszögern. Im März 1953 wurde sie erneut ins Spital gebracht. Der Arzt meinte, dass sie höchstens noch einen Monat leben werde. In dieser kritischen Zeit sprach ich offen zu meiner Schwester: „Liebe Schwester, du bist eine gute Frau, aber es ist schade, dass du dich nicht um deine jüngste Tochter gekümmert hast. Du darfst sie nicht schlecht behandeln. Es ist deine Schuld, wenn ihre kleine Seele im Schatten der Traurigkeit aufwächst, wo sie immer mehr verhärtet. Und bedenke bitte: wir alle sind Sünder. Niemand ist vollkommen. Gott aber ist unendlich barmherzig. Seine Barmherzigkeit ist viel größer als unsere Sünden. Gott vergibt uns ganz bestimmt, aber wir müssen unsere Sünden zuvor bereuen." Agatha antwortete: „Das klingt gut. Lass mich darüber nachdenken. Ich werde meine Worte und Werke überprüfen bevor ich sterbe." Zwei Tage darauf hatte sie den festen Wunsch, getauft zu werden. Ich bat Pater Chen zu kommen. Sie bekannte ihre Sünden, ließ sich taufen und ließ dann ihre vier Töchter zu sich ans Bett kommen. Sie umarmte eine nach der anderen und sagte dann zur jüngsten: „Bitte vergib deiner Mutter. Ich schenkte dir von deiner Geburt an keine mütterliche Liebe. Ich bitte dich um Verzeihung, ehe ich sterbe." Tränen der Freude und Dankbarkeit rollten über meine Wangen. Man sieht so selten eine so demütige Mutter, die ihre Tochter öffentlich um Verzeihung bittet. Agatha sagte, sie ahme einfach Christus am Kreuz nach, der allen seinen Verfolgern vergab und zu seinem himmlischen Vater sprach: „Sie wissen nicht was sie tun." Wie gütig doch das Herz unseres Herrn ist! Meine Schwester war bereit, unseren Herrn immer mehr nachzuahmen. Sie empfing die Letzte Ölung und die Absolution von Pater Chen.

Mary und ich blieben vom 10. Februar an, dem Tag, an dem sie getauft wurde, Tag und Nacht bei ihr. Zusammen beteten wir den Rosenkranz. Manchmal lasen wir ihr ein geistliches Buch vor und erzählten ihr, wie der gute Schächer seine Sünden am Kreuz bereute. Unser Herr versprach ihm: „Wahrlich, ich sage dir, heute noch wirst du mit mir im Paradiese sein." Die Pharisäer schienen ein gutes Leben geführt zu haben, und doch nützte es ihnen am Ende nichts. Für sie war alles vergeblich. Wie sehr wir Gott gedient haben, wird nicht an der Zeit bemessen, sondern an der Tiefe unserer Liebe. Ich bin sicher, dass Agatha aus ganzem Herzen den guten Schächer nachahmte. Sie brach oft in Tränen aus, wenn sie an ihr vergangenes Leben dachte.

Wir waren aus tiefstem Herzen erfreut, als wir sahen, wie gut sie in ihrem geistigen Leben voranschritt. Sie sagte oft zu uns: „Mary, Rose, ich bin mehr gesegnet als ihr. Vielleicht werde ich schon Morgen in den Himmel kommen. Ihr seht, wie gut Gott ist. Ich lag zehn Jahre lang voller Schmerzen im Bett. Nun wird das Leid bald überstanden sein. Unsere Liebe Frau wird mich am Ende meines Lebens sicher abholen. Ich bitte euch, weint nicht nach meinem Tod. Ihr müsst Gott danken, dass er mir das kostbarste gegeben hat, das es gibt, den wahren Glauben und die Gnade, dass ich erkennen konnte, wie sündig ich bin. Das ist etwas, das man feiern !" Am 7. März, dem Tag, an dem sie entschlief, war sie sehr ruhig und friedlich. Sie bat uns, die Sterbegebete für sie zu beten. Sie wiederholte immer wieder dieselben Worte: „Ich gehe. Die Jungfrau Maria kommt." Dann hielt sie uns eine Atemschutzmaske entgegen und bestand darauf, dass wir sie aufsetzten. „Eine sterbende Person scheidet oft eine große Menge an Bakterien aus." Wir aber entgegneten ihr: „Du stirbst an einem Herzproblem und wir brauchen keine Maske."

Dann sagte sie immer wieder: „Die heilige Jungfrau, kommt!" Auf einmal war da ein starker Rosenduft, der das ganze Zimmer erfüllte. Der Wohlgeruch ermahnte uns, nicht über den Tod unserer Schwester zu weinen.

Wie sagte meine Schwester Agatha? „Sie hat mehr Glück als wir. Sie sieht Gott viel früher als wir und hoffentlich werden wir eines Tages dasselbe tun".

Liebe Agatha, bitte bete für mich, dass wir uns eines Tages im Himmel wiedersehen werden.

Kapitel 10

Die Kampagne gegen den Imperialismus

Der Kommunismus und der Katholizismus stehen sich als unversöhnliche Feinde gegenüber. Die Kommunisten unternehmen alles, um die Katholiken zu vernichten. In den Augen der Kommunisten sind alle ausländischen Priester und Nonnen, egal aus welchem Land sie auch kommen, „Imperialisten".

Im Jahr 1951 ging es gegen die Legion Mariens. Keine zwei Jahre später schloss die kommunistische Regierung alle katholischen Kirchen und verhaftete fast alle Priester und einige Nonnen in Shanghai.

Die Nacht des 16. Juni 1953 war etwas Besonderes. In unserer Pfarrei, der Christkönigskirche, gab es eine große Veranstaltung.

Es wurde ein wunderbares Theater mit dem Titel „Die hl. Agnes" aufgeführt. Es gab Spiele und ein vortreffliches Buffet. Es war eine lebhafte Gesellschaft. Wir alle verbrachten einen schönen Abend. Wer achtete da schon auf die Augen der Polizisten, die uns aus dem Dunkel beobachteten? Am folgenden Morgen standen Soldaten mit Gewehren vor unserem Kirchenportal Wache. Einige unserer Priester wurden verhaftet, die anderen wurden in ihren Zimmern festgehalten. Als einige Gläubige zur Morgenmesse kamen, fanden sie die Kirchentür verschlossen vor. Irgend etwas Ungewöhnliches schien geschehen zu sein, und trotzdem wollten sie nicht nach Hause gehen. Sie warteten und warteten geduldig auf dem Parkplatz. Um ca. 9.30 Uhr erlaubte der Polizist Pater Vincent Chu zur Kapelle zu kommen, aber nur, um die Messe zu lesen, ohne Predigt und ohne Beichte hören. Nach der hl. Messe brachten sie ihn wieder auf sein Zimmer. Wir sahen, dass die Augen Pater Chus rot waren. Vielleicht hat er in der vergangenen Nacht nicht viel geschlafen oder sogar Tränen vergossen. Er fasste sich immer an seinen geschwollenen Arm und an seine Handgelenke. Jahre später erklärte er uns den Grund, warum er die hl. Messe doch lesen durfte. Die Kommunisten hatten einen Plan: Sie meinten, Pater Chu sei in einer reichen Familie geboren und er war nicht nur jung, sondern war erst vor einigen Jahren aus dem Ausland zurückgekehrt. Der Plan war, ihn nicht zu verhaften, sondern ihn mit süßen Worten zu verlocken, ein Verräter zu werden. Pater Chu wies sie standhaft zurück. Schließlich nahm man ihn fest.

Zu dieser Zeit gab es keine regelmäßigen Gottesdienste mehr. Und dennoch kamen immer mehr und mehr Gläubige. Jeden Morgen nach der Messe knieten wir uns auf den Betonboden hin und baten Pater Chu um den Segen. Einige von uns wagten es sogar, ihm Brot und einige Kekse in die Hand zu drücken. Einige sagten laut: „Wir werden unserer Mutter Kirche, aber auch Ihnen, Ehrwürdiger Pater, auf ewig treu bleiben."

Es hieß, dass ein anderes Pfarrhaus nahe bei uns in der Nan-Chung-Straße ebenfalls von den restriktiven Maßnahmen betroffen war. Junge Studenten brachten einem ungarischen

Priester, der genau wie Lenin aussah, zu Essen; zwei von den Studenten wurden deshalb aus der Schule entlassen. Das war keine ungewöhnliche Vorgehensweise: Wenn der Feind die Schafe angreifen will, dann fällt er zuerst den Hirten an. Wir, die Schafherde, waren aber keine Feiglinge; wir hielten uns gegenseitig an den Händen, um eine Menschenkette zu bilden, wenn es darum ging, unseren Priestern Brot zukommen zu lassen. Wir blieben auf dem Boden knien um zu zeigen, dass man uns nicht so leicht einschüchtern kann. Das hielt die Kommunisten eine Zeit lang davon ab, noch mehr von solch sinnlosen Aktionen gegen uns zu unternehmen.

Meine Pfarrgemeinde, die Christkönigskirche in Shanghai gehörte zum Jesuitenorden, und war Teil der Provinz Kalifornien, USA. Bei uns gab es vier amerikanische Priester. Pater Philips war der Pfarrer und Pater John Houle war sein Assistent. Beide wurden in jener Nacht (16. Juni 1953) verhaftet. 1957 dann, nachdem sie ihre Strafe abgesessen hatten, wurden sie ausgewiesen. Es gab auch zwei chinesische Priester, Pater Xavier Chu, der verhaftet und zu zwanzig Jahren verurteilt wurde, und Pater Vincent Chu, der 1955 festgenommen und zu achtzehn Jahren verurteilt wurde.

Nach ihrer Verhaftung bekamen Pater Philips und Pater Houle keine Essenspakete oder Alltagsgegenstände mehr zugeschickt, da ihre Familien in den USA lebten. Als Missionare hatten sie bereits auf ein angenehmes Leben verzichtet, um nach China zu kommen. Nun wurden sie verhaftet, nur weil sie Priester waren. Sie bekamen nicht genug Nahrung und Kleidung, was wirklich ein ungeheures Opfer bedeutete. Sie wurden noch dazu manchmal Tag und Nacht von den Kommunisten verhört, in eine Einzelzelle eingeschlossen und jeder Bewegungsfreiheit beraubt. Sie wurden viel härter bestraft als wir.

Als ich in Shanghai war, traf ich jeden Morgen Pater John Houle, den Assistenten; ich sprach aber nur selten mit ihm. Oft sah ich ihn eine hohe Leiter emporsteigen oder sich auf den Boden bücken, um die großen Leuchter einzustellen oder das Mikrofon aufzustellen. Ich hatte von den Verfolgungen, die sie zu erdulden hatten, nicht die geringste Ahnung, bis ich 1989 in die USA kam. Es gab viele Gläubige, die Pater John Houle kannten und ihn respektierten. Sie erzählten mir, dass er vier Jahre im Gefängnis unter so starken Schmerzen verbrachte, dass er davon die heftigste Rückenprobleme und eine Arthritis bekam, so dass er irgendwann die ganze Zeit im Bett bleiben musste. Sein Zustand verschlimmerte sich immer mehr. Er verbrachte viele Jahre im St. Teresita-Spital (in Arcadia, USA). Im Jahre 1990 fiel er dann ins Koma und viele Leute beteten um ein Wunder für ihn. Sein Oberer legte ihm sogar eine Reliquie von dem hl. Claude de la Colombière, dem Seelenführers der hl. Margaretha Maria von Alacoque, auf das Bett. Nach einigen Tagen heilte ihn der hl. Claude. Die Röntgenbilder zeigten, dass Pater Houles Lungentumor verschwunden war. Aber Gott verlangte ihm weiterhin große Opfer ab.

Er hatte immer noch Rückenprobleme und Muskelschmerzen. Ich besuchte ihn mehrere Male. Als er herausfand, dass ich sein Pfarreikind gewesen war und viele Jahre im Gefängnis verbracht hatte, war er so aufgeregt, dass er ausrief: „Dank sei der wunderbaren Vorsehung Gottes! Wer hätte gedacht, dass wir das Glück haben, uns hier wiederzusehen? Ich gebe Ihnen meinen priesterlichen Segen und hoffe, dass Sie Gott mit jedem Tag ihres Lebens mehr lieben."

Ich erinnere mich, dass ich ihn gegen Ende Juni 1997 zum letzten Mal sah. Er war nur noch Haut und Knochen und dem Tode nahe. Das Spital erlaubte niemandem, ihn zu besuchen, weil er eine ansteckende Krankheit hatte. Als ich vor der Tür stand und ihn durch das Fenster anschaute, schien es mir, als ob ich Pater Pio im Bett liegen sähe. Er war in sehr schlechter Verfassung und doch waren beide Augen hell und voller Geist. Obwohl meine Augen voller Tränen waren, sah ich, dass er Schmerzen hatte, aber dabei ganz ruhig war.

Er hielt den Rosenkranz fest in seinen Händen und hatte kaum mehr die Kraft zu sprechen. Er brachte jedoch noch die einfachen Worte hervor: „Möchtest du, dass ich dich segne?" Ich nickte fortwährend mit meinem Kopf. Mit großer Anstrengung hob er dann seine Hand und machte dann mit seiner letzten Kraft das Kreuzzeichen.

Als ich 1998 an seiner Beerdigung teilnahm und seinen heiligen Leichnam anschaute, fesselte mich sein friedlicher Ausdruck. Ich stand einige Minuten lang bewegungslos vor seinem Sarg, bis mich jemand wiederholt bat, wegzugehen. Pater Houle war wirklich ein Märtyrer des zwanzigsten Jahrhunderts.

Es gab aber noch zwei weitere amerikanische Priester in derselben Pfarrei in Shanghai: Pater Gatz und Pater Palm. Pater Gatz verbrachte die meiste Zeit mit Beichtehören. Ich ging wöchentlich bei ihm zur Beichte und er war es, der mir bei meinem dürftigen Englisch half. Manchmal, wenn er meine Schwierigkeiten mit der englischen Sprache bemerkte, bat er mich, es einfach auf Chinesisch zu sagen. Er versicherte mir gütig: „Gott versteht auch Chinesisch!" Er half mir in der Tat sehr, meine Angst beim Beichten zu überwinden.

In der Nacht des 16. Juni 1953 wurde er und Pater Palm in der Dachkammer des dritten Stockes eingesperrt. Im Juni war es sehr heiß. Man sah manchmal, wie er den Kopf zum Fenster hinausstreckte, um frische Luft zu bekommen.

Sobald wir Gläubigen ihn sahen, gaben wir ihm Handzeichen um uns mit ihm verständigen zu können. Pater Gatz hatte die Gewohnheit, die Adressen und Telefonnummern der Gläubigen in sein Notizbuch zu schreiben, um sie schnell erreichen zu können. Als man ihn einsperrte, war dieses Notizbuch seine einzige Sorge. Was sollte er tun? Er konnte es nirgends verbrennen oder zerstören. Er tat folgendes: Er riss eine Seite nach der anderen aus seinem Notizbuch. Dann zerriss er sie langsam in kleine Stücke und zuletzt schluckte er sie runter. Haben Sie je versucht Papier zu schlucken, noch dazu viel? Was für eine Qual das sein musste! Wie konnte er das nur schaffen? Nur wer eine tiefe und aufrichtige Liebe zu Gott hat, kann so etwas tun. Wer ist bereit, so viel für andere zu leiden? Pater Gatz war einer dieser Priester!

Pater Palm war der Bing Crosby in unserer Kirche. Er hatte nicht nur eine liebliche Stimme, sondern auch eine große geistliche Verehrung für Gott und die allerseligste Jungfrau Maria. Sein wunderbarer Gesang veranlasste uns oft, über den Himmel zu betrachten. Er wurde in der gleichen Nacht in seinem Zimmer eingesperrt. Einige Gläubige sahen ihn an seinem Fenster. Drei Monate später sahen wir ein Paar Schuhe, mit den Spitzen nach außen, an seinem Fenster hängen. Wir zogen daraus den Schluss, dass er ausgewiesen werden sollte. Als nächstes erfuhren wir, dass er nach Taiwan geschickt wurde.

Jeder weiß, dass die Ampel an der Kreuzung dazu auffordert, anzuhalten; und auch in der Musik gibt es Pausen. Unter der Kontrolle der KPCh (der Kommunistischen Partei Chinas) machten wir unsere ersten Erfahrungen mit der sogenannten „Bewegung." Auch hier schien es so, als wäre jedes ungeradzahlige Jahr ein schlimmeres, während wir in jedem geradzahligen Jahr eine kleine Pause machen konnten. 1953 war dann das „Anti-Imperialisten-Jahr".

Pater Xavier Chu wurde verhaftet. Pater Vincent Chu durfte uns die Morgenmesse lesen. Immer mehr Gläubige kamen zur Kirche. Nun wussten wir plötzlich nicht mehr, wer den Rosenkranz vorbeten sollte. Wir beteten ein Gesätzchen nach dem andern. Viele Monate vergingen. Die Polizei fand keine Gesetzeswidrigkeit bei dem, was wir taten. Mit der Zeit wurden sie toleranter. Im April 1954 zog dann die Polizeiwache von unserer Pfarrei ab. Wir waren voller Aufregung. Die KPCh konnte unsere Gottesliebe nicht schwächen. Nach 1953 nahmen immer mehr Kinder am Katechismusunterricht teil, und schließlich waren es ungefähr 300 Kinder. In der Kirche St. Peter gab es fast 600 Kinder. Ungefähr 900 Kinder lebten in Zi-Jia-Wei. Das beweist, dass unsere Gemeinde um so größer wurde, je mehr sie uns angriffen. Obwohl die Missionare und Nonnen des Landes verwiesen worden waren, unterstützten sie uns doch immer noch mit ihren Gebeten. Wo ist das Licht? Wir müssen uns anstrengen, unser geistiges Leben und die Erziehung der jungen Generation immer mehr zu vertiefen.

Das Jahr 1954 war wie so eine Pause. In Wahrheit aber warfen sie eine lange Angelschnur aus, um den großen Fisch zu fangen. Sie sammelten ständig Informationen, und bereiteten sich vor für einen noch härteren Angriff auf die katholische Kirche, der dann im Jahr 1955 erfolgen sollte.

Kapitel 11

Eine kleine Windböe, die dem großen Sturm voranging

Ein kleines Bündel mit den notwendigsten Dingen lag immer neben meinem Bett; ich wusste nicht, wann ich es einmal brauchen würde. Mehr als drei Jahre lag es dort. Manchmal kam die Polizei ganz unerwartet. Die meisten wurden ganz überraschend festgenommen, und dennoch gab es Vorzeichen, dass sie kommen, um einen abzuholen. Am 20. August 1955, es war ein heißer Tag, machte ich gerade ein Mittagsschläfchen, als plötzlich meine Mitschüler zu mir ins Haus stürzten. Sie drängten mich, einige Kleider mitzunehmen und sofort zur Schule zu kommen, denn der Schuldirektor und der Sekretär der Kommunistischen Partei wollten mich sehen. Ich konnte die Drohung, die in diesen Worten lag, heraushören und offensichtlich war dies ein schlechtes Omen. Es gab keinen Ausweg, ich musste gehorchen. Sobald wir in der Schule ankamen, erklärte mir der Klassenleiter, dass ich nun meine Freiheit verloren hätte. Vier Mitschüler würden ab jetzt alle meine Taten überwachen. Ich wollte den Grund für dieses Theater wissen, sie aber schwiegen nur. Das Einzige, was sie mir verrieten, war, dass ich es schon noch erfahren würde.

Der Direktor informierte mich darüber, dass die Regierung eine Großoffensive gestartet hatte, um die anti-revolutionären Kräfte innerhalb der Kirche zu beseitigen. Ihren Informationen zufolge war ich schwerwiegender antirevolutionärer Verbrechen schuldig. Sie meinten, ich sei zu jung und nur mit schlechten Gedanken „vergiftet". Sie erwarteten nun von mir, dass ich meinen guten Willen bewies und ihnen alle Imperialisten und antirevolutionären Mitglieder der Kirche meldete und sie entlarvte. Gehorchte ich, so würde die Regierung in ihrer Nachsicht die vorgesehene

Strafe meiner „Ehrlichkeit" wegen mildern. Gleichzeitig verlangte der Direktor klar und deutlich von mir, den kommenden Schauprozessen beizuwohnen, um unseren Bischof Kung und andere persönlich anzuklagen. Ich erinnere mich ganz genau an seine letzten Worte: „Hu Meiyu, du könntest viele junge Leute und Kirchenmitglieder positiv beeinflussen und auch einfache Leute dazu bringen, sich zum Kommunismus zu bekehren."

Es war also an der Zeit, meinen Glauben zu beweisen! Ich rief mir die Anweisungen der Priester ins Gedächtnis. Ich musste die „drei Nein" anwenden und den schlechten Versuchungen widerstehen. Die „drei Nein" bedeuteten: Nicht hören, nicht lesen, nicht antworten. Hätte unsere Eva während der Versuchung nicht auf den Teufel gehört oder mit ihm gesprochen, dann hätte sie auch nicht von der verbotenen Frucht gegessen. Meine Taufgelübde hatte ich schon abgelegt. Ich wollte lieber von allen möglichen Unglücken getroffen werden, als unseren Herrn, den alleine wahren, den gütigen Gott zu beleidigen. Aber jetzt war es an der Zeit, diese Worte in die Tat umzusetzen. Ich war nur ein schwaches, zerbrechliches junges Mädchen, das mit bloßen Händen kämpfte. Wie sollte ich mich einer so rohen, tyrannischen Macht entgegenstellen? Aber im selben Moment hatte ich keine Zweifel, dass der allmächtige Gott an meiner Seite stehen würde; ich hatte nichts zu fürchten.

Am nächsten Morgen griffen sie mich mit allen Waffen an, die ihnen zur Verfügung standen. Begonnen hatte es ja schon mit der Ansage des Klassenleiters, dass ich von nun an meine Freiheit verloren hätte. Zwei Mitschülerinnen wechselten sich dabei ab, mich vierundzwanzig Stunden am Tag zu überwachen. In den Schlafzimmern im unteren Stockwerk befanden sich zwei Wandtafeln, vollgeschrieben mit meinen Verbrechen. Mir machte es nichts aus, sie anzuschauen. Sie waren mit Slogans und Mottos in großen Buchstaben beschmiert: „Nieder mit der Anti-Revolutionärin Hu Meiyu," und: „Gib eine gründliche Erklärung, das ist dein einziger Ausweg," usw. Ich sagte mir, dass das ganze Zeug, das sie geschrieben hatten, völlig wirkungslos wäre, wenn ich es nicht beachten würde, und dass sie damit ohnehin nur ängstliche Leute noch ängstlicher machen könnten.

Um acht Uhr morgens ging es los mit der „Kampf-und-Kritik-Sitzung." Der Klassenleiter schrie mit kreischender Stimme, „Diese Anti-Revolutionärin, Hu Meiyu, die sich unter uns versteckt, bringt sie hierher!" Von zwei Mitschülerinnen gezerrt und getreten, wurde ich grob nach vorne gebracht. Sie drückten meinen Kopf mit ihren Händen gewaltsam nach unten, doch ich versuchte jedes Mal ihn wieder zu erheben.

Meine Klassenkameradinnen waren äußerst wütend. Ich wusste nicht, ob sie fürchteten, ich könnte eine Schande für unsere Klasse werden, oder ob sie aus Hass auf einen Feind der Gesellschaft so handelten. Jeder hielt seine Hände empor und bemühte sich darum, gehört zu werden. Ich hörte nicht genau, was sie sagten, aber ich hörte einige meiner besten Freundinnen mit zitternder Stimme sprechen: „Hu Meiyu, wir wollen mit dir nichts mehr zu tun haben". Meine lieben Freunde, ich verstehe, dass eure Herzen vor Angst zitterten und dass ihr euch nur retten konntet, indem ihr solche Dinge sagtet.

Ich verstand nun wirklich, was Freiheit war. Mein Geist war ganz ruhig. Ich sagte nichts, was ich nicht sagen wollte; ich verlor meinen freien Willen in keiner Situation. O weh! Die Mitschülerinnen, mit denen ich so gut auskam, mussten gegen ihren Willen Worte sagen, um ihre eigene Haut zu retten. Hatten sie ihren freien Willen oder ihren Herzensmut verloren? Sie taten mir leid. Die „Kampf-und-Kritik-Sitzung" dauerte vier Stunden. Dann, nach dem Mittagessen, wollte der Präsident des Landkreises mit mir sprechen. Es war ein Gespräch, das einige Stunden dauerte. Ich blickte ernst, verhielt mich still und schwieg.

Jeden Tag ergingen über mich mehr als zehn Stunden lang die gleichen Sitzungen und die gleichen Gespräche. Sie wiederholten dieselben Dinge immer wieder. Sie wollten nichts anderes hören als mein Geständnis, dass es ausländische und chinesische Priester innerhalb der Kirche gäbe, die Imperialisten und Anti-Revolutionäre seien und dass ich von ihnen geistig vergiftet wurde. Wenn ich nur ihre Taten aufdecken und dokumentieren und ihnen eine Liste mit anderen „vergifteten" jungen Leuten wie mich übergeben würde, dann könnte ich mit meiner Ausbildung weitermachen und hätte wieder eine glänzende Zukunft vor mir.

Ich bin Gottes Kind; ich durfte diese Sache nicht aus der Sicht des Teufels betrachten. Unsere katholische Kirche rettet die Seelen durch das, was sie lehrt. Wie könnte die Lehre der katholischen Kirche ein Gift sein? Ich kann doch nicht die Anklagen gegen mich entkräften, indem ich andere anklagte! Das war alles des Teufels Logik und seine Erfindung. Sollte ich beim letzten Gericht vor Gott bekennen: „Ich wollte ja keine Sünde begehen, aber man zwang mich dazu?" Sollte ich wirklich zum Verräter werden und noch dazu gegen das Gebot der Nächstenliebe verstoßen?

Die Kommunisten sagten uns immer und immer wieder: „Wir mischen uns nicht ein. Wir haben nichts gegen euren Glauben an Gott." Doch verlangten sie von uns, immer und überall gegen die Tugend der Nächstenliebe zu handeln. Der Glaube derer, die sündigen, indem sie das Gebot der Nächstenliebe missachten, ist nur auf Sand gebaut. Wie können sie sicher sein? Wie können sie ein Feuer anzünden, wenn sie zuvor das Holz unter dem Kessel wegnehmen? Ich danke Gott, dass er mir in jeder Situation einen klaren Verstand und ein feinfühliges Gewissen gab. Nicht die Kirche, sondern die Kommunisten vergifteten mich. Sie verbanden Drohungen mit Bestechungen, um mich zu zwingen, Gott zu verleugnen.

Fast zwei Wochen später, es war der 3. September und der Beginn eines neuen Semesters, sperrten sie mich einen ganzen Tag lang in eine leere, dreckige Zelle ein, die voller Spinnennetze war. In der Mitte der Zelle befand sich ein kleiner hölzerner Stuhl. Man befahl mir, die Wand anzuschauen und nachzudenken. Vielleicht war es ein nachgebildetes Gefängnis, das sie für mich machten. Nun gut, ich hatte mich schon entschieden. Meine Mitschülerinnen, die nicht müde wurden, mich zu kritisieren und anzuklagen, behandelten mich kalt und gleichgültig. Der hl. Paulus sagte: „Denen, die Gott lieben, gereicht alles zum Besten." (Röm. 8,28) Auf dieses Prinzip wollte ich mich stützen. Ich vermehrte meine Gebete, um der Versuchung zu widerstehen.

Nach dem Mittagessen führten mich meine Klassenkameradinnen vom Schlafzimmer ins Klassenzimmer. Als ich ins Klassenzimmer trat, sah ich meine Mutter und meine Schwester Meizhen dort sitzen. Es tat gut, sie wiederzusehen. Ich fühlte Schmerz und Freude zugleich. Ich freute mich, weil meine Mutter so guter Dinge war. Sie hatte nicht viel darüber nachgedacht, warum ich nun nicht mehr nach Hause kam. Ich war traurig, dass es mit einer Gefangennahme enden könnte, wenn dieses „Schauspiel" weitergeht.

Meine Schwester Meizhen sagte mit sofort im Ning-Po Dialekt: „Ich fürchte, dass du diese Mühsale nicht ertragen kannst und dass du selber zu einem Judas wirst." Ich entgegnete ihr: „Bitte sag den Priestern, dass Meiyu lieber sterben wollte als die Kirche verraten. Aber denk daran: Ein Sturm kommt!"

Meine Mutter war zu dieser Zeit eine Heidin, doch war sie dem Katholizismus schon sehr zugeneigt. Sie betete täglich mehrere Gesätzchen des Rosenkranzes für mich. Sie sagte mir immer wieder: „Meine Meiyu, sei ein gutes Mädchen. Hab keine Angst vor dem Leiden. Deine Mama braucht keine rebellische Tochter." Gott war gnädig. Sobald ich Mutters Worte vernommen hatte, wich aller Schmerz aus meinem Herzen. Meine liebe, heidnische Mama hatte so viel Mut! Auf diesem Weg nach Kalvaria ging sie Seite an Seite mit der Gottesmutter und den anderen heiligen Frauen. Gibt es in dieser Welt für die Menschen eine größere Gnade als das?

Danach gab ich meiner Mutter meine Uhr und meine goldene Kette und bat sie, sie mit nach Hause zu nehmen. Dann sagte ich ihr mit tiefer Zuneigung: „Mama, deine Tochter kann nun nicht mehr ihrem König und ihrer Mutter gleichzeitig die Treue beweisen. Ich bete darum, dass unser Herr dich dafür entschädigt."

Die Leute in der Schule verstanden nicht ganz, was wir sprachen. Nachdem sie unsere Gesichtsausdrücke beobachtet hatten, mussten sie feststellen, dass es für sie nicht gut lief. Deshalb jagten sie meine Mutter und meine Schwester sofort weg. Einige Schülerinnen sagten böse: „Was für eine reaktionäre Familie!" Sie hatten geplant, meinen Glauben durch die Liebe zwischen

Mutter und Tochter zu erschüttern. Wer hätte gedacht, dass genau das Gegenteil der Fall war! Nach diesem Treffen wurde der Glaube meiner Mutter sogar noch stärker.

Am 4. September zeigte man mir zwei Dokumente, welche neben zwei Mitschülerinnen auch zwei Gläubige, Herr Y. C. Yu und Herr W. Q. Yang, ausgestellt hatten. Sie hatten Informationen über mich gesammelt und mich für schuldig erklärt. Ich schätze, dass jedes Dokument mehr als zehn Seiten umfasste. Wie üblich legte ich sie zur Seite. Der Direktor sagte zu mir: „Vielleicht glaubst du es jetzt immer noch nicht. Wir lügen dich nicht an. Ich versichere dir, beide werden heute Abend persönlich da sein."

Und genau wie er gesagt hatte, trafen meine zwei Ankläger nach dem Abendessen mit dem Universitätsbus in der Schule ein. Als sie vor mir standen, wagte es keiner von beiden, mir in die Augen zu schauen. Der Schulleiter drängte sie; er sprach: „Nun, nachdem ihr zur Vernunft gekommen seid, erzählt Meiyu bitte von euren eigenen Erfahrungen." Zu Beginn beteuerten beide, dass sie diese Dokumente aus freiem Willen geschrieben hätten. Dann suchten sie Entschuldigungen und zählten allerhand absurde Gründe auf und meinten schließlich, wir müssten doch auch an unsere Zukunft und unsere Familien denken. Man sollte kein extremes Verhalten annehmen, denn die Regierung befehle uns doch nicht, unseren Glauben aufzugeben. Diese Schauspieler spielten ihre Rolle gut; sie wollten, dass ich ihnen folgte. Ich entgegnete nur: „Wir gehen nicht den gleichen Weg. Also können wir auch nicht miteinander gehen. Ihr nehmt den breiten Weg, ich dagegen habe mich dazu entschieden, die schmale Brücke zu nehmen."

Beide nahmen an allen möglichen Kampf-und-Kritik-Sitzungen teil und zeigten viele Leute an, um für sich selbst einen Vorteil daraus zu ziehen. Sie hatten Erfolg: sie wurden nicht nur von den Strafen der Kommunisten ausgenommen, sondern sogar zu Repräsentanten der jungen demokratischen Volksgruppe gemacht. Über dies hinaus wurden sie die Führungskräfte der Katholisch-Patriotischen Vereinigung.[19]

Ich hörte sie sagen, dass mehr als zehn junge Studenten zurück zur Schule bestellt wurden, um sich zu verantworten. In der Tat wurden jedoch nur ich und eine andere Mitschülerin wegen standhaftem Festhalten am Glauben festgenommen.

Mittlerweile sind diese zwei Männer, Yang und Yu, an einer Krankheit verstorben. Bevor ich in die USA auswanderte, besuchte ich sie noch einmal. Herr Yu sagte mir mit ernsten Worten und einem reumütigen Herzen: „Meiyu, du hast den besten Weg gewählt. Mit Reue gestehe ich, dass ich nicht so gut war. Du hast Gottes Segen, ein langes Leben zu haben und das Glück, in die Vereinigten Staaten zu gehen." Ich antwortete ihm: „Du weißt ganz genau, dass ich schwach bin. Aber Gottes Gnade begleitet uns allezeit. All unsere Ehre und all unser Lob sollen Gott gehören. Wir alle begehen Fehler. Deshalb müssen wir auf Gottes Gnade vertrauen. Wir sind Sünder; wir alle bedürfen der Gnade zur Vergebung unserer Sünden. Judas glaubte nicht an Christi Barmherzigkeit; als er mit seiner schweren Sünde konfrontiert wurde, beging er Selbstmord, weil er keine echte Hoffnung hatte".

Ich sah Tränen in seinen Augen. Wir hatten uns mehr als dreißig Jahre nicht mehr gesehen. „Für jeden von uns gibt es im Leben eine letzte Etappe. Dann zählen Rachegelüste und persönliche Dankbarkeit nur mehr wenig. Es handelt sich um eine Sache von äußerstem Ernst: bereiten Sie sich vor und hoffen Sie, dass wir uns in Gottes Paradies wiedersehen."

Vor einigen Jahren teilte man mir mit, dass Herr Yu an einer Hirnblutung starb. Tatsächlich wurde er in all diesen Jahren weder durch materielle Güter noch durch öffentliche Anerkennung glücklich. Obwohl er sehr hart arbeitete, konnte er das Vertrauen seiner Vorgesetzten nicht gewinnen. Ihm gelang der Sprung in eine gute Position an einer Staatsuniversität, doch dann war er am Ende der Karriereleiter. Er wurde fast verrückt, weil sein Chef seine Arbeit trotz all seiner Bemühungen nicht anerkannte und ihm nie vertraute. Jesus lehrte uns: „Niemand kann zwei Herren dienen" (Mt 6,24). Auch: „Jeder, der Haus, Bruder, Schwester, Vater, Mutter, Frau, Kind oder Acker um meines Namens willen verlässt, wird ein Vielfaches dafür empfangen und ewiges Leben erben" (Mt 19,29).

In diesen Tagen, es war im September, wurde ich eingeladen, zusammen mit Bischof Kung und vielen anderen Priestern am Fest unserer Lieben Frau teilzunehmen. Von diesem 4. September an versenkte ich mich jeden Tag tiefer ins Gebet und bereitete mich darauf vor, den Kreuzweg zu gehen.

Kapitel 12

Am selben Tag geboren wie Unsere Liebe Frau

Vom 3. bis zum 8. September sperrten sie mich ein; sie ließen mich einfach so in der Zelle sitzen. Die Kommunisten hatten verschiedene Methoden – aktive und passive. Entweder klagten sie einen dauernd an, oder sie ließen einen einfach allein.

Als sie mich alleine ließen, dachte ich mir, dass ich mich ein bisschen entspannen könnte und so schloss ich meine Augen und betete ohne Unterbrechung. Obwohl ihre „Schulungsmethoden" an sich sehr effektiv waren, konnten sie, zu ihrem Pech, niemals meine Gedanken kontrollieren.

Am 8. September 1955 kam um ca. 22.00 Uhr, als ich schon zu Bett gegangen war, plötzlich eine Mitschülerin zu mir und forderte mich auf, aufzustehen. Sie sagte zu mir, Herr Liu, unser Direktor, hätte mit mir etwas zu bereden. Aber was sollte er so spät am Abend mit mir besprechen? Ich wusste, dass meine Zeit um war. Langsam ging ich hinunter zum Bürogebäude unseres Direktors und sah, dass ein Polizeiauto schon bereitstand. Sogleich machte ich ein Kreuzzeichen und sprach „fiat" (es geschehe!).

Als ich eintrat, teilte mir der Leiter, Herr Liu, sehr ernst mit: „Die Schule hat ihr Bestes getan, um dich, Hu Meiyu, zu retten. Du aber bist stur in deiner Haltung. Lies diesen Haftbefehl hier vom 3. September. Wir haben alles versucht, um dir zu helfen, aber es hatte alles keinen Sinn. Heute, am 8. September, müssen wir dich festnehmen lassen; die Schule wird jedoch deinen Schülerstatus noch ein Jahr lang aufrechterhalten. Die Regierung hat sich jungen Leuten und besonders den Studenten gegenüber immer gnädig erwiesen. Selbst im Gefängnis sollst du immer noch die Möglichkeit haben, es dir anders zu überlegen und deine Verbrechen zu gestehen. Das Einzige was du tun musst, ist zu bekennen, was du angestellt hast und dann kommst du zur Schule zurück, um deine Studien weiterzuführen.

Nach diesen Worten kam der Polizist herauf zu mir und bat mich, den Haftbefehl zu unterschreiben. Dann wurden meine Hände gefesselt. Bevor wir weggingen, forderten sie meine Mitschülerinnen auf, mir einige meiner Kleider, Seife, ein Handtuch und andere Alltagsgegenstände einzupacken und ins Polizeiauto zu bringen.

Für mich war es keine große Überraschung verhaftet zu werden, denn die Bewegung gegen die Revolutionäre war schon überall aktiv. Jeder wurde einer Untersuchung unterzogen; sie durchforschten die persönliche Geschichte drei Generationen zurück, ebenso die sozialen Beziehungen. Die katholischen Priester, Ordensleute, Brüder wie Schwestern, und einige junge Mitglieder der Legion Mariens waren bereits Opfer ihrer Verfolgung geworden. Ich war in einer kapitalistischen Familie geboren, war die Leiterin der Legion Mariens und hatte viele Kontakte nach Übersee. Auch trug ich die Verantwortung für den katholischen Studentenverein. Darum war ich ein wichtiger Fang. Wieso sollten sie mich so leicht wieder entwischen lassen?

Normalerweise vermeidet die menschliche Natur das Leid. Niemand würde ohne weiteres seine Familie verlassen und sich gefangen nehmen lassen. Dennoch traf es gerade mich und ich konnte nur entweder ein Märtyrer werden oder ein Verräter; wenn kein Märtyrer, dann ein Judas! Ich ging davon aus, dass die meisten Menschen angesichts einer so schweren Prüfung das Martyrium wählen und nicht ihr ewiges Leben aufs Spiel setzen würden. In einer so ernsten Situation musste ich doch auf alles verzichten! Ich verließ mein Zuhause und die Schule, sagte allen weltlichen Pflichten lebe wohl, um Jesus und Maria auf Kalvaria zu folgen.

Der 8. September ist der Geburtstag der allerseligsten Jungfrau Maria. Gott hatte dieses Datum für unsere Verhaftung ausgewählt, weil er wollte, dass wir an diesem Tag mit der Jungfrau Maria in die Gefangenschaft „geboren" werden. Für uns begann tatsächlich ein neues Leben, ein Opferleben; wir ließen alles hinter uns, was der Vergangenheit angehörte.

Ich saß im Polizeiauto und mir kam es so vor, als sei das menschliche Leben nichts anderes als ein Schauspiel. Nehmen wir an, ich wäre eine Schauspielerin, dann hätte ich heute eben „Gefangennahme" spielen müssen. Irgendwann würde ich in diesem Drama sicher misshandelt werden und müsste schrecklich leiden. Alles, was ich zu tun hätte, wäre, meine Rolle gut zu spielen. Als Zuschauer hätten wir die triumphierende Kirche im Himmel, die unzähligen Heiligen, die Engel, den Herrn, unseren Gott, und die Jungfrau Maria. Zusätzlich fänden sich noch die Seelen im Fegfeuer ein, die darauf warten, dank unserer Gebete durch die Gnade Gottes in den Himmel einzugehen. Die Kirche auf der ganzen Welt würde uns ebenfalls zusehen. Die Kirche, angeführt durch den Papst, würde sich darüber Sorgen machen, ob sich diejenigen, die gefoltert und befragt werden, auch würdig verhielten. Es wäre Christus, von dem ich die Einladung bekommen hätte, dieser Feier beizuwohnen. Für mich gäbe es keine Ausrede!

An der festlichen Tafel sitzend würde ich nicht vergessen, dass ich ein Kind Gottes bin. Den Sieg erringen kann nur, wer den Glauben und die Treue bis zum letzten Ende bewahrt! Jeder schafft es, eine kurze Zeit lang eifrig sein, aber unendlich anstrengender ist es, Jahre und Jahrzehnte lang auszuhalten.

In dieser Nacht des 8. Septembers traf ich viele Gemeindemitglieder im Gefängnis wieder. Und nach Mitternacht kamen noch mehr ins Männergefängnis. Es war also ein gewaltiger Sturm. Ich machte mir um meine Schwester Mei-Zhen Sorgen, sie könnte das gleiche Unglück getroffen haben wie mich. Ich konnte nicht aufhören, an meine Mama zu denken. Wie sollte sie es in ihrem hohen Alter ertragen, zwei Töchter zur selben Zeit zu verlieren? Ich konnte sie nur dem Unbefleckten Herzen empfehlen. Gott verlangt von uns, ihn über alles zu lieben, ja sogar mehr als unsere eigene Mutter. Darum war ich, schon als ich das Gefängnis betrat, fest entschlossen Gott zu bitten, entweder meine Seele oder die meiner Mutter rechtzeitig zu sich zu nehmen, damit nicht meine Mama der Grund für mein Versagen werden könnte. Die größte Gefahr für mich war nämlich meine kindliche Liebe zu ihr. Also musste ich mich ganz und gar auf Gottes Gnade verlassen. Ich war fest entschlossen, mich nicht von Gott zu trennen, mochte geschehen was wollte.

Die Gefängniszelle war überfüllt und stank. Man erklärte uns, in der Zelle seien Brillen und Gürtel verboten, um Selbstmord zu verhindern. Sie verboten den Gefangenen ebenfalls, Zahnbürsten zu verwenden. Wie kann ein Mensch leben, ohne sich die Zähne zu putzen? Der Grund, dass die Gefangenen ihre Zähne nicht putzen durften, war, dass wir die Zahnbürste dazu verwenden könnten, Selbstmord zu begehen. Dann wurde auch noch die Benutzung der Toilette eingeschränkt! Wir waren in der Zelle eingesperrt. Der Wächter öffnete die Tür nur viermal am Tag, um uns zur Toilette gehen zu lassen. Sehr wahrscheinlich taten sie das, um uns zu zwingen erbärmlicher als Tiere zu leben.

Mahlzeiten gab es jeden Tag nur zwei. Sie gaben uns eine Suppe mit gekochtem Reis und verdorbenem Gemüse mit Kürbisschalen; es sah aus wie Kleister. Nach jedem Essen musste ich mich übergeben und mein Gewicht sank schnell auf siebzig Pfund.[20] Ich wollte schwer krank werden, um schneller zu Gott zu kommen. Vielleicht haben sie meine Absicht bemerkt, denn sie brachten mir spezielle Reisgrütze mit einigen Nudeln. Zuerst fragte ich: „Warum bekomme ich diese Spezialbehandlung?" und weigerte mich zu essen. Aber Mutter Chen und einige andere katholische Freunde in der Gefängniszelle überredeten mich, zu essen. Sie erklärten mir, mein Körper sei schwach und wenn ich keine Nahrung zu mir nähme, dann würde sich das auch auf meinen Geist und meine Willenskraft auswirken und ich würde schwach werden. Weil sie mir wegen meiner Krankheit Nahrung brachten, sollte ich einfach essen.

Als ich eingekerkert wurde, befanden sich dort auch P. J Wong, C. W. Pan, J. C. Ku, Mutter Chen Kwai und andere. Sie waren alle sehr tapfer und beeindruckten durch ihr gutes Beispiel viele Heiden und Ungläubige. Als sie erfuhren, dass ich erst vor sechs Jahren katholisch wurde, während meine Familie noch heidnisch blieb, ermutigten sie mich, der Gnade Gottes nicht den Rücken zu kehren, denn Gott hätte mich auserwählt.

Ich liebe das Gefängnis

Gefesselt sein bedeutet frei sein,
verlieren bedeutet gewinnen,
so viele Gnaden wurden meiner Seele geschenkt!

(Geschrieben im Jahr 1956, als ich in einer Einzelzelle eingesperrt war.)

Kapitel 13

Das Verhör

Ich habe alle möglichen Leiden durchgemacht; nichts war deprimierender, als verhört zu werden. Die Kommunistische Partei ließ keinen Anwalt oder Verteidiger zu und machte aus dem Verhör eine hinterhältige Falle und eine psychologische Folter für die Gefangenen.

Die Kommunisten sind Atheisten. Sie fühlen sich in keiner Situation an moralische Prinzipien gebunden. Sie kennen keine Tabus: Jedes Mittel war ihnen recht, um ihr Ziel zu erreichen, von den Gefangenen ein mündliches oder schriftliches Bekenntnis zu bekommen. Einige Häftlinge setzte man beim Verhör einer starken Lampe aus, um sie zu blenden und schwindlig zu machen. Einige wurden langen und ermüdenden „Belehrungen" ausgesetzt. Die Befrager wechselten sich ab und arbeiteten in Schichten. Die Gefangenen jedoch mussten die ganze Zeit in Handschellen gefesselt aufrecht sitzen. Wenn ein Gefangener auch nur den geringsten Widerstand zeigte, wurde er sofort dadurch bestraft, dass man ihm die Hände mit Handschellen auf den Rücken fesselte.

Während meiner acht Monate im Gefängnis wurde ich an die einhundertzwanzig Mal verhört. Das war ein erstaunlicher Rekord bei den katholischen Gefangenen. Manchmal fanden die Verhöre am Morgen und manchmal erst gegen Mitternacht statt. Wenn ich hörte, dass der Gefängniswächter eine bronzene Tafel mit meiner Gefängnisnummer auf den Boden legte und schrie, „Nummer 1138, komm raus!", dann musste ich hinausgehen und mich in den Verhörraum begeben. Es waren wie militärische Befehle, gegen die man machtlos ist.

Einige Gläubige und Nonnen, die mit mir gefangen waren, hatten Mitleid mit mir. Sie sagten: „Warum unterziehen sie dich so vielen Verhören? Was fürchten sie nur von dieser Studentin, dass man sie so quält?"

Ich verstand nicht, warum die Abteilung für öffentliche Sicherheit ein so großes Interesse an mir hatte. Warum verurteilten sie mich nicht einfach, anstatt mir Tag und Nacht diese Quälereien zuzufügen?

Später begriff ich, dass es dafür zwei Gründe gab. Erstens gehörte ich zu denen, die in den Augen der Kommunisten „verdorben" waren. Da ich erst seit sechs Jahren katholisch war, glaubten sie, mich zwingen zu können, ihnen zu folgen. Darüber hinaus war ich eine Universitätsstudentin. Keiner meiner Familienangehörigen gehörte zur Pfarrgemeinde; es gab aber, wie sie sagten, dennoch genug Gründe, warum sie mich zur Umkehr bewegen wollten. Um es ganz deutlich zu sagen: den Kommunisten ging es nicht darum, mich zu verhaften und einzusperren. Sie wollten mich einfach zu ihrem gefügigen, kriechenden Lakaien machen. Zu diesem Zweck haben sie alle möglichen Methoden probiert, um mich zu brechen.

Zweitens hatten sich die meisten Studenten, die einst meine Kameraden waren, bereits ergeben. Sie lieferten Informationen, um ihre Strafen zu mildern und etwas an Ansehen zu gewinnen. Ich war ein dicker Fisch; sie hätten mich für ihre Ziele gut gebrauchen können. Die Vernehmungsbeamten konnten jede Menge

Informationen über mich erhalten, doch wollten sie diese Informationen durch meine Aussagen bestätigt sehen. Was bedeutete, dass ich jede dieser Anschuldigungen zugeben musste.

Während der Verhöre schloss ich immer fest den Mund und schwieg beharrlich. Ich zeigte auch nicht den geringsten Gesichtsausdruck. Mir taten jene Katholiken leid, die über mich berichtet hatten. Einige brachten allerhand Übertreibungen zu Protokoll, während andere manches auf mich schoben, um sich selbst der Anschuldigungen zu entziehen. Sie sagten, sie würden ihren katholischen Glauben nicht aufgeben, doch benützten sie mein Elend als Tauschmittel für ihre sogenannte „Freiheit." Ohne die Gnade Gottes wäre ich von den immerwährenden Befragungen der Kommunisten wahrscheinlich verrückt geworden.

Während dieser Prozedur sah ich aus wie tot, aber mein Kopf war voller wütender Gedanken. Ich war wie eine Thermoskanne; außen kalt, doch im Inneren war kochendes Wasser. Welcher Mensch kann ruhig bleiben, wenn er in solch unmenschlicher und demütigender Weise behandelt wird!? Doch stritt ich nie mit ihnen und brachte auch keine Argumente vor, denn wenn ich müde geworden wäre und meine Urteilskraft verloren hätte, hätte ich mich in Widersprüche verwickeln können. Wie leicht hätte ich dann etwas gesagt, das ich nicht hätte sagen sollen, etwas, wodurch ich vielleicht andere Personen mit hineingezogen hätte. Sobald ich ins Gefängnis gesperrt wurde, hatte ich die feste Absicht, meinen Mund zu halten, mochte geschehen was wollte. Nur der Herr alleine wusste, wie schwer mein Kreuz war. Jedes Mal als ich von einem Verhör in meine Zelle zurückkehrte, war ich schweißgebadet. Die Folter des Körpers und des Geistes brachen mein Herz. Mein Leiden war unbeschreiblich.

Mit jedem Verhör wurde ihnen klarer, dass sie einen anderen Weg einschlagen mussten, dass sie es auf die sanfte Tour versuchen müssten. Jetzt versuchten sie es mit Schmeicheleien; sie sagten, ich sei das fähigste, gescheiteste und kompetenteste unter all den jungen Mädchen, eine süße Blume. Es war widerlich, denn manche Bemerkungen waren äußerst schamlos. Bisher wurde ich kritisiert und wie Dreck behandelt, doch jetzt fingen sie an, mir zu schmeicheln. Offensichtlich war dies Teil des Theaters, das sie nun aufführten. Ihre Worte ließen mich aber völlig unberührt.

Einige Tage später besuchten mich ehemalige Freundinnen. Sie waren alle schwach geworden, sobald sie die Kommunisten vor sich sahen. Ich wusste genau, was sie sagen wollten. Jede von ihnen plapperte die kommunistische Doktrin nach: „Wir haben unsere Verbrechen eingesehen und sie gestanden. Und das steht gar nicht im Widerspruch zu unserem Glauben. Schau, wie ruhig unsere Gewissen jetzt sind. Viele Bischöfe taten das gleiche. Wenn die das tun konnten, warum sollten wir das nicht auch tun können? Deine Mutter litt soviel für dich und deine Schwester. Sie weinte so fest, dass sie fast blind wurde. Gott will, dass wir unsere Eltern lieben. Warum gehorchst du diesem Gebot nicht? Wer weise ist, gleitet dahin auf den Wellen der Zeit und weiß, wie man beim Segeln den Strömungen folgt." Ich wollte ihnen nicht mehr weiter zuhören. Ich antwortete ihnen also: „Ich liebe Gott über alles und alles in Gott. Was, wenn jeder auf den Wellen seiner Zeit gleitet und im Segeln den Strömungen wie Wasserlinsen folgt? Und außerdem: wie kommt es, dass die dreihundert Jahre der Verfolgung in Rom so viele Märtyrer hervorbrachten? Es tut mir leid, aber wir gehen nicht in dieselbe Richtung; wir können nicht miteinander gehen. Ihr nehmt die breiten Straßen, ich aber gehe lieber den schmalen Weg."

Weil die Überredungsversuche durch meine Mitstudenten nichts brachten, holten sie Herrn Y. C. Yu von der Universität für Kommunikation. Er ermahnte mich in unverschämter Weise: „Hu Meiyu, du bist sehr naiv. Du denkst, du könntest jetzt standhaft sein, aber hier geht es nicht um einen Tag oder ein Jahr. Wenn du dann verurteilt und ins Arbeitslager geschickt wirst, dann wirst du alle möglichen Misshandlungen erleiden müssen. In deiner Familie warst du ein verwöhntes Mädchen. Glaubst du wirklich, dass du all diese Misshandlungen ertragen kannst? Bald wird es schwierig sein, noch einen Ausweg zu finden. Es sind die wenigsten, die so stur bleiben und lieber ihr ganzes Leben leiden. Bedenke: Du bist noch nicht lange eine Katholikin. Denkst du, dass du genug Kraft hast, bis zum Ende durchzuhalten? Ich denke, du solltest lieber zu früh als zu spät deine Haltung ändern. Du kannst dann nicht nur freundliche Beurteilungen von der Regierung bekommen, sondern du darfst dann auch auf ihr Wohlwollen zählen, in allen möglichen Angelegenheiten."

Nachdem man mich in die Zelle zurückgebracht hatte, dachte ich über seine durch und durch „pragmatische Philosophie" nach und stellte fest, dass Herr Yu mit keinem Wort die Macht Gottes erwähnte. Meine Zukunft lag in Gottes Hand. Ich wusste nicht, wie lange ich leben würde. Gott hält die Zukunft in seinen Händen. Falls ich nicht durchhalten konnte, so würde ich jetzt fallen. Alles, was sie wollten, ist nach dem zu streben, was das irdische Leben bietet. Ich aber war nun einmal in diesem Gefängnis und ich bestand darauf, diesen Weg weiterzugehen und nicht nachzugeben.

Zwei Tage später kam ein kantonesischer Priester. Sein Name, der mir nicht sehr vertraut war, war T. B. Chen. Man sagte mir, er sei ein Extremist und hätte eine Nonne geheiratet. Wie könnte ich einem solchen Geistlichen vertrauen? Sobald er mich sah, sagte er großtuerisch: „Ich bin ein Priester. Alles was du tun musst, ist, dein Geständnis ohne Angst niederzuschreiben und mich die Verantwortung vor Gottes Thron auf mich nehmen zu lassen. Du solltest eigentlich wissen, dass man Bischof Kung (Bischof von Shanghai) den Vorwurf machen muss, dass er euch junge Leute nicht richtig belehrt hat. Es widerspricht nämlich dem Glauben überhaupt nicht, sich als Mitglied der Legion Mariens eintragen zu lassen und gleichzeitig zuzugeben, dass Bischof Kung ein Antirevolutionär ist."

Dieser Priester hatte keine guten Absichten. Daher entgegnete ich ihm einfach und direkt: „Bischof Kung wurde zusammen mit uns verhaftet. Das bedeutet, dass er tut, was er sagt. Aber was euch angeht, ihr, die ihr euch „Priester" nennt, ihr spielt euch nur als Priester auf; ihr habt Christus betrogen. Euch werde ich gewiss nicht folgen! Sie haben zu mir gesagt, Sie wollen die Verantwortung für mich übernehmen. Ich frage mich aber: Wer wird die Verantwortung für euch, für euer Verhalten auf sich nehmen? Wenn ihr vor dem Throne Gottes steht, dann wird es zu spät für

Reue sein." Er antwortete mehrmals: „Du bist sehr schlecht, so schlecht, dass es für dich keine Heilmittel mehr gibt!"

Der letzte Trumpf der Kommunisten war meine liebste Mutter, die zu dieser Zeit schon über sechzig Jahre alt war. Seitdem ich verhaftet wurde, aß und trank sie nicht mehr viel. Sie kam mich täglich in meiner Zelle besuchen. Am Anfang ermahnten sie die Wachleute, sie sollte keinen Aufstand machen, denn ihre Tochter habe ja diese Strafen für all ihre Vergehen durchaus verdient. Meine Mutter bestand jedoch darauf, zu mir in die Zelle zu kommen; sie saß stundenlang da, und dann bat sie: „Sperrt mich zusammen mit meiner Tochter ins Gefängnis." Vielleicht wussten sie, dass meine Mama noch nicht katholisch war. Daher sagten sie ihr nach einigen Tagen: „Wir sind einverstanden damit, dass Sie hereinkommen und Ihre Tochter heute besuchen. Sie dürfen ihr auch etwas zu essen bringen, doch müssen Sie sie antreiben, ihre Schuld zu bekennen." Meine Mama freute sich sehr – so naiv wie sie war – und bat meine alte Amme, die mit ihr gekommen war, einen Butter-Kastanienkuchen und einige Brötchen mit gedämpftem Schweinefleisch zu kaufen.

Als der Gefängnisaufseher auch diesen Tag wieder „Komm heraus, 1138" rief, folgte ich ihm in den Verhörraum und sah dort meine Mutter und meine Amme sitzen, mit zwei Schachteln in den Händen. Seit ich meine Mama das letzte Mal am 3. September in der Hwa Dong Universität gesehen hatte, waren nur einige Monate vergangen. Diese kurze Trennung fühlte sich aber an wie eine Ewigkeit. Jetzt, da wir wieder vereint waren, stiegen in unseren Herzen Gefühle auf, wie sie bei der vierten Station des Kreuzweges beschrieben sind, als die Herzen Jesu und Mariä die unaussprechlichsten Schmerzen litten; auch sie weinten nicht laut. Manchmal sind die Schmerzen so schlimm, dass alle Tränen der Welt sie nicht zum Ausdruck bringen können. Meine Mama sah schrecklich erschöpft aus, ihre Augen waren rot, und sie war so abgemagert, dass sie nicht mehr ruhig stehen konnte. Auch mir hatte die Gefangenschaft sehr zugesetzt. Ich sah jetzt ganz anders aus: Meine dicke Brille war weg, mein gesamter Körper war geschwollen und mein Gesicht war bleich. Als sie mich sah, rief sie aus: „Was ist aus meiner hübschen kleinen Tochter geworden?" Die alte Amme fiel ihr schnell ins Wort: „Hier, dein Lieblingsbrötchen." Meine Mutter fuhr fort: „Man erwies uns heute eine besondere Gunst. Man erlaubte uns, dir einige Leckereien mitzubringen, wir haben auch einen Butter-Kastanienkuchen mit dabei."

Ich war so hungrig, dass ich mich nicht zurückhalten konnte. Ich schnappte mir gleich den scharfen und saftigen Schweinebraten. Oh, wie gut das schmeckte! Während meiner Gefangenschaft bekam ich so lange nicht genug zu essen. Sobald ich meine Lieblingsspeise in den Händen hielt, wollte ich sogleich noch mehr in den Mund stecken. Als ich aber davon abbeißen wollte, besann ich mich und aß nicht weiter. Lass dich nicht vom Teufel fangen! Denk daran, wie unser Herr vierzig Tage lang in der Wüste gefastet hat und vom Teufel versucht wurde! Jesus sagte ausdrücklich: „Der Mensch lebt nicht vom Brot allein." (Mt. 4,4). Warum erlaubten die Kommunisten meiner Mama, mir Essen zu bringen, während die Verwandten der Mitgefangenen es nicht durften? Das war so, weil sie eine ganz bestimmte Absicht hatten. Wenn ich heute diesen Braten und morgen etwas anderes esse, dann werde ich bald nicht mehr fähig sein, die kommenden Beschwerden, die wohl noch lange andauern werden, zu ertragen. Dann wäre ich gezwungen, meinen Glauben aufzugeben. Nein! Wie ich schon sagte, ich durfte diesen Schweinebraten und den Kastanienkuchen nicht essen. Ich musste diese Seite der menschlichen Natur unter Kontrolle behalten, selbst wenn mir das Wasser in meinem Mund zusammenlief – selbst, wenn ich verhungern müsste.

Gott sei es gedankt, dass er mir die Gnade gewährte, dieser Versuchung zu widerstehen... Es brach jedoch meiner Mutter das Herz, dass ich nichts aß. Ich erklärte ihr: „Ich bin nun einmal im Gefängnis, ich darf nicht darauf warten, dass du mir Nahrung bringst. In diesem Gefängnis muss ich unabhängig sein und mit allem alleine fertig werden. Ich würde jeden Tag auf dich warten, dass du mir Essen bringst. Sie könnten diese Schwäche ausnützen, um mir zu drohen und dir zu verbieten weiterhin Lebensmittel zu bringen, bis ich mich ergeben hätte. Mama, in einem Damm darf es keinen einzigen Riss geben, denn selbst der kleinste Riss könnte zu seinem Zusammenbruch führen." Meine Mutter verstand meine Worte nicht ganz, doch war sie weise genug zu wissen, dass die Kommunisten bei allem, was sie taten, bestimmte Absichten hatten. Wenn man auf ihre Tricks nicht hereinfiel, konnten sie nichts machen. Wenn aber jemand einmal in die Falle gegangen ist, dann lassen sie ihn nicht mehr so leicht entkommen.

Sie weinte, als sie die Zelle verließ. Das Einzige was ich noch tun konnte, als sie wegging, war, mit meinen Augen dem zerbrechlichen Rücken meiner Mama und ihrem weißen Haar zu folgen. Immer wieder blieb sie stehen und schaute sich zu mir um. Schluchzend sagte sie: „Meiyu, ich werde nie in meinem Leben aufhören, mir Sorgen um dich zu machen. Ich werde dich nicht gehenlassen!" Ich versank gerade in eine schmerzvolle Betrachtung, als der Gefängniswärter mich anschnauzte: „Hu Meiyu, zurück ins Gefängnis! Du bist geistig nicht ganz normal. Du hast dein angenehmes Leben hinter dir gelassen, um im Gefängnis zu leben, du hast den Braten zurückgewiesen und wolltest lieber diesen Reis-Kleister essen. Du musst wirklich schwer geisteskrank sein."

Als ich zurück in meiner Zelle war, überlegte ich still. Sollte ich mich ergeben oder nicht? Dies würde jedoch Kapitulation und Verrat bedeuten. Ich war schon so weit, dass ich den Wärter um Stift und Papier bat. Jedes Mal, wenn ich den Stift in die Hand nahm, fühlte es sich an, als ob mein Herz von Tausenden von Insekten gestochen würde – ich wusste nicht genau, warum. Wenn ich auch nur ein kleines Bisschen von der Wahrheit enthüllte, dann würden die Kommunisten sicher weitere Informationen sammeln. Es wäre naiv gewesen, zu glauben, was sie sagten: Einfach erklären, die Legion Mariens sei „aufständisch," und alles wäre in Ordnung...

Nein – wieder wachte Maria über mich und gewährte mir die rettende Gnade.

Niemand kann zwei Herren dienen. Alle weltlichen Gedanken sind der Wahrheit entgegengesetzt. Ich musste Jesus folgen. Der einzige Weg, ein ruhiges Gewissen zu bewahren, war der, den Weg nach Kalvaria zu gehen. Täte ich das nicht, dann würde ich vielleicht tatsächlich geisteskrank werden, nachdem ich aus dem Gefängnis entlassen worden wäre. Man kann nicht zwei Herren gleichzeitig dienen!

Schmerz

Ich war ein Stück Holz, zweite Wahl.
Mein Besitzer sägte mich vor vielen Jahren von einem alten, mächtigen Baum,
dann ließ er mich in einem Korb mit Spänen und Klötzen liegen.
Ich wartete darauf, dass auch ich an die Reihe kam, ins Feuer gelegt zu werden.
Ich wartete und wartete,
bis ein Künstler kam.

Als er mich bemerkte,
nahm er mich heraus und prüfte mich eine Weile.
Er sagte zu sich: „Das ist das Material, das ich brauchen kann,
ich möchte daraus eine Statue des Jesuskindes schnitzen."
Ich war erstaunt.
Konnte aus mir so eine feine Figur gemacht werden?

Ich war ein so rauher Klumpen und so grob!
Wie konnte er aus mir ein Jesuskind schnitzen?
Der Künstler schien meine Gedanken zu erraten.
Er sagte: „Ich muss den größten Teil von dir entfernen.
Willst du das?"
Ich überlegte eine Weile und nickte mit dem Kopf.

Er nahm mich sogleich in die Hand, und tat, wie er gesagt.
Er hackte und schnitzte ohne Unterlass mit Beil und Messer.
Der erste Hieb sollte gleich ein Drittel von mir wegreißen.

Oh! Es war meine ganze Jugend, ein Drittel meines Lebens;
gewiss – es war schmerzvoll, grausam und tränenreich.

Der Bildhauer wandte sich mir noch einmal zu:
„Mit nur einem Hieb kannst du keine Statue werden.
Ich stimmte zu und entgegnete:
„Bitte, mach, was Du willst!"
Er versetzte mir einen zweiten Hieb.
Der nahm mir meine Gesundheit.
Und dann noch einen: meine Zukunft; von ihr konnte ich mir
nun nichts mehr erwarten.

Schließlich kam die Rohform
des Jesuskindes zum Vorschein.
Ganz am Ende, Schnitt für Schnitt,
Blutstropfen für Blutstropfen,
lächelte mein Künstler und sprach:
„Nun kommt der letzte Augenblick.
Mit meinem kleinen Messer werde ich dich schleifen,
fein machen und glatt."

Um mich zurecht zumachen nahm er mir die Selbstachtung,
und danach den guten Ruf.
Ich lag nun da in meiner Blöße, verachtet –
eine Qual, viel schmerzvoller als der erste
und der zweite Hieb.
Ich bleib dabei: Ich will unserem Herrn gleich werden,
ihm folgen.
Ich muss jede Pein, die mein Herz durchbohrt, annehmen.

Und wirklich: In dieser Welt
umgibt uns der Schmerz von allen Seiten.
Ob man König oder Millionär ist,
es gibt keinen Weg, ihm zu entfliehen.
Es ist zum Erbarmen: Leiden überall,
Leiden wohin man auch blickt,

und doch erkennen nur wenige von uns
den Wert der Schmerzen.
Soviel Pein wird vergebens erlitten, vergeudet.
Ich weiß: „Es gibt nichts Großes ohne Schmerz."
Gott aber wird eines Tages unsere Schmerzen
von uns nehmen.

Endlich ist die Statue vollendet.
Ich liege still in der Krippe.
Wenn die heilige Jungfrau ihren Sohn anschaut,
sieht sie mich.
Es war die Vorsehung Gottes, die das Brennholz
umgestaltet hat.
Gott sei gepriesen auf ewig!

Kapitel 14

Das Salz der Erde

Im Gefängnis war ich unter den Gläubigen eine der jüngsten. Ich wurde in einer heidnischen Familie geboren, doch die Gefangenen kümmerten sich sehr um mich. Von allen Häftlingen beeindruckte mich Mutter Chen am meisten.

Ich wurde verhaftet und in das Gefängnis des Zi-Ja Bezirks gebracht. In der Nacht des 8. Septembers, als ich eingeliefert wurde, war es überfüllt. Den ganzen Monat September kamen weitere, eine Gruppe nach der anderen. Die kommunistische Regierung hatte die Gewohnheit, vor jedem Nationalfeiertag, dem 1. Oktober, viele Personen festzunehmen, um ihre Macht zu festigen. Auf Priester, Seminaristen, Nonnen und die katholischen Laien hatten sie es besonders abgesehen. Sie haben nach und nach viele von ihnen verhaftet.

In unserer Zelle, die nur etwa 50 Quadratmeter groß war, befanden sich neben mir ungefähr zwanzig Gefangene. Wenn wir in der Nacht schliefen, lagen wir da wie Sardinen in der Büchse. Wollten wir uns bewegen, dann mussten wir sagen „eins, zwei, drei" und uns gleichzeitig umdrehen, anders war es nicht möglich.

Unter diesen zwanzig Gefangenen befanden sich noch zwei andere Gläubige und eine Nonne. Diese Klosterfrau war in schwarz gekleidet und hatte eine sehr schöne Ordenstracht. Sie schwieg viel. Ich tat alles, um mit ihr zu sprechen. Sie erzählte mir, dass sie eine Schwester der Gesellschaft zur Rettung der Seelen im Fegfeuer sei. Ihr Name war Chen Gui-e. Als ich das hörte, entgegnete ich ohne nachzudenken: „Ihre Nichte Rose Chen ist meine Patin. Was ist es doch für eine Freude für uns, hier und jetzt die Chance zu haben, Märtyrer zu sein für die Wahrheit." Mutter Chen erkannte sofort, wie einfältig ich war, vor allem als sie sah, wie häufig ich verhört wurde. Außerdem war das Essen im Gefängnis furchtbar schlecht; zwei Mahlzeiten am Tag, die selbst Schweine nicht fressen würden. Erst konnte ich überhaupt nichts zu mir nehmen und musste mich den ganzen Tag übergeben. Mit der Zeit wurde mein Eifer für Gott immer geringer. Es schien, als ob er fast verschwunden wäre. Die Schwester bemerkte, dass ich körperlich und geistig immer schwächer wurde. Auch wenn die Wächter sie dafür schimpften, dass sie mit mir redete, so beachtete die Schwester das nicht weiter und hörte nicht auf, mich zu ermutigen. Sie meinte: „Gott hat dich auserwählt, Zeugnis für ihn abzulegen. Das ist das größte Geschenk, das er dir machen kann. Du musst dir darüber im Klaren sein, dass der Weg nach Kalvaria lang und schwer ist. Als unser Herr das Kreuz trug, fiel selbst er dreimal zu Boden. Du bist erst seit wenigen Jahren getauft. Unsere Aufgabe ist es, auf Gott zu vertrauen. Jetzt, wo wir im Gefängnis sitzen, haben wir es mit besonderen Prüfungen zu tun: schlechte Nahrung, überfüllte, stickige Zellen, Auseinandersetzungen unter den Gefangenen und dann die stundenlangen Verhöre. Wenn du Gott nicht vertraust und dein ganzes Herz zum Beten erhebst, dann wirst du nicht stark genug sein, allen Versuchungen in diesen Leiden zu widerstehen."

Ich fragte mich, wie ich wohl in dieser Zelle mein Herz erheben könnte. Es war einfach die Hölle auf Erden; voller Schmutz, nicht nur im physischen Sinne, denn einige Gefangene waren wirklich schlechte Leute. Wir Katholiken kamen uns vor wie Schafe unter Wölfen. Ich wusste wirklich nicht, wie man in so einer Situation mit Gott sprechen könnte. Schwester Chen gab mir die Antwort. Sie unterrichtete mich Schritt für Schritt. Mit ihren Fingern knüpfte sie ein Stück Faden und machte daraus für mich einen Rosenkranz. Sie forderte mich auf, täglich mindestens fünfzehn Gesätzchen zu beten. Dann erstellte sie einen Tagesplan: geistige Messe am Morgen, geistige hl. Kommunion, Kreuzweg und Betrachtung. Sie hat mich dazu verpflichtet, all dies zu tun. Und tatsächlich hat das meine Tage erhellt.

In einem einzigen Wassertropfen kann man die Sonne sehen. Ich will einige Geschichten erzählen, damit man sich ein Bild von der Persönlichkeit Schwester Chens machen kann: Eines Tages musste eine junge Gefangene dringend auf die Toilette gehen, nachdem sie die Suppe zu sich genommen hatte. Der Wächter jedoch wollte das Tor nicht öffnen. Sie brach in lautes Weinen aus. Wie ich schon oben erwähnt hatte, durften wir nur zu gewissen Zeiten die Toilette benützen. Erst in der Gefangenschaft, verstand ich, dass es das Elendeste in der Welt sein kann, wenn Darm und Blase sich regen, vor allem, wenn es einem nicht erlaubt ist, auf die Toilette zu gehen. Alle Gefangenen waren fassungslos und wussten nicht was tun. Schwester Chen überlegte einige Sekunden. Dann ergriff sie ihr kleines Paket und zog einen Beutel heraus, halb voll mit Salz. Es war ihr Schatz! Sie sagte, „Das wird den Urindrang mindern." Und es funktionierte wunderbar. Unter solchen Umständen war das Salz wertvoller und kostbarer als eine Haiflosse oder ein Hummer.

An einem anderen Tag hatte sich eine Mitgefangene einen Finger in einem Tor eingequetscht. Es hörte nicht auf zu bluten. Das Blut tropfte nur so auf den Boden und es war nirgendwo ein Arzt zu finden, und kein Verbandsmaterial. Wie konnten wir ihr nur helfen? Eine Frau ging zu ihr hin, hob ihren Arm empor und drückte den Finger mit einem Stück Papier zusammen. Was tat Schwester Chen? Jeden Morgen verteilte uns der Aufseher einen Becher heißen Wassers. Wir tranken ihn sofort aus, aber Schwester Chen bewahrte ihn normalerweise für andere Zwecke auf. Wie gewöhnlich hatte sie auch an jenem Tag noch ein bisschen übrig. Sie nahm ihren Becher, gab etwas Salz dazu und wusch dann mit dem Salzwasser den Finger. Das könne, wie sie sagte, die Keime abtöten. Schließlich verband sie den Finger, indem sie einige abgetragene Kleidungsstücke in Fetzen riss. Die Gefangene war durch das wohltätige Verhalten der Schwester sehr bewegt. Sie sagte, es sei erstaunlich, eine katholische Nonne voller Weisheit und Liebe zu den anderen Gefangenen in einer so sündhaften Welt zu treffen.

Über die Verwendung von Salz wusste ich sehr wenig, bevor ich Schwester Chen getroffen hatte. Unser Herr sagte in der Schrift: „Ihr seid das Salz der Erde" (Math. 5,13). Schwester Chen, du hast dir die Kraft des Salzes bewahrt. Du brachtest uns Reinheit und Eifer für Gott. Du halfst uns viele Probleme zu lösen. Ich werde dein Beispiel nachahmen und deinem Weg folgen, kräftiges Salz auf Erden zu werden.

Kapitel 15

Gibt es ein Wiedersehen?

Im Jahre 1956 war ich immer noch inhaftiert, jedoch noch nicht verurteilt. Die Gefängniszelle war keine fünfundzwanzig Quadratmeter groß und darin „lebten" sechs bis acht Personen zusammen. Der Abort bestand aus einem hölzernen Kübel und wir mussten alle auf dem Zementboden schlafen. Niemand wollte neben dem Eimer liegen und es war die Regel, dass die Neulinge beim Kübel schlafen mussten, bis wieder ein anderer kam. Der Gefängniswärter behandelte uns Katholiken grausamer als die anderen. Es durfte immer nur ein Katholik in einer Zelle sein und sie gestatteten uns nicht einmal, gemeinsam hinauszugehen, um uns zu treffen. So kam es, dass in jeder Zelle ein Katholik war, der durch sein vorbildliches Verhalten Zeugnis von der Existenz Gottes geben konnte – die Katholiken verbrachten oft die Nacht neben dem Kübel.

Eines Tages brachte der Gefängniswärter eine schöne und allem Anschein nach auch gut gebildete Frau in unsere Gefängniszelle. Wie gewöhnlich erklärte ihr unsere Gruppenleiterin: „Du schläfst neben dem Eimer." Die Frau beklagte sich: „Ich bin kein Neuling. Ich wurde nur in eine andere Zelle verlegt." Es war offensichtlich, dass ihr das gar nicht gefiel. Ich hörte mich selbst sagen: „Ich bin daran gewohnt, dort zu liegen. Lasst mich dortbleiben." Einige Tage später schaute sie mich an und fragte: „Bist du eine Katholikin?" „Woher weißt du das?" entgegnete ich. „In der Zelle nebenan befand sich ein junges Mädchen, welches immer schwieg und die härtesten Aufgaben auf sich nahm. Sie war wie du; sie schlief immer neben dem Eimer." Ich erriet, wer das Mädchen war. Sie war achtzehn Jahre alt und war bereits zweimal festgenommen worden. So waren wir Katholiken wie ein Licht, das diejenigen erleuchtet, die in der Finsternis leben und diejenigen tröstet, die Leid zu tragen haben. Manchmal bekam ich Komplimente von Mitgefangenen, aber was bedeutet schon das Beispiel eines Einzigen? Ein einzelner Baum ist noch kein Wald. Eine Rose kann nicht den Frühling bringen. Nur das gute Beispiel aller Katholiken, eben der Kirche, macht den Unterschied.

Das Reglement des Gefängnisses erlaubte den Familien einmal pro Monat, uns das Nötigste zu bringen. Jene, die schon verurteilt waren, konnten fünfzehn Minuten mit ihren Angehörigen sprechen. Jene, die noch nicht verurteilt waren, bekamen nur materielle Unterstützung. Eines Tages bekam auch ich ein Paket; das war überraschend, denn meine Mutter war zu dieser Zeit schwer krank und bettlägerig. Mein Bruder und meine Schwägerin hatten öffentlich in der Zeitung bekannt gegeben, dass sie mit mir nichts mehr zu tun hätten. Wer sonst aber hätte mir ein Paket schicken können?

Nun gut, es ist eine lange Geschichte. Als ich verhaftet wurde, arbeiteten fünf Dienstmädchen in meiner Familie. Zwei von ihnen waren schon seit mehr als vierzig Jahren bei uns. Im Jahre 1953 hatte mich meine Mutter zu einem mexikanischen Film mitgenommen, „Das Recht zu leben." In dem Film hatte der Hauptdarsteller nicht nur eine biologische Mutter, sondern auch eine

„adoptierte" Mutter, die ihn sehr lieb hatte. Meine Mutter war von dem Film tief bewegt.

Als sich der sechzigste Geburtstag unseres Kindermädchen näherte, sagte meine Mutter zu mir und zu meiner Schwester: „Unser altes Kindermädchen ist schon bei uns, seit ich geheiratet habe. Sie kam zu uns, als sie achtzehn war, das ist nun schon über zweiundvierzig Jahre her. Ihr Ehemann hat sie verlassen und sie hat keine Kinder. Ihr sechzigster Geburtstag steht vor der Tür und ich will, dass ihr sie gewissermaßen adoptiert und als Adoptivmutter annehmt. Von nun an sollt ihr sie aus ganzem Herzen ehren. Tut nichts, was sie verletzen könnte. Es soll keinen Unterschied zwischen mir und ihr geben, sonst denkt sie, dass ihr beide sie nicht wirklich liebt, weil sie nur ein Kindermädchen ist. Ihr müsst mir versprechen, ihr nie das Herz zu brechen: sie soll nie den Eindruck haben, sie sei weniger wert wie ihr, oder nicht so wohlhabend." Was für eine großzügige Geste von meiner Mutter, die noch nicht einmal Katholikin war. Wie hätten wir das ablehnen können? So gingen wir also am Geburtstag unseres alten Kindermädchens zusammen den Film anschauen. Meine Mutter hat ihr so uns beide, meine Schwester und mich, als Geburtstagsgeschenk überreicht. Das alte Kindermädchen brach in Tränen aus und sagte: „Deine zwei Töchter sind die liebenswürdigsten Wesen weit und breit."

Jedes Mal, wenn das alte Kindermädchen mir etwas ins Gefängnis zukommen lassen wollte, musste sie viele Hindernisse überwinden. Zuerst musste sie auf dem Polizeipräsidium die Erlaubnis erhalten, bevor sie mir etwas zu Essen bringen durfte. Dann war die Entfernung zwischen dem Gefängnis und meinem Zuhause groß. Sie musste zwei Busse nehmen und schon am frühen Morgen vor dem Gefängniseingang in einer Schlange stehen. All das hat sie für mich auf sich genommen. Am meisten schmerzte es sie aber, dass man ihr nicht erlaubte, mich zu besuchen, bevor über mich das abschließende Urteil gefällt wurde.

Einmal brachte sie mir ein Paar Schuhe mit, deren Sohlen von Hand genäht waren. Wie hätte ich meine Dankbarkeit verbergen können, da ich von einem lieben Menschen ein so kostbares Geschenk bekommen hatte? Es schien mir, als ob mich die vorher erwähnte, gut gebildete Frau heimlich beobachtete. Eines Tages, als die anderen hinausgingen, um Gymnastik zu machen, gab sie vor, Kopfschmerzen zu haben und so konnte sie drinnen bleiben und sich mit mir unterhalten. Sie erzählte mir, dass sie Su-Qing sei, eine zeitgenössische Schriftstellerin und dass sie eine gute Freundin von Zhang Ailing, der berühmtesten Autorin jener Zeit, sei. Su berichtete, sie hätte etliche Romane und Theaterstücke verfasst, und dass sie nur deshalb angeklagt und festgenommen wurde, weil sie in ihren Schriften einige Bemerkungen gemacht hatte, die irgendwie historisch bedeutsam waren. Zuerst war sie geistig zusammengebrochen; sie verzweifelte so sehr am Leben, dass sie einige Male versuchte, Selbstmord zu begehen. Aber nachdem sie viele katholische Gefangene getroffen hatte, gewann sie die Hoffnung auf das Leben zurück.

Am folgenden Tag bestellte mich ein Gefängnisaufseher zu sich und erschöpft wie ich war, sagte ich mir, dass es um eine Gerichtsvorladung gehen könnte. Ganz gegen ihre Gewohnheit brachte mich die Polizei aber ins Stadtzentrum. Ein öffentliches Verhör? Nach einer Weile sah ich meine Mutter und meinen Bruder in den Wartesaal kommen. Jedes Mal, wenn ich meine Mutter sah, empfand ich einen unbeschreiblichen Schmerz. Im Gefängnis quälten mich solche Dinge sehr, doch Gott flüsterte mir oftmals ins Ohr: „Niemand verlässt um meinetwillen und um des Evangeliums willen Haus, Bruder, Schwester, Mutter, Vater, Kind oder Acker, ohne dass er das Hundertfache dafür erhält: schon jetzt in dieser Welt (...) und in der zukünftigen Welt das ewige Leben" (Mk 10, 29-30).

Ich war überzeugt, dass meine Mutter in Gottes Hand und unter dem Schutz unserer himmlischen Mutter war. Nach einem zehnminütigen Gespräch begann die Gerichtsverhandlung. „Hu Meiyu, was hältst du vom Antirevolutionär Gong Pinmei? Hat etwa er dich vergiftet?" wollte der Richter wissen. Ich entgegnete laut und deutlich: „Er ist mein Bischof; er hat mich nie und nimmer vergiftet." Als meine Mutter dies hörte, fiel sie bewusstlos zu Boden. Der Richter verschob die Verhandlung und befahl uns, in den Wartesaal zu gehen.

Damals war die Politik noch flexibler; viele Leute wurden freigelassen und durften einfach nach Hause gehen. Der Beamte versprach meiner Mutter, dass ich sofort freigelassen werde, wenn ich mein „Verbrechen" gestehen und in Zukunft „Wiedergutmachung" leisten würde. Ich war immer noch so entschieden wie zuvor. Als meine Mutter wieder zur Besinnung kam, erklärte sie dem Richter, dass sie Selbstmord begehen würde, sollte er mich zu einer Strafe verurteilen. Ich war mir nicht ganz sicher, wem meine Mutter damit drohen wollte, mir oder dem Richter. Ich rezitierte das berühmte Motto der hl. Theresa von Avila: „Dem, der Gott besitzt, fehlt nichts. Gott allein genügt."

Was ist ein lebendiger Glaube? Er bedeutet, Gott selbst in dunklen Momenten zu vertrauen. Wie könnte der himmlische Vater seine Kinder in einem solchen kritischen Augenblick verlassen? Ruhig sprach ich zu meiner Mutter: „Du hast so viel für Gott gelitten. Gott wird dich belohnen. Gib nicht auf. Ein guter Baum trägt niemals schlechte Früchte." Da sagte mein Bruder: „Lass mich Mama für einige Zeit nach Hongkong bringen; sie wird hier keinen Frieden finden."

Als ich in die Zelle zurückkam, fragten meine Mitgefangenen neugierig, was mir im Verlauf des Morgens geschehen sei. Ich durfte nicht zu viel sagen. Später hatte ich die Gelegenheit, Su-Ching alles zu erzählen. Sie war sehr bewegt und sagte: „Ich habe eine Anzahl Jugendlicher getroffen, die um des Glaubens willen alles verließen. Was dich angeht, du bist eine Universitätsstudentin aus einer wohlhabenden Familie; um so mehr hat mich die Geschichte von deiner Mutter, deinem Kindermädchen und von deinem heutigen Verhör beeindruckt. Als Schriftstellerin würde ich mir nichts mehr wünschen, als darüber zu schreiben. Ich bitte dich, notier dir meine Adresse. Irgendwann kannst du mich dann vielleicht besuchen, und dann werde ich einen Roman über dich schreiben. Ich fürchte aber, dass es kein Wiedersehen geben wird."

Ich dachte nicht weiter darüber nach, ob ich wirklich schon so vollkommen bin, wie sie behauptete. Es waren die anderen Gläubigen, die ein besseres Beispiel gaben. Ich verbrachte mit ihr nur etwa vierzig Tage und hatte nicht genug Zeit, um sie im Katechismus zu unterrichten. Einige Jahre später versuchte ich, sie unter ihrer Adresse aufzusuchen, konnte sie aber nicht finden. Ihre Nachbarn berichteten mir, sie sei vor einigen Jahren verstorben. Bei ihrer Beerdigung waren nur Verwandte, jedoch keine Freunde oder Leser. Ich hoffe, dass sie, als sie im Sterben lag, sich an das erinnerte, was ich ihr erzählt hatte, wie unser Herr am Kreuz für uns gestorben ist. Wie sehr wünschte ich doch, sie wiederzusehen, wenn ich ins Königreich des Himmels eintreten werde!

Kapitel 16

Gott hilft denen, die sich gegenseitig helfen

Nun war ich hier und wartete auf mein Urteil. In derselben Zelle wie ich befand sich auch eine Lehrerin, die verhaftet wurde, weil ihr Ehemann ein „Konterrevolutionär" war (die kommunistische Regierung nennt alle, die nicht völlig mit ihrer Politik und ihren Ideen einverstanden sind, „Konterrevolutionäre"). Sie wurde angeklagt, weil sie das „Verbrechen" ihres Mannes nicht aufdeckte und angeblich mit ihm kooperiert hätte, da sie nicht jede Verbindung mit ihm abgebrochen hat, obwohl dieser zu sieben Jahren Haft verurteilt wurde. In einer öffentlichen Versammlung übte die Schule Druck auf sie aus; sie sollte ihren Mann anklagen und sich von ihm scheiden lassen.[21] Sie aber hat jede Kritik zurückgewiesen und blieb standhaft: „Mein Ehemann ist eine ehrliche Person, die niemals unserem Land oder irgend jemandem etwas angetan hat. Wie könnt ihr von mir verlangen, ihn anzuklagen?" Bald darauf schickte die Schule jemanden zu ihr, um sie noch einmal zur Scheidung zu bewegen. Sie gab die wunderbare Antwort: „Sieben Jahre sind nicht so lang. Ich werde auf ihn warten." Schließlich wurde sie als „Konterrevolutionärin" verhaftet, weil sie ihren Mann verteidigt hat.

Was sie erzählte, bewegte mich tief. Die Menschen wissen, dass man nicht egoistisch sein darf, sondern Mitgefühl zeigen sollte, wenn die, die sie lieben, in Schwierigkeiten sind. Die Realität bei den Kommunisten war eine andere: Oft sah ich, wie vielen Gefangenen zwei Dokumente gleichzeitig ausgehändigt wurden. Im einen ging es um ihre Inhaftierung und im anderen um ihre Zustimmung zur Scheidung. Manche Häftlinge fielen an Ort und Stelle in Ohnmacht, nachdem sie das gelesen hatten, weil sie nun ihre Wahl treffen mussten: entweder ihre Freiheit oder ihre Familie zu verlieren. Ein Verwandter eines „Konterrevolutionärs" zu sein bedeutete nach Maßgabe der Chinesischen Kommunistischen Partei, alle Arten von Misshandlung erdulden und auch die schwerste Arbeit verrichten zu müssen und nur sehr schlechten Lohn dafür zu bekommen. Wer wollte schon ein so erbärmliches Leben führen? Der einzige Ausweg war die Scheidung. Die Frau, die ich vorher erwähnt habe, war mutig genug, diesem Sturm ins Angesicht zu schauen. Sie war wirklich ein Vorbild.

Ich erzählte ihr folgende Geschichte mit dem Titel: „Gott hilft jenen, die sich gegenseitig helfen." Es war einmal ein junger Mann, der mit seinem Gefährten im Himalaya klettern ging. Das Wetter war äußerst kalt, tiefer Schnee bedeckte die Bergpfade, das Vorankommen war schwierig. Als sie sich einem Höhleneingang näherten, sahen sie etwas Schwarzes im Schnee liegen. Als sie näher kamen, erkannten sie, dass es ein Mann war, sein Körper war beinahe zu Tode gefroren, aber er atmete noch ein wenig. Der junge Bergsteiger wollte dem Sterbenden helfen, aber sein Begleiter hielt ihn mit den Worten zurück: „Wenn wir diese Last mit uns tragen, schaffen wir es nicht über die Berge, dann verlieren auch wir unser Leben."

Der junge Mann konnte seine Augen nicht von dem erfrierenden Mann im Schnee lassen; er wollte ihn nicht liegenlassen. Wenn er ihn einfach im Schnee liegen ließe, dann wäre der Mann zum Tode verurteilt. Er zögerte eine Weile; schließlich hob er aber den Mann auf seine Schultern und wanderte weiter. Sein Kamerad sagte ihm auf Wiedersehen und ging seinen eigenen Weg. Der Retter musste seine ganze Kraft aufbringen, um vorwärts zu kommen. Mit der Zeit wärmte sein Körper die bewusstlose Last auf seinem Rücken, und weil es so anstrengend war, den sterbenden Mann zu tragen, fror auch er nicht; ja, es wurde ihm warm und er begann zu schwitzen. Bald konnte der andere Mann selber laufen und sie gingen nun nebeneinander. Sich gegenseitig ermutigend und wärmend wanderten sie weiter und weiter. Als sie ihren Gefährten, der sie zuvor verlassen hatte, einholten, sahen sie ihn tot im Schnee liegen.

Die Lehrerin schwieg eine Weile, nachdem ich meine Geschichte beendet hatte und sagte schließlich zu mir, dass sie ihren Entschluss niemals bereuen würde. Sie war bereit, ein hartes Leben zu führen, um auf die Rückkehr ihres Mannes zu warten. Ich besuchte sie mehr als zwanzig Jahre später. Ihr Ehemann, der mittlerweile wieder frei war, hatte achtzehn Jahre im Gefängnis verbracht. Obwohl er nur zu sieben Jahren verurteilt war, erlaubte man ihm nicht heimzukehren. So war damals die Politik der chinesischen kommunistischen Partei. Solche Leute wurden als „Nachhäftlinge" bezeichnet. Der Unterschied zwischen den normalen Sträflingen und den „Nachhäftlingen" war, dass die Nachhäftlinge immerhin einen kleinen monatlichen Lohn bekamen und jedes zweite Jahr zehn Tage Ferien hatten.

Während den langen Jahren, welche ihr Ehemann im Arbeitslager verbrachte, gab sie ihr Bestes, um die Familie zusammenzuhalten. Sie ertrug alle Mühsale und Schmerzen, die auf sie zukamen. So konnte ihre Familie beisammenbleiben, bis ihre Tochter erwachsen war. Ich sah viele andere Familien zerbrechen, weil sich die Frauen sogleich von ihren Männern scheiden ließen. Das führte dazu, dass es die Mütter auch noch ertragen mussten, von ihren Kindern beschuldigt zu werden, die glückliche Familie zerstört zu haben. Die Lehrerin, von der ich sprach, erlitt vor wenigen Jahren einen Schlaganfall. Ihr Mann kümmerte sich liebevoll um sie. Sie erinnerte sich noch an die Geschichte, die ich ihr erzählt hatte: „Ja, Gott hilft denen, die sich gegenseitig helfen... In unserem täglichen Leben ist es nicht anders. Wer würde mich jetzt pflegen, wenn ich meinem Ehegatten nicht treu geblieben wäre?"

Kapitel 17

Beredtes Schweigen

Gegen Ende des Jahres 1956 waren die Gefängniszellen weniger überfüllt als zuvor, weil viele Gefangene freigelassen wurden. Die Politik der Kommunisten war manchmal strenger, manchmal lockerer, und die Leute fragten sich, was wohl als nächstes kommen würde. Zu dieser Zeit saß ich immer noch hinter Gittern, ganz allein in meiner Zelle. Die Zelle war schrecklich düster und feucht, mit einem stark modrigen Geruch. Unglaublich, dass ein Mensch unter solch unmenschlichen Umständen überhaupt überleben konnte.

Keiner wusste davon, wie ich die Zeit in meiner Gefängniszelle verbrachte. Wurde eine „mutige" Katholikin festgenommen, so glaubte man, sie könne jeglichen Versuchungen widerstehen. So brachte man sie in der Regel wenige Tage später in eine Einzelzelle, die genau so aussah, wie die meinige, um sie mürbe zu machen. Am folgenden Morgen beteuerte die Frau dann dem Wächter: „Ich will alles tun, was sie von mir verlangen, doch sperren sie mich bitte nicht wieder in Einzelhaft!" Ich wäre vielleicht noch schwächer gewesen als sie oder wäre noch früher als sie ein Verräter geworden... Wer könnte schon wissen, wie ich unter denselben Umständen gehandelt hätte? Ich hatte aber das Glück, dass ich schon mehr als ein Jahr zuvor verhaftet wurde und Schwester Chen und die anderen Gläubigen mich lehrten, wie ich in einer Zelle beten konnte, so dass ich fähig war, jeden Tag zu überstehen. Schließlich erkannte ich, dass Gott mir dann am nächsten ist, wenn ich weit weg vom alltäglichen Getriebe der Welt bin. Ja, ich bin in meinem ganzen Leben nie so glücklich gewesen wie hier. Ich wunderte mich selbst, wie ich die einhundertachtzig Tage so friedlich verbringen konnte.

Es liegt in der menschlichen Natur, dass niemand die ganze Zeit isoliert sein kann. Und doch, wenn es Gottes Vorsehung ist, kann uns die Abgeschiedenheit zahlreiche Vorteile einbringen. Wir müssen uns dann weder um unsere täglichen Bedürfnisse kümmern, noch uns mit sozialen Tätigkeiten abgeben. Wir können unsere Zeit und Energie zum Beten und Betrachten verwenden. Die heilige Stille ist wie ein klarer Spiegel. Ich wollte mich von Grund auf kennenlernen, und so musste ich genauer in den Spiegel schauen. Ich sah ein junges Mädchen, das ihre Jahre mit allerhand Dummheiten verbrachte hatte und nur wirres Zeug im Kopf hatte. Ich konnte mich ganz klar erkennen, eigenwillig, umherspringend wie ein Pferd ohne Zügel. Ich tat vieles ohne übernatürliche Absicht: Ich ging an die Universität, um einen Studienabschluss, um eine gute Anstellung zu erhalten; und ich trat der Legion Mariens bei – sie werden es kaum glauben – einzig um meine Begabungen in so jungen Jahren zur Schau zu stellen. Jeden Tag ging ich in die Kirche, um zu beten, aber so, als ob ich in einem Restaurant etwas bestellen würde. Bestellte ich ein Steak, so sagte ich zu Gott: „Ich möchte es blutig, nicht medium und auch nicht durchgebraten." Ich wollte, dass alles nach meinem Willen geschieht und nicht nach Gottes Willen. Was für ein hässlicher und armer Sünder ich doch war!

Nachdem ich mein früheres Leben überprüft hatte, musste ich meine weltlichen Gedanken und Werke beseitigen. Danach pflanzte ich die Saat des geistlichen Lebens für die Zukunft. Die Saat gedieh in Stille. Ich war wie eine Schwalbe, die sich darauf vorbereitet, in Stille vom Dachfirst abzuheben. In einer klaren Nacht blickte ich zum Himmel. Obschon der Himmel bewegungslos erschien, so bewegte sich doch alles nach Gottes Befehl und machte sich fertig für die kommende Morgendämmerung.

Ich musste allen Lärm in meinem Kopf ausschalten, um in tiefer Ruhe verweilen zu können. Im Stillschweigen konnte ich jede Ablenkung aus meinem Geiste vertreiben. Ich schwieg, um Gott aufmerksamer zuhören zu können, um ihm in meiner Seele mehr Raum geben zu können. Ich verlangte danach, dass unser Herr mich so umgestalten möge, wie es im gefällt. Schweigen – das ist ein wie Vorwärtskommen durch unverschlossene Türen.

Ich will Gott dafür danken, dass es ihm gefiel, dass ich verhaftet wurde, denn so konnte ich sechs Monate lang im Gefängnis schweigend beten. Bedenken Sie, dass ich erst seit sieben Jahren getauft war. Ich konnte nicht einmal den „Angelus" auswendig. Ich hatte niemals das Alte oder das Neue Testament gelesen und im Begreifen der katholischen Religion war ich erst ein Anfänger. Gott verließ mich, einen armen Sünder, nicht. Er bediente sich nur besonderer Wege, um mich in meiner Zelle zu führen. Ich kannte nicht viele Gebete auswendig, doch hatte ich viele chinesische und englische Liebeslieder gelernt. Ich erinnerte mich an ein berühmtes Lied, mit dem Titel „Unchangeable Heart". Die Worte dieses Lied sind so wunderbar. Ich trug sie unserem Herrn jeden Tag vor: „Alles verändert sich, doch mein Herz und meine Liebe zu Dir bleiben immer gleich." Eigentlich sollte ich jetzt in der Zeit der Verfolgung auch den Glauben unverändert bewahren.

Ich kannte noch ein anderes englisches Liebeslied, welches ich oft sang, als ich noch zu Hause bei meinen Eltern wohnte. Unser Herr ist meine Liebe. Er liebt mich mehr als irgend jemand anderes. Tränen rollten über meine Wangen als ich sang: „An dich denke ich jeden Morgen, träume von dir jede Nacht..." Der allmächtige und barmherzige Gott ist wirklich meine Liebe. Der hl. Paulus schreibt: „Wir wissen, dass denen, die Gott lieben, alles zum Besten gereicht" (Röm. 8,28). Ich tat alles zur Ehre Gottes. Daher war es gut für meine Seele, wenn ich ein Liebeslied sang.

Manchmal kamen mir in meiner Gefängniszelle auch einige klassische chinesische Gedichte in den Sinn. Diese wiederum erinnerten mich an die katholischen moralischen Tugenden. In den alten Tagen achtete man die moralischen Tugenden viel mehr und zeigte den älteren Leuten gegenüber mehr Respekt. Die kommunistische Politik förderte Betrug und Untreue gegenüber denen, die wir liebten und die unser tiefstes Vertrauen hatten. Wenn ich diese klassischen Gedichte aufsagte, dachte ich daran, dass ich meine Seele nicht von den kommunistischen Irrtümern vergiften lassen durfte.

In der Schule lernte ich in Geometrie, dass eine gerade Linie die kürzeste Verbindung zwischen zwei Punkten ist. Ich hoffte, dass der Abstand zwischen Gott und mir ebenfalls eine gerade Linie sei. Das geistige Leben der hl. Theresia vom Kinde Jesu zum Beispiel war eine einzige gerade Linie zu Gott. Es war sogar eine Abkürzung. Ich jedoch stand hinter diesen Heiligen weit zurück. Ich war so wertlos wie Staub. Was ich tun musste, war der hl. Theresia zu folgen wie ein kleines Kind, das Gehen lernt. Jemand erzählte mir das Beispiel von zwei Kleinkindern, die das Gehen erlernten. Das Erste war schon ganz gut auf den Beinen, stolperte jedoch über einen Stein. Seine Mutter entfernte den Stein und so konnte das Kind dann seinen Weg problemlos fortsetzen. Das zweite Kleinkind fing an zu gehen und zitterte schon beim Gedanken daran, umfallen zu können. Es strauchelte nie, doch zitterte es sein ganzes Leben lang. Ich stolperte oft auf meinem geistigen Pfaden. Trotzdem hoffte ich, Gott möchte nach so vielen Stürzen die Steine wegnehmen und mir erlauben, mutig weiterzugehen.

Gott erwählte mich nicht zu einem großen Apostel. In einer Einzelzelle gefangen und seine schweigende Zeugin zu sein war für mich ein leichtes Kreuz. Gott gefällt es, wenn jeder sein Kreuz tapfer trägt.

In der Einzelzelle war mein Geist nicht durch tausend Gedanken abgelenkt. Ich hatte viel Zeit zum Nachdenken. Ich besaß kein Wörterbuch und doch kannte ich zum Glück eine ganze Menge englischer Grammatikregeln auswendig. Für uns Chinesen ist es nämlich nicht leicht, Englisch zu lernen. Ich stellte verschiedene Rechtschreibregeln fürs Englische auf und fasste sie zusammen. In dieser Zeit kam ich auf eine neue Methode, wie Chinesen die englische Sprache besser bewältigen konnten. Nachdem ich 1957 freigelassen wurde, verfasste ich aus meinem Gedächtnis einige Notizen mit dem Titel: „Eine neue Methode, um Englisch als Zweitsprache zu lernen." Ist es nicht irgendwie eine Ironie des Schicksals, dass ich dreißig Jahre später Englischlehrerin an einer High School wurde? Meine neue Methode Englisch zu lernen funktionierte hervorragend. Viele meiner Schüler gewannen sogar Wettbewerbe. Innerhalb dreier Jahre wurde ich in meiner Stadt zweimal zum besten Lehrer gewählt und niemand fand heraus, dass ich die englische Grammatik in der Einsamkeit einer Gefängniszelle erlernt hatte. Nur Gott kann so etwas möglich machen.

Ich habe es nie bereut, dass ich so viele Jahre meiner Jugend alleine für Gott verbracht habe. Ich habe auf Reichtum, Ansehen und den eitlen Ruhm der Welt schon in den frühen Jahren meines Lebens verzichtet. Für jemanden, der keinen Glauben hat, bedeutet eingesperrt zu sein nichts anderes als Tag und Nacht auf die leeren Wände der Zelle zu blicken. Aber allein in einer Zelle eingesperrt zu sein, ist in Wahrheit ein Paradies: Es bedeutet, nur Gott allein zu lieben und von ihm wiedergeliebt zu werden. Ich bin so reich mit Gnaden beschenkt worden, und ich will Gott dafür in alle Ewigkeit preisen!

Kapitel 18

Ein unglaublicher Tag

Es war in Shanghai, im Gefängnis des Zi-Ja Bezirks im Juni 1957. Zu diesem Zeitpunkt hatten die Sicherheitsbehörden schon die meisten Häftlinge freigelassen, ein Seminarist und ich waren jedoch immer noch inhaftiert. Die Politik der Kommunisten wurde immer lockerer und die Nahrung war besser als je zuvor. Meine Familie durfte mir jede zweite Woche Lebensmittel zukommen lassen und die Zelle, in welcher ich mich befand, war heller und größer als die vorherige; ich war mit allem zufrieden. Ich erwartete nicht, dass sie mich freilassen würden. Ich kam auf meinem Weg der Erkenntnis voran und begriff, dass Gott mich einzig und allein für sich erschaffen hat. Ich war überzeugt, dass es sein Wille war, dass ich in dieser Zelle gefangen war. Hier konnte ich ihn Tag und Nacht loben und anbeten. Das Gefängnis war für mich wie ein Paradies. Was sollte ich sonst wollen? Wohin gehen? Daher war ich überrascht, als mich ein Wächter am 3. Juni 1957, um ca. 9.00 Uhr in den Verhörraum brachte. Ich war schon lange nicht mehr aufgerufen worden. Wandten sie eine neue Taktik an? Sobald ich das Büro betrat, erklärte mir der Wärter kurz: „Hu Meiyu, heute werden wir dich freilassen." Das war etwas Neues für mich. Seit ich verhaftet worden war, hörte ich sie mehr als hundert Male sagen: „Du wirst eine harte Strafe bekommen," oder „Du wirst dein ganzes Leben lang eingesperrt bleiben." Wie sollte ich diesen Worten Glauben schenken? Ich entgegnete ihm ohne zu überlegen: „Sie machen einen Scherz, nicht wahr? Sie wissen genau, dass mein katholischer Glaube immer noch der gleiche ist wie damals, als man mich festgenommen hat. Heute lassen Sie mich wegen der lockeren Politik frei. Vielleicht wird man nächstes Jahr wieder strenger. Dann werden Sie mich erneut ins Gefängnis stecken. Spielen Sie mir doch bitte kein Theater vor! Ich will der Realität ins Auge sehen und nicht dieses dauernde Hin und Her zwischen Hoffnung und Enttäuschung. Schicken Sie mich jetzt nicht nach Hause. Ich will hierbleiben!" Nachdem der Wärter mich angehört hatte, war er sprachlos. Er schwieg eine Minute, dann sagte er: „Ich habe noch nie einen solchen Narren gesehen, der nicht nach Hause gehen möchte." Er fügte forsch hinzu: „Deine Mutter wartet auf dich in der Vorhalle." Ich lachte laut auf. Meine Mutter war vor ungefähr zehn Monaten nach Hongkong gereist. Was für eine dreiste Lüge! Ich schüttelte immer wieder den Kopf: „Ich werde nicht nach Hause gehen, Punkt." – „Geh sofort in die Vorhalle!" Was sollte ich tun? Plötzlich hatte ich eine gute Idee. „Nun gut, sollte ich meine Mutter dort finden, dann werde ich gewiss mit ihr heimgehen. Falls nicht, gehe ich zurück in meine Zelle."

Ich eilte in die Vorhalle. Und tatsächlich befanden sich dort meine Mama und mein früheres Kindermädchen und schauten sich um. Schon von weitem rief ich: „Mama, Mama!" Dann wandte ich meinen Kopf dem Wärter zu und sagte: „Ich gehe sofort nach Hause," und ich vergaß völlig, dass ich in meiner Zelle immer noch einige Kleider und Alltagsgegenstände liegen hatte. Meine Mutter beeilte sich, mir zu sagen: „Komm heim. Komm sofort heim!" Der Wärter jedoch bemerkte: „Du musst zurück zum Büro kommen, um das Dokument deiner Entlassung zu unterschreiben und dann kannst du all deine Sachen mit nach Hause nehmen." Mama sagte: „Das ist alles nicht so wichtig, doch du musst du das Dokument deiner Entlassung auf alle Fälle unterzeichnen." Meine Mutter bat mein Kindermädchen, zwei Rikschas zu rufen, die warten sollten, damit wir so schnell wie möglich nach Hause fahren konnten. Als ich aus dem Gefängnisgebäude kam, wartete meine Mutter schon in einer Rikscha auf mich. Sie war so aufgeregt, dass sie nicht wusste, was sie sagen sollte, außer dass sie gestern in Shanghai angekommen sei. Während all der Monate, die sie in Hongkong verbrachte, hat sie Mary und mich vermisst. Mein zweiter Bruder aber gab sich alle Mühe, Mama davon abzuhalten, zurückzukommen. Doch sie änderte ihren Willen nicht. Schließlich kaufte sie sich ein Flugticket und kam zurück. Sie war sehr stolz auf sich selbst und meinte: „Wie hätte dich der Gefängniswärter entlassen können, wenn ich nicht hierhergekommen wäre?" In nur zehn Minuten waren wir zu Hause. Nach meiner Festnahme war die Familie umgezogen. Eine prächtige Wohnung war nun unser neues Heim. Meine Schwester Mary und ich teilten uns wieder ein Zimmer. Für meine Familie gab es an diesem Abend eine doppelte Freude: Mutter war zurück von Hongkong und ich war wieder frei. Zahlreiche Gäste kamen an diesem Abend zu uns. Das Grammophon spielte das Lied: „Reunion of Our Family" – „die Wiedervereinigung unserer Familie". Wir freuten uns alle so sehr. Wer konnte da schon ahnen, was in mir vorging? In meinem Inneren kämpften zwei Gefühle miteinander, ich spürte zugleich Glück, Freude, Angst und Schmerz – es gibt keine Worte, um diese Gefühle zu beschreiben!

Ich war so glücklich, meine Mutter wiederzusehen, und es war schön, so zahlreiche Familienangehörige zu treffen. Doch war ich besorgt, ich könnte ein zweites Mal verhaftet werden. Wie könnte meine Mama das aushalten? Ich war traurig, weil ich dann noch einmal ein so angenehmes Leben verlassen müsste.

Zu Hause hatte ich alles, was ich nur wollte und drei Hausangestellte, die mir dienten. Ich könnte all dieses weltliche Glück genießen, doch müsste ich dazu meinen Glauben verleugnen. Gott stellte mich vor eine harte Wahl: entweder meinen Glauben verleugnen oder meiner Eigenliebe entsagen, um das Ewige Leben zu erlangen. Ich fragte Gott, warum er von mir immer wieder verlangte, solche Entscheidungen zu treffen. Ich war so viele Jahre lang auf meine erste Verhaftung gefasst. Ich hatte keine Ahnung, dass die Vorsehung Gottes mir noch eine weitere Prüfung abverlangte: Ich musste fest beten, um unserem Herrn auf den Gipfel Kalvarias nachzufolgen.

Nachts schlief ich gerne auf dem Holzboden, denn die Matratze war mir zu weich. Mama sagte mir: „Es ist gut so, aber du musst daran denken, die schlechten Gewohnheiten abzulegen, die du dir in der Gefangenschaft angeeignet hast. Einige Gefangene hatten nämlich nicht gerade die besten Angewohnheiten. Denk daran, dass unsere Familie gut erzogen ist; du bist von vielen heiligen Priestern und Nonnen großgezogen worden, du musst dich gut verhalten." Diese Worte behielt ich mein ganzes Leben lang im Gedächtnis. Wann und wohin ich auch gehe, ich bedenke immer, dass ich Gottes Kind bin.

Am nächsten Tag bat mich meine Mutter, zum Polizeipräsidium zu gehen und einen Pass für Hongkong zu beantragen. Sie wusste, dass viele Katholiken nach ihrer Freilassung einen Pass für Hongkong bekamen. Mein zweiter Bruder bestand darauf, dass ich so schnell wie möglich nach Hongkong kam; sonst würde ich sicherlich noch einmal verhaftet werden. Ich wollte auf jeden Fall sofort nach Hongkong. Am kommenden Morgen ging ich in aller Frühe auf die Polizeistation. Viele von ihnen erkannten mich wieder. Alle miteinander fragten mich, ob ich wieder in die Zelle zurückkehren wollte. Mit einem großen Lächeln antwortete ich ihnen: „Diesmal ersuche ich Sie, mir eine Erlaubnis zu erteilen, nach Hongkong auszureisen." Meine Bitte versetzte sie in Erstaunen. Da ich gerade erst aus dem Gefängnis entlassen worden war, dachten sie, es sei lächerlich schon am nächsten Tag nach Hongkong ausreisen zu wollen. Sie gingen davon aus, dass eine Tochter erst einmal bei ihrer Mutter bleiben möchte.

Ich kann mich nicht mehr daran erinnern, wie oft ich vom 4. Juni bis zum 30. August das Polizeipräsidium aufsuchte, doch lehnten sie mein Passgesuch immer wieder ab. Meiner Mutter erlaubten sie nur drei Monate in China zu verbringen. Sollte sie länger als drei Monate in China bleiben wollen, müsste sie einen neuen Reisepass beantragen. Wenn man ihr diesen verweigerte, müsste sie wieder zurück nach China, ins Leid. Es war also notwendig, eine Geschichte zu erfinden, um sie dazu zu bringen, nach Hongkong zurückzukehren, je schneller desto besser. Ich sagte zu meiner Mutter: „Du gehst zuerst; sobald ich die Bewilligung bekomme, werde ich alleine nachkommen. Bitte meinen zweiten Bruder einfach, mich an der Grenze abzuholen."

Am 30. August verließ meine Mutter Shanghai in der Hoffnung, dass auch ich bald in Hongkong ankommen würde. Doch wusste ich genau, dass es für mich keine Chance gab, China zu verlassen, denn die Politik wurde wieder strenger. Jene, die hier blieben, mussten sich darauf gefasst machen, wieder ins Gefängnis gesperrt zu werden. Dort, am Flughafen, sah ich meine Mutter zum letzten Mal. Meine Mama hatte einen Traum, ich aber hatte andere Absichten. Es war fast unerträglich, auf die zweite Verhaftung zu warten: all diese Dinge, als Mensch respektiert zu werden, aber auch die Eitelkeiten der Welt, all das zu verlieren, wiederzuerlangen und dann wieder zu verlieren. Ich bin keine Schauspielerin; ich stehe nicht auf einer Bühne, um Theater zu spielen. Das hier war die harte Wirklichkeit. Wenn ich zu Hause auf dem weichen Sofa saß und mich umschaute, was ich alles besaß, war mir bewusst, dass das mein Haus war. Ich war die Mitbesitzerin des Hauses und doch war es nicht mein Zuhause. Wer wusste, wann die Polizei kommen würde, um mich wieder einzusperren? Meine erste Verhaftung im Jahr 1955 erwartete ich viele Jahre lang, ich war darauf vorbereitet. Gott schenkte mir Gnade über Gnade. Aber jetzt, im Jahre 1957 gaben so viele Bischöfe, Priester und zahlreiche Katholiken ihren Glauben auf, um das Leid zu vermeiden. Sollte ich ihrem Weg folgen? Nein, ganz bestimmt nicht. Unsere Heimat ist im Himmel. Dieses Leben ist nur vorübergehend, es geht so schnell vorbei. Wie würde ich vor Gott beim letzten Gericht dastehen, wenn ich an dieser Welt so gehangen hätte, dass ich sie nur schweren Herzens verlassen konnte, ja sogar meinen Glauben verloren hätte? Wir können nicht zwei Herren dienen. Also entschied ich mich, ungeachtet dessen, was mir geschehen mochte, Gott zu dienen. Ich betete inbrünstig und wartete auf meine zweite Festnahme, Tag für Tag.

Kapitel 19

Streifzüge auf Friedhöfen

Der Heilige Geist bringt uns allezeit Frieden, Freude und Ruhe, aber der Teufel verursacht Verwirrung und Beunruhigung. Jene, die unter der Herrschaft der Kommunisten lebten, wussten ganz genau, dass die Chinesische Kommunistische Partei (KPCh) nie mit ihren politischen Aktionen und ihrer Gehirnwäsche aufhören würde. Seit dem Oktober 1957 richteten die Kommunisten ihr Augenmerk auf die Lehrer, weil sie dachten, die gebildeten Leute würden sich gegen ihre Versklavung wehren.

Die katholische Kirche aber blieb der größte Feind der KPCh. Es war keine Frage, dass die Partei grausame Schritte unternehmen würde um uns anzugreifen. Vom März bis Mai forderte die Regierung ehemalige Mitglieder der Legion Mariens und der katholischen Jugendbewegung auf, an sogenannten „Fortbildungsmaßnahmen" teilzunehmen. Diesem Befehl zu folgen war verpflichtend, ganz gleich ob man arbeitete, studierte, zu Hause war, sich den Kommunisten schon ergeben hatte oder schon verhaftet und auf Bewährung wieder freigelassen war! Die Regierung hatte den Schulbehörden und ähnlichen Organisationen bekannt gegeben, dass es eine schwarze Liste gäbe und dass auf ihr die Namen aller katholischen Jugendlichen stünden. Dieses „Bildungszentrum" befand sich in der Shan-Si Straße. Alle Katholiken mussten dort wohnen und durften es nicht verlassen. Wenn sie nur nach draußen gehen wollten, mussten sie um Erlaubnis fragen. Aber solche Bitten wurden nur selten gewährt. Diese Regierungsinitiative war nichts anderes als eine neue Maßnahme zur Gehirnwäsche, und jeder, der nicht daran teilnahm oder Probleme machte, wurde auf der Stelle verhaftet. Die Absicht war, formell eine Organisation mit dem Namen „Patriotische Drei-Selbst-Bewegung" zu gründen.[22] Die drei „Selbst" lauteten: Selbst-Verwaltung, Selbst-Versorgung und Selbst-Ausbreitung. Jeder Katholik musste erklären, dass er gegen den Papst sei und man verlangte von ihm, auch Grundwahrheiten des Glaubens zu leugnen.

Während und nach der Zeit dieser Bewegung wurden viele Katholiken aus der Schule ausgeschlossen oder verloren ihre Anstellung und wurden festgenommen, und entweder als Reaktionäre oder Konterrevolutionäre bezeichnet. Ich wurde wiederholt verhaftet und wieder freigelassen, weil ich Präsidentin der Legion Mariens war. Selbstverständlich wusste ich, was mit mir geschehen würde, wenn sie mich aufforderten, mitzukommen. Der Geist ist willig, aber das Fleisch ist schwach. Die nächste Gelegenheit zur Sünde zu meiden, wäre sicher sinnvoll. Ganz zu Beginn, als sie mich verhörten, lautete meine Antwort deshalb kurz und bündig: „Verhaftet mich wieder. Ich werde mit euch gehen." Trotzdem gaben sie keine Ruhe, Tag und Nacht kamen sie vorbei oder riefen mich an. Ich musste also irgendeinen Weg finden, dieser Bedrängnis zu entfliehen. Was aber sollte ich tun? Ach ja, da gab es doch einige junge Männer, die um mich warben. Wie wär's mit einem Rendezvous mit einem von ihnen? Das schien mir nicht dumm zu sein. Alle antikatholischen Vereinigungen sahen es gerne, dass die Leute einen Freund oder eine Freundin hatten. In dieser äußerst kritischen Zeit konnten neun von zehn Leuten, die in jemanden verliebt waren, ihren Glauben nicht bewahren, ganz einfach, weil das so viele Belastungsproben für den Glauben mit sich brachte. Ich wusste nur zu gut, dass ich auch nicht stärker war als jeder andere. Wie hätte ich es mir da erlauben können, mir durch menschliche Liebe eine Zerstreuung zu gönnen? Meine Antwort war also „Nein!"

In China gibt es ein berühmtes Sprichwort: „Wenn man dir sechsunddreißig verschiedene Wege anbietet, dann ist es das Beste, schnell wegzulaufen." Doch wohin sollte ich laufen? Meine Schwester und ich hätten in andere Städte reisen können, doch mussten wir uns um unsere Familie kümmern. Das Einzige was uns übrig blieb, war, früh am Morgen von Zuhause wegzugehen und erst spät am Abend wieder zurückzukehren. Meine Schwester und ich hatten eine gewisse Vorliebe für die nahegelegenen Friedhöfe. Selbst die Polizei würde uns dort nicht suchen. Dort war es so friedlich und still; wir konnten lange Betrachtungen über den Tod und das Jüngste Gericht machen. Wir konnten dort für die Armen Seelen im Fegfeuer beten. Jeden Morgen nahmen wir etwas Kuchen, Brot und Wasser mit, um immer wieder andere Friedhöfe zu besuchen. Die Patriotische Bewegung gab sich zwar alle Mühe, uns zu suchen, doch finden konnten sie uns nicht.

Immer wenn wir einen Friedhof betraten, schien es uns, als hätten wir unsere eigene Zukunft vor Augen. Der Tod war das einzig Gewisse in unserem Leben. Wir waren damals erst Mitte zwanzig. Ja, natürlich genossen wir gerne die Welt. Wie konnten wir also unsere Herzen erheben, um Gott über alles zu lieben? Am 8. September des Jahres 1955 hatte ich das Versprechen abgelegt, unserem Herrn nach Kalvaria zu folgen. Nun musste ich mich daran erinnern, mein Versprechen zu halten. Ich musste weit abseits stehen und nicht auf die Welt achten. Also war der Besuch von Friedhöfen das Klügste, was wir machen konnten.

Sobald wir am Friedhof ankamen, beteten wir fünf Gesätze des Rosenkranzes, wobei wir die Muttergottes anflehten, mit uns für die Seelen im Fegfeuer zu beten. Dann lasen wir die Grabesinschriften, Grabreihe für Grabreihe. Manchmal, an sonnigen Tagen, konnten wir geradezu fühlen, wie die Barmherzigkeit Gottes auf uns herab strahlte und wie sie all die Seelen im Fegfeuer geborgen hielt. An regnerischen oder bewölkten Tagen auf dem Friedhof schien uns der Himmel irgendwie bedrückend, als ob uns die Armen Seelen sehnsüchtig anflehten, für sie zu beten. Auf dem Friedhof achtete ich ganz besonders auf die Grabsteine jener, die jung oder durch Unfälle ums Leben gekommen waren. Heute noch erinnere ich mich an manche Dinge – einiges habe ich mir aufgeschrieben:

Eine der merkwürdigsten Geschichten, von der ich auf dem Friedhof erfuhr, handelte von einem Arbeiter, der im Jahr 1958 während einer Anti-Rechts-Bewegung verstarb. Als er auf seinem Weg zur Arbeit an einem hohen Gebäude vorbeikam, versuchte gerade ein reaktionärer Ingenieur Selbstmord zu begehen, sprang vom Dach und landete direkt auf ihm. Der Arbeiter war auf der Stelle tot, doch der Ingenieur war völlig unversehrt geblieben. Die Familie des Ingenieurs ließ im Andenken an diesen Arbeiter das Grab für ihn errichten. Diese Geschichte erzählte uns der Friedhofswärter.

Auf diesem Friedhof lag auch eine Mutter, die starb, als sie ihr Kind zur Welt brachte. Sie gab ihr Leben hin für ihre Tochter. Doch fragte ich mich, ob die Tochter ihrer Mutter, die sie nie gesehen hatte, später als Erwachsene Dankbarkeit zeigen würde. Auch war ich sehr beeindruckt von dem Foto einer sehr schönen Frau. Sie war gleich alt wie ich. Sie beging Selbstmord, weil die Eltern ihres Freundes ihnen nicht erlaubten zu heiraten. Ich hatte großes Mitleid mit ihr. Ohne die Gnade Gottes hätte ich vielleicht dasselbe getan. Wie gesegnet ich doch war! Gott erwählte mich zu seinem Zeugen – was für ein Glück, wenn ich eines Tages für den katholischen Glauben sterben könnte!

Kapitel 20

Ein Unglück kommt selten allein

Ich habe fünf Brüder. Der gescheiteste von ihnen war mein dritter Bruder, Leslie. Schon als kleiner Junge hatte er eine besondere Begabung im Schreiben und konnte öffentliche Reden halten. Als er fünfzehn Jahre alt war, wurden bereits einige seiner Aufsätze in der Zeitung veröffentlicht. Aufgrund seiner außergewöhnlichen Talente gewann er zahlreiche Auszeichnungen. Einige seiner Lehrer waren der Meinung, dass er früher oder später bestimmt ein berühmter Dichter oder Schriftsteller werden würde. Aber Gott hatte seine eigenen Pläne für Leslie. Sein ganzes Leben war so traurig, dass man es gar nicht beschreiben kann.

Jedes Mal, wenn ich an Leslie denke, werde ich traurig. In einem vorhergehenden Kapitel habe ich geschrieben, dass meine Schwester und ich unsere zweite Verhaftung erwarteten; doch unsere Zeit war noch nicht gekommen, als Leslie verhaftet wurde, weil er Im- und Exportgewerbe arbeitete. Im Jahre 1958 wurden sieben Manager von Import und Exportfirmen gleichzeitig verhaftet. Während der „Drei-Anti-Bewegung" wurde er als „Großer Tiger" bezeichnet und heftig angegriffen.

Während der Anti-Rechts-Bewegung im Jahre 1957 machte Leslie, ohne sich dabei etwas zu denken, folgende lustige Bemerkung: „Jetzt wohne ich in einem kleineren Haus, doch reise ich in einem größeren Bus." Die kommunistische Regierung glaubte, Leslie greife mit seinen Worten den Kommunismus an. Ohne langes Federlesen hat man ihn als Reaktionär bezeichnet und in ein Arbeitslager geschickt. Er musste von nun an zu Fuß einen Karren mit Müll vom Zentrum Shanghais bis zum Arbeitslager ziehen, eine Strecke von über 42 Kilometern.

Eines Tages, ich war gerade beim Einkaufen, sah ich einen Mann, der mir bekannt vorkam. Wer konnte das nur sein? Er war in Lumpen gekleidet, trug einen Strohhut und ein zerrissenes Tuch hing über seine Schultern. Sein Gesicht war voller Staub und Schweiß. Jawohl, lieber Leser, es war Leslie. Ich konnte mich nicht der Tränen erwehren, und genau so wenig konnte ich mich zurückhalten, schon von weitem zu rufen: „Leslie, Leslie!" Er drehte mir seinen Kopf zu und starrte mich an, ganz überrascht. Dann begann er, mit der Hand ununterbrochen zu winken, um mir anzudeuten, dass er nicht mit mir sprechen dürfe. Ich schaute ihn an. Mit all seiner Kraft zog er den Karren. Seit seiner Geburt hat er nie etwas getragen, das schwerer war als zwei Kilo. Nun musste er zwei Tonnen übel riechenden Müll einen so weiten Weg ziehen. Wie konnte er das nur schaffen?

Einige Tage später bekamen wir einen Anruf aus dem Lager; man sagte uns, dass Leslie schwere Magenblutungen hatte und ins Krankenhaus gebracht worden sei. Unsere Familie war bereit, die Spitalkosten zu übernehmen, um sein Leben zu retten. Der Arzt operierte ihn also und entfernte den größten Teil seines Magens. Nichtsdestotrotz wurde Leslie zwei Wochen später festgenommen. Sein sogenanntes Verbrechen war, Handelsinformationen an andere Länder weitergegeben zu haben. Tatsächlich war es eine Notwendigkeit, Handelsinformationen auszutauschen, wenn man im Ein- und Ausfuhrhandel tätig war.

Bei seiner Verhaftung hinterließ Leslie zwei Söhne und zwei Töchter. Seine Ehefrau war nicht bereit, sein Leid mit ihm zu teilen und ließ sich scheiden. Meine Schwester und ich sollten sich um die Kinder kümmern, doch war unsere Zukunft ungewiss. Wir waren uns relativ sicher, dass wir bald wieder im Gefängnis landen würden. Darüber hinaus wussten wir nicht, wie wir diese schlechten Nachrichten vor unserer Mutter verheimlichen sollten. Zwei Wochen später, am 12. September 1958 wurden Mary und ich erneut verhaftet. Unsere ganze Familie war zerbrochen, wir ließen die vier Kinder und zwei Kindermädchen zurück. Der Herr schlief, obwohl der Sturm gerade so heftig war. Aber Er ist Gott. Er wusste wohl, wie meine Probleme Schritt für Schritt zu lösen waren. Ich musste nur meinen Teil dazu beitragen.

Leslie wurde zu fünfzehn Jahren Gefängnis verurteilt. Man schickte ihn ins Quinghai-Arbeitslager – ein armseliger Ort, weit weg. Dort verbrachte er fast zwanzig Jahre; es herrschen dort Minus-Temperaturen von über fünfunddreißig Grad. Der Lageraufseher erlaubte es Leslie, nach Shanghai zurückzukehren, als sein Magenkrebs bereits im Endstadium war. Die meisten waren sich bewusst, dass die Kommunisten die Macht besaßen, jedermann zu überwachen, wo immer er sich auch befinden mochte. Shanghai war eine große und geschäftige Stadt und ganz anders als das Arbeitslager. Die Kommunisten hatten neben der Polizei noch die verschiedensten Organisationen und Gruppen, um die Menschen zu überwachen. Vom Anwohnerkomitee zum Beispiel wurden die Anwohner eines Stadtviertels überwacht. Die Kommunisten zwangen jeden den Anderen auszuspionieren, die eigene Familie und die Nachbarn miteingeschlossen. Wenn jemand etwas der kommunistischen Partei meldete, bewies er damit seine Loyalität zu den Kommunisten und wurde dafür belohnt. In den Siebzigerjahren wurde Leslie zur Zielscheibe der Angriffe seiner Nachbarn.

Sie wussten zwar genau, dass er bald sterben musste, aber sie kamen immer wieder zu ihm ins Haus und zwangen ihn, mehrere Stunden lang gebückt zu stehen und sich ihre Beschimpfungen anzuhören. Am Tag vor seinem Tod traten sie ihn und zerrten ihn umher. Er spuckte große Mengen Blut, und starb am nächsten

Tag. Glücklicherweise taufte ihn meine Nichte noch vor seinem Tod. Das war im Juli 1976.

Einige Jahre später sandte der Gerichtshof von Shanghai unserer Familie ein Nachprüfungsdokument, welches besagte, dass der Richter über Leslie ein falsches Urteil gefällt hatte. Leslie hatte nichts Böses getan, ja er hatte sogar noch viel Devisen für unser Land erwirtschaftet. Als dieser Brief kam, war Leslie bereits tot. Was hat es also genutzt, dass sie das Fehlurteil nach seinem Tod noch zugegeben haben?

Ich bin Gott dankbar; mit der Gnade seiner Weisheit konnte ich oftmals Betrachtungen über den Tod des hl. Johannes des Täufers anstellen. Jedes Mal, wenn ich mir den blutigen Tod des hl. Johannes vor Augen stellte, zitterte mein Herz. Ich fragte Gott: „Du bist der allmächtige Gott. Du hast Lazarus und den Sohn der Witwe zurück ins Leben gerufen. Warum hast du zugelassen, dass dein heiliger Cousin enthauptet wurde?" Ich werde Gottes Plan niemals begreifen. Das hat mich viele Jahre lang beschäftigt, bis ich eines Tages begriff, wie begrenzt doch unser Denken, unser Wissen, unsere Einsicht ist. Vieles in dieser Welt war mir ein Rätsel. Ich konnte weder alle Geheimnisse noch alle Menschen verstehen. Wir sind nur winzige Sandkörnchen. Wir werden Gottes Absicht erst dann verstehen, wenn wir im Himmel sind. Der hl. Johannes arbeitete mit der Vorsehung Gottes zusammen. Heute verehren wir den hl. Johannes bei der hl. Messe an unseren Altären. Mein Bruder Leslie war ein armer Sünder. Gott ist gerecht und barmherzig. Ich sollte mehr für ihn beten und Gott bitten, mir ein Zeichen zu geben, dass er ihn in den Himmel aufgenommen hat.

Deo Gratias! Leslies Sohn brachte die Gebeine seines Vaters nach Kalifornien, und sie wurden auf dem benachbarten Friedhof von Forest Lawn begraben. Seine Frau, seine vier Kinder und wir, seine Schwestern können nun hin und wieder sein Grab besuchen. Durch unsere Gebete konnten wir Ablässe für ihn gewinnen. Ich bin überzeugt, dass wir uns eines Tages wiedersehen und dann auf ewig vereint sein werden, um Gott im Himmel zu preisen.

Jetzt, dreiunddreißig Jahre später, liegt mein Neffe, Francis Hu, Leslies Sohn, an der Seite seines Vaters. Auch er starb an Magenkrebs und hinterließ seine Frau und einen Sohn. Wer konnte schon ahnen, dass mein Neffe so jung sterben würde, als ich die chinesische Fassung meines Buches niederschrieb? Wir Menschen sind vor Gottes Vorsehung so klein!

Kapitel 21

Gottes zweiter Ruf

Im Jahre 1958 rollte die nächste Welle auf uns zu, die sogenannten Kultur-Revolution. In unserer Nachbarschaft wurden zahlreiche Veranstaltungen zur Gehirnwäsche organisiert. Obwohl ich das alles mitmachte, musste ich mir dennoch Sorgen machen wegen der Dinge, die uns noch bevorstanden. Meine Schwester und ich waren Katholiken, weshalb eine Festnahme unvermeidlich war. Es war nur eine Frage der Zeit, bis auch wir dran waren. Wir wussten weder, wann wir verhaftet würden, noch wussten wir, wer sich um das Haus kümmern sollte, wenn wir nicht mehr da wären. Unsere Familie war auseinandergerissen. Wir konnten nicht davon ausgehen, dass wir je wieder zusammenkommen würden. Unsere größte Sorge aber galt unserer Mutter, die in Hongkong lebte. Wie sollte sie die Nachricht von unserer Verhaftung überstehen? Wir hatten alles vorbereitet, was für das Gefängnis notwendig war und warteten voller Angst auf das, was noch kommen würde. Schließlich kam die Polizei auch zu uns ins Haus, es war am 12. September 1958, um 3 Uhr nachmittags. Wir nahmen die Pakete, die wir hergerichtet hatten und sagten unseren Kindermädchen Lebewohl. Wir baten sie aber, unserer Mutter diese Schreckensnachricht zu verheimlichen. Das war jetzt unsere zweite Verhaftung. Wir wussten, dass wir auf den zweiten Ruf Gottes hin viel zu leiden hätten.

Die Polizisten trennten meine Schwester und mich. Ich wurde in das Zi-Ja-Wei Gebiet geschickt, während meine Schwester nach Lu-Won geschickt wurde. Es gab keinen Prozess. Ein Spitzel, welcher sich unter uns befand, hat unsere „Verbrechen" mit Orts- und Zeitangaben frei erfunden, als ob alles wirklich so geschehen wäre. Drei Monate später wurde ich ins städtische Gefängnis von Shanghai überstellt. Mir war durchaus klar, dass es der beste Weg war, den Glauben zu bewahren, ins Gefängnis gebracht zu werden. Die Katholisch-Patriotische Vereinigung wurde von der Kommunistischen Partei gegründet und kontrolliert. Einige meiner ehemaligen katholischen Freunde traten der Kommunistischen Partei bei und wurden die Anführer dieser Vereinigung. Sie verbreiteten lauthals ihre kommunistischen Slogans und klagten Bischof Kung von Shanghai an, der größte Verbrecher zu sein und den Geist vieler Jugendlicher vergiftet zu haben. Immer wenn ich ihre Lügen hörte, wurde mir schwindlig und mein Blutdruck stieg. Was mich am meisten schmerzte war, dass ich erfahren musste, dass viele Priester verhaftet worden waren, darunter auch meine so hoch geschätzten Patres Chu und Zhang. Man erklärte mir, dass ich freigelassen würde, wenn ich meinen katholischen Glauben verleugnen würde. Ich war entschlossen, dies nicht zu tun, selbst wenn es mich meine Zukunft oder mein Leben kostete. Ich beschloss, mein Kreuz zu tragen und Gottes Ruf zu folgen. Ich pries ihn dafür, dass er mir diese Leiden gewährte und bat ihn um seine besondere Gnade. Ich wollte den Weg, den er für mich ausersehen hatte, willig gehen, egal wohin er mich führte.

Einige Tage nachdem ich im Stadtgefängnis von Shanghai angekommen war, wurde ich ins Büro des Gefängnisdirektors gerufen, um mein Urteil, das ohne Prozess ergangen war, zu unterschreiben. Der Direktor befahl mir, es zu unterzeichnen und erst hinterher zu lesen. Er sagte mir, dass ich zu fünfzehn Jahren verurteilt worden wäre und dass ich innerhalb von zehn Tagen Berufung einlegen könne. Dann wollte er wissen, was ich von meinem Urteil halte. Ich sagte, dass ich erwartet hatte, den Rest meines Lebens im Gefängnis zu verbringen; es sei aber kein großer Unterschied zwischen fünfzehnjähriger oder lebenslänglicher Haft. Beides schien mir gleich lang. Ich war mir ohnehin nicht sicher, ob ich mit meinen Herzproblemen auch nur fünfzehn Jahre überleben würde. Ich ging also zurück in meine Zelle und fing an zu begreifen, dass ich die kommenden fünfzehn Jahre ganz von der Welt abgeschnitten sein würde – dabei war ich erst Anfang zwanzig. Hätte ich nicht auf Gott vertraut, wäre ich verrückt geworden.

Kapitel 22

In der Nachfolge der heiligen Maria Magdalena

Ich war noch nicht lange eine Katholikin, deshalb wusste ich sehr wenig über die Bibel. Doch kannte ich die Geschichten von Martha und Maria Magdalena. Einige Tage nach meiner Verurteilung dachte ich über diese Geschichten nach. Maria zog es vor, zu Füssen unseres Herrn zu sitzen und seinen Worten zuzuhören, anstatt ihrer Schwester Martha beim Servieren zu helfen (Luk. 10, 39-40). Ich fühlte, dass meine Gefangenschaft mir erlaubte, näher bei Jesus zu sein, mit ungeteilter Aufmerksamkeit. Vielleicht übertreibe ich, doch schien mir, als könnte meine Gefangenschaft unserem Herrn gefallen. Alles wird wertvoll, wenn man es aus Liebe zu Gott tut. Warum sollte ich mir irgendwelche Sorgen machen, wo es doch eine Ehre ist, auserwählt zu sein, mit ihm zu leiden?

Es war vor ungefähr 2000 Jahren, als unser Herr in das Haus eines Pharisäers eingeladen war. Da kam eine Frau, eine Sünderin, die ein Gefäß mit Alabasteröl in ihren Händen trug. Sie ignorierte alles, was um sie herum geschah. Die Augen der Pharisäer waren voller Verachtung und Hass auf sie gerichtet. Was hatte diese Sünderin bei Christus zu suchen? Was wollte sie? Doch sie, Maria Magdalena, hatte nur einen einzigen Gedanken: „Unser Herr ist der gute Hirt; ich bin sein verlorenes Schaf." Nichts konnte sie davon abhalten, sich unserem Herrn zu nähern. Sie brauchte nichts zu sagen. Voller Liebe wusch sie unserem Herrn mit ihren Tränen die Füße, trocknete sie mit ihren Haaren und küsste sie. Dann zerbrach sie mit großem Lärm den Krug, um den Leuten zu zeigen, dass sie all das wertvolle Öl über seine Füße gießen wollte. Sie weinte und tat öffentlich Buße für ihre Sünden. Sie bot unserem Herrn alles an. Er sagte: „Viele Sünden werden ihr vergeben, weil sie so viel geliebt hat." Dann sagte er zu ihr: „Deine Sünden sind dir vergeben. ... Dein Glaube hat dich gerettet. Geh hin in Frieden!" (Luk. 7, 47-50) Was für eine wunderbare Lehre für uns!

Ich erinnere mich, dass ich im Jahre 1958, als ich diese fünfzehn Jahre Haftstrafe bekam, zu unserem Herrn sagte: „Nun muss ich mein Gefäß zerbrechen, gerade so, wie die hl. Maria Magdalena es getan hat. Ich muss alles, was ich habe, für dich ausgießen. Deine Liebe zu mir ist so wunderbar! Du bist sogar am Kreuz für mich gestorben. Wie kann ich dich nur genug lieben?" Liebe muss mit Liebe beantwortet werden. Es schien, als ob mir Judas zuflüsterte: „Du bist noch so jung; du kannst viel für die Kirche tun. Warum im Gefängnis bleiben? Dein Vater ist sehr reich. Warum solltest du nicht dein Erbe in Empfang nehmen und es unter die Armen verteilen?" Die Versuchungen sind alle gleich. Sie klingen gut, aber mir war es das Allerwichtigste, meinen Glauben ohne Kompromisse zu bewahren. Ich habe nur die eine unsterbliche Seele. Ich darf kein Risiko eingehen, sie zu verlieren.

Jesus sagte zu Martha über ihre Schwester: „Maria hat sich fürwahr den besten Teil erwählt" (Luk. 10, 42), weil sie ihren Geist und ihre Zeit dazu verwendet, um beim Herrn zu sein. Das war die beste Wahl ihres Lebens. Für mich hat Gott das Beste erwählt. Mehrmals riss er mich heraus aus den Eitelkeiten dieser Welt und setzte mich genau dorthin, wo er mich haben wollte, damit ich allein sein konnte mit ihm. An Krebs erkrankt zu sein erschien mir wie ein Unglück, doch war es in Wahrheit die beste Möglichkeit, um am Leiden Christi teilzunehmen. Es war mein Vorrecht, näher bei ihm zu sein, ihn mit tiefer Liebe zu betrachten. Ich war noch mehr begnadet als Maria, da ich nicht nur Reue über meine früheren Sünden empfand, sondern auch leibliche Schmerzen. Was wollte ich noch mehr in dieser Welt?

Nun ist unser Herr auf dem Weg nach Kalvaria. Wie sollte ich ihn alleine lassen auf seinem Weg zum schrecklichen Kreuz, wo doch fast alle Apostel ihn verlassen haben? Die hl. Maria Magdalena war klug; sie wollte Christus nachfolgen. Die Gnade schenkte ihr die Einsicht, dass sie, wenn sie bei Christus bleiben wollte, ganz nah bei der heiligen Gottesmutter bleiben musste. Ja, jetzt, wo ich an diesem Punkt meiner Geschichte angelangt bin, sehe ich, dass mich die allerseligste Jungfrau schon so oft in meinem Leben beschützt hat. Sie wird mich unfehlbar und sicher auf den Gipfel des Kalvarienberges führen.

Das Leiden in dieser Welt ist nur von kurzer Dauer. Erst nach der Kreuzigung kommt die Auferstehung. Am Morgen des Ostersonntags schenkte der liebliche Zuruf: „Maria!" der heiligen Maria Magdalena wieder Leben und Kraft (vgl. Joh. 20, 16). Ich hatte Vertrauen auf die Barmherzigkeit Gottes und verließ mich ganz auf seine Liebe. O Herr, wie sehr hoffe ich, dass Du am Ende meines Lebens mich rufst: „Rose!" und dass Du mir dann erlaubst, ewig in deinen Armen zu ruhen.

So war ich also dazu verurteilt, jetzt in einem Arbeitslager zu leben, an einem Ort Namens Anhui. Von einem anderen Insassen habe ich erfahren, dass meine Schwester zu sieben Jahren verurteilt und in das Arbeitslager Qinghai geschickt worden war, an einen noch raueren Ort als meinen: Der Herr wusste, dass ich schwächer war als sie.

Kapitel 23

Verbannt in ein Arbeitslager

Am 20. September 1958 flüsterten mir einige Mitgefangene zu, sie hätten einige Bewilligungen für Sonderbesuche auf dem Tisch des Gefängnisdirektors liegen sehen. Sie warnten mich, dass ich vielleicht schon bald in die Verbannung geschickt werden könnte. Normalerweise wurden Sonderbesuche nämlich nur als letztes Treffen zwischen den Gefangenen und ihren Angehörigen bewilligt. Allzu viele Häftlinge kamen in den Arbeitslagern ums Leben und kehrten nie wieder heim. Den meisten Häftlingen erlaubte man deshalb, ihre Besucher von Angesicht zu Angesicht zu sehen; die katholischen Gefangenen aber wurden bei solchen Treffen mit ihren Angehörigen hinter Eisengittern abgeschirmt.

Tatsächlich benötigten nur katholische Gefangene eine Genehmigung für diese besonderen Besuche. Das war auch der Grund dafür, dass die Mitgefangenen vermuteten, diese Genehmigung sei für mich bestimmt. Sie hatten Recht. Ich erhielt eine Besuchsbewilligung am folgenden Tag. Der Aufseher erklärte mir, dass der Besuch am 24. stattfinden würde und dann fragte er mich, was meine Familie mir mitbringen sollte, weil ich ins Arbeitslager geschickt werden sollte. Mir wurde untersagt, nach dem Ort des Lagers zu fragen; ich durfte nicht wissen, wohin es ging. Das Ratespiel war zu Ende, als meine Mitgefangenen den Direktor des Arbeitslagers „Weißer See" eintreffen sahen. Sie meinten, dass ich dort wohl den Rest der Jahre, zu denen ich verurteilt wurde, verbringen müsste.

Am 24. September kamen meine zwei alten Kindermädchen zu Besuch. Als sie mich sahen, weinten sie. Sie erzählten mir, dass mein dritter Bruder und meine Schwester nach Qinghai verbannt worden seien und dass sie ihnen bei ihrem letzten Besuch dicke Decken mitgebracht hätten. Diese beiden treuen Kindermädchen machten immer wieder Reisen während unserer Gefangenschaft, um uns Hilfspakete zu bringen. Mein Herr, ich danke Dir für ihre Liebe und Treue.

Vielleicht können Sie sich unsere Verwirrung vorstellen, als sie mir ins Ohr flüsterten, dass meine Mutter in Hongkong schon von der Verhaftung wusste. Meine Mutter litt damals schon an Leberkrebs.

Zwei Tage nach dem letzten Besuch erschien der Wärter in meiner Zelle und reichte mir vier Stück Brot zur Verpflegung für vier Tage. Das bedeutete, dass ich in ein Lager geschickt würde, welches vier Tagereisen weit entfernt ist. Am wahrscheinlichsten erschien es, dass man mich in das Arbeitslager Weißer See in der Provinz Anhui schicken würde. Kurz darauf öffnete sich die Gefängnistür und ich wurde mit einer anderen Gefangenen gefesselt; sie banden meine linke Hand mit ihrer rechten Hand zusammen. Wir wurden zu einer Schiffsanlegestelle gebracht, wo wir ein Frachtschiff bestiegen. Man brachte uns ins fensterlose Unterdeck mit ungefähr fünfhundert weiteren Gefangenen, die wie Sardinen auf dem Boden sitzen oder liegen mussten. Es gab dort weder ein Bad noch Toiletten. In der Mitte des Raumes befand sich ein großer Behälter für unsere Notdurft. Um dahin zu gelangen, musste man über die Körper steigen, und es dauerte mindestens zwanzig Minuten, bis man an der Reihe war. Wegen der großen Anzahl von Personen wurde der Behälter schnell voll; die Notdurft lief über und durchnässte die Bettdecken jener Unglücklichen, die neben dem Behälter schliefen. Jede von uns hatte nur vier Stücke hartes und verschimmeltes Brot bei sich. Wie sehr ich auch danach verlangte, das Brot mit Wasser zu essen, so versuchte ich doch, den Wasserkonsum zu begrenzen, um zu vermeiden, zur Toilette gehen zu müssen. Neben Hunger, Durst und Erschöpfung machte ich schließlich noch die Erfahrung der Qual, den Drang zur Toilette zu gehen kontrollieren zu müssen. Man musste wortwörtlich über Schichten menschlicher Körper kriechen, um zum Behälter zu gelangen. Mit fünfhundert Gefangenen tagelang zu leben, ohne sich waschen zu können kann ich nur als Hölle bezeichnen.

Der einzige „Wohlgeruch", den es in dieser lebenden Hölle gab, ging von den guten Werken einiger Katholiken aus: Unter uns waren etwa zwölf katholische Gefangene, die aus der Herz-Jesu Kirche im Bezirk Shanghai kamen. Ich kannte sie nicht, doch bemerkte ich eine Frau, die oft andere vor sich den Abort benützen ließ. Ich beobachtete ihre freundliche Geste und vermutete, dass sie eine Katholikin sei. Wir machten uns einander bekannt und sie stellte mich anderen Katholiken vor, unter anderem auch einer Nonne und einer jüngeren Schwester von Pater Xu Jian-Gu. Sie machten sich um mich Sorgen, dass ich meine Geduld verlieren könnte und ermutigten mich, meine Leiden für Gott aufzuopfern. Wie hätte ich diese drei Tage in der Hölle ohne ihre Hilfe überlebt?

Am vierten Tag waren wir äußerst matt. Es gab kein Wasser und keinen Platz für die Notdurft. Ich sah die Mitgefangenen mit aufgerissenen Lippen. Der Kommandant stieg zu uns ins Unterdeck herunter und befahl uns, wach zu bleiben, denn wir sollten bald am Ziel sein und könnten auf der Farm des Arbeitslagers Eier und andere Nahrungsmittel kaufen. Von den Gefangenen kam keine Antwort; es war besser, still zu sein. Niemand konnte sicher sein, das Arbeitslager lebend zu erreichen.

Endlich legten wir am Ufer an. Man befahl uns, unser Gepäck nicht mitzunehmen, sondern sofort Richtung Arbeitslager zu marschieren. Wir liefen ungefähr drei Meilen und kamen zu einem Innenhof, der mit einem Strohdach überdeckt war; man forderte uns auf, uns auf den schmutzigen Boden zu legen und zu schlafen. Als wir erwachten, schickte man uns los, unser Gepäck zu holen, sofern wir eines hatten. Das war mein erster Tag im Arbeitslager.

Kapitel 24

Das Arbeitslager „Weißer See"

Das Arbeitslager „Weißer See" war im südöstlichen Teil der Provinz Anhui gelegen.[23] Es war ursprünglich ein großes Sumpfgebiet, das sich auf fast fünfhundert Quadratkilometern über vier Landesteile erstreckte. In der Regenzeit sammelte sich dort das Wasser in einem Becken, das, erstaunlicher Weise nur ein oder zwei Meter über dem Meeresspiegel lag. Im Jahre 1958 machte die Kommunistische Partei Chinas aus diesem riesigen Sumpf ein Arbeitslager, das den Namen Weißer See erhielt. Die ersten dort eingesetzten Arbeitsgruppen bestanden aus unzähligen Gefangenen, die den Schlamm ausheben mussten, so dass in der Mitte des Gebietes ein Fluss zurückblieb, der das eigentliche Arbeitslager von der Umgebung trennte und als Transportkanal genutzt wurde. Den dort ausgehobenen Schlamm hat man verwendet, um Deiche und Dämme zu errichten. Auf den Dämmen wurden etliche Wachposten eingerichtet, um die Gefangenen zu bewachen; sogar Autos und Lastwagen konnten auf den Dämmen fahren.

Im Lager gab es fünfzehn Hauptgruppen mit je etwa zweiein-halbtausend Gefangenen. Jede dieser Gruppen war in drei bis fünf Basisgruppen unterteilt. Das Lager konnte maximal dreißig- bis vierzigtausend Gefangene aufnehmen. Es gab dort auch ein soge-nanntes Krankenhaus, das man nicht mit einem üblichen Kran-kenhaus vergleichen kann, denn es war ein Ort, wo die Patienten nur aufbewahrt wurden. Der einzige Vorzug, den man ihnen ge-währte, war der, nicht arbeiten zu müssen. Die meisten von ih-nen bekamen keine Medizin bis sie starben. Darüber hinaus gab es im Lager eine Papierfabrik, eine Düngerfabrik und eine Reis-mühle. Nachdem die chinesischen Kommunisten die Herrschaft an sich gerissen hatten, wollten sie ihren Einfluss stärken, und so nahmen sie eine ungeheuer große Anzahl von Menschen, die eine andere politische Meinung hatten, gefangen. Verschiedene Arbeitslager wurden errichtet, um all die Opfer der Verfolgungen einzusperren. In China gibt es ungefähr 27 Provinzen. In jeder Provinz befanden sich drei bis vier Arbeitslager. In den meisten Lagern wurde Reis und Weizen angebaut, aber auch Dachziegel und Ziegelsteine hergestellt - all das in schwerer körperlicher Arbeit.

Warum erwähne ich in diesem Buch das Arbeitslager Weißer See? Zunächst, weil ich dort sieben Jahre verbracht habe. Dort traf ich viele chinesische Märtyrer, heiligmäßige Priester wie Pater Xa-vier Chu, Pater Matthew Chen, Pater Joseph Fu und Pater John Fu, die mehr als fünfzehn Jahre in diesem Lager verbrachten. Sie be-wässerten die Reisfelder mit ihrem Schweiß, ihren Gebeten und ihren Bußwerken. Einige von ihnen vergossen sogar ihr Blut auf dem Boden dieses Lagers. Den Priestern erging es nicht anders, als den anderen Gefangenen; sie standen nicht mehr am Altar und saßen nicht mehr im Beichtstuhl; sie mussten wie alle ande-ren auch unmenschliche Behandlungen über sich ergehen lassen. Die KPCh behandelte Priester und Gläubige sogar noch schlech-ter als andere Häftlinge. Sie konnten jederzeit zur Zielscheibe harter öffentlicher Kritikveranstaltungen und von Anfeindungen aller Art werden.

Seit das Arbeitslager Weißer See von einem Sumpf zu urbarem Land verwandelt worden war, war Reis die Hauptfrucht, die man anbaute. Es gab im Jahr zwei Ernten: den Frühreis und den Spätreis. In China teilte man die Arbeit auf dem Land präzise in vierundzwanzig Zeiten ein. Der frühe Reis zum Beispiel wurde normalerweise in der Regenzeit (am 20. oder 21. April) gepflanzt. Dann folgten die verschiedensten Arbeiten auf den Feldern, so dass er am ersten Herbsttag (dem 8. August) endlich geerntet werden konnte. Dieser Tag, der erste Tag im Herbst, war aber zugleich der Tag für das Umpflanzen der Reissetzlinge. Daher nannten wir den ersten Herbsttag den „Tag der doppelten Eile"; man musste sich an diesem Tag bei der Ernte beeilen und beim Umpflanzen. Ein Sprichwort lautete: „Ein gelbes Feld am Morgen, ein grünes am Abend." Es war wie ein Bühnenbildwechsel, der noch am selben Tag vollendet wurde. Das Wetter des ersten Tages des Erntemonats war immer sehr heiß. Daher begann die Arbeit schon früh, noch im Dunkeln; sie wurde auch unter der heißen Sonne des Mittags nicht unterbrochen und endete erst spät in der Nacht. An diesem Tag wurde sechzehn bis achtzehn Stunden gearbeitet, ganz gleich wie müde oder erschöpft die Arbeiter waren.

Wurde der Reis erst nach dem 8. August gepflanzt, kam das Korn nicht mehr voll zur Reife. Deshalb konnte sich am Tag der doppelten Eile niemand krank melden. Die Arbeiter eilten auf die Reisfelder und begannen früh am Morgen zu arbeiten. Jeder Arbeiter erntete mindestens einen halben Hektar ab. Die Arbeiter mussten fast den ganzen Tag in gebückter Haltung bleiben, was denen, die in der Stadt aufgewachsen sind, schwer fiel. Daher knieten oder krochen sie auf dem Boden und wechselten ständig die Haltung. Unsere Priester waren an das Messelesen oder Beichtehören gewohnt! Wie sollten sie die schwere Feldarbeit bewältigen? Sie mussten viel Geduld beweisen. Sie schenkten dem Schreien und Schelten des Aufsehers keine Beachtung: „Zhu Shude (Pater Francis Chu, ein Jesuitenpater), heute ist der Tag der doppelten Eile! Weißt du das denn nicht? Womit verbringst du deine Zeit, während die anderen arbeiten? Einige haben ihre Aufgabe schon fast beendet, du jedoch hast immer noch nichts geschafft. Gleich kommt der Traktor, um das Feld zu pflügen. Was wirst du dann machen?" Fünf Minuten später schrie ihn der Feldaufseher erneut an. Pater Chu kroch inzwischen schon auf dem Feld und arbeitete mit seiner letzten Kraft. Genau wie es unmöglich ist, einen Tropfen Öl aus einem Stein zu pressen, war es sinnlos, ihn weiter anzutreiben.

Dann aber kamen, wie wahrscheinlich schon oft zuvor, einige kräftige Gefangene und halfen Pater Chu, bis er seine Arbeit vollendet hatte.

Die nächste Aufgabe bestand darin, die Reissetzlinge umzupflanzen. Bevor aber die Reissetzlinge umgepflanzt werden konnten, mussten sie von Hand mit der Wurzel ausgerissen und auf dem Reisfeld ausgebracht werden; eine Arbeit, die sich ganz im Wasser abspielte. Viele Priester hatten während des Tages der doppelten Eile die Aufgabe, die Reissetzlinge auszureißen. Sie wurden ständig wegen ihrer Langsamkeit beleidigt. Die Priester waren es nun einmal nicht gewöhnt, barfuß zu arbeiten. Das Wasser auf dem Reisfeld war trüb und der Boden schwammig, so dass es nur schwer möglich war, das Gleichgewicht zu halten, selbst wenn man Schuhe angehabt hätte. Zu allem Überfluss gab es im Wasser des Reisfeldes auch noch Blutegel. Sie bissen sich an den Beinen fest und saugten Blut. Die Blutegel liebten meine Beine sehr, die bald zu bluten anfingen, was wiederum Schlangen und Insekten anlockte.

Am Tag der doppelten Eile dauerten die schweren Arbeiten bis Mitternacht. Einige ältere Gefangene starben an der Hitze, an hohem Blutdruck oder an ihrer Herzkrankheit. Daher gab es am Tag der doppelten Eile jedes Jahr viele Tote. Alleine wenn sie das Wort „Tag der doppelten Eile" hörten, bekamen viele im Arbeitslager Angst.

Aber auch nach dem Tag der doppelten Eile gab es viel Arbeit im Wasser. Die Sonne brannte erbarmungslos auf den Kopf und auch das Wasser war, als gäbe es in ihr eine zweite Sonne. Den Kopf konnte man mit einem Strohhut bedecken, aber gegen die Sonne im Wasser konnte man nichts tun, außer schwitzen und noch mal schwitzen. Gott kümmerte sich all die Jahre um mich; er wusste, dass ich sowohl geistig als auch körperlich schwach war. Er hat mich deshalb dazu ausersehen, im medizinischen Bereich des Lagers zu arbeiten; so war es nicht ganz so schlimm für mich. Es ist wirklich nur schwer vorstellbar, wie viele unserer Priester und Gläubigen so viele Jahre durchhalten konnten. Pater Xavier Chu sagte voller Humor: „Solange man sich ruhig verhält, muss man keine Angst haben, aus dem Arbeitslager hinausgeworfen zu werden. Auch zwingen einen die Aufseher nicht, mehr zu arbeiten, als man kann; einzig ihre Einschüchterungsversuche muss man ertragen."

Kapitel 25

Im Andenken an Schwester Shi

Ich traf Schwester Shi Xianzhi zum ersten Mal im September des Jahres 1958. Das Gefängnis in Shanghai war damals komplett überfüllt. Die kommunistische Regierung Chinas hatte die Angewohnheit, eine Menge Leute vor dem 1. Oktober, dem Nationalfeiertag, zu verhaften. Um Platz zu schaffen, fassten sie den Beschluss, einige von uns in abgeschiedene Gebiete zu bringen, in ein Arbeitslager. Es war ungefähr zu Beginn des Monats September, als ich Schwester Shi im Arbeitslager Weißer See kennenlernte. Als wir dort ankamen, gab es im Lager noch nicht einmal richtige Zelte; unsere Behausungen hatten keine Wände und waren nur mit einem Strohdach bedeckt. Unsere Nahrung bestand aus wilden Kräutern und Gemüse. Medizin und medizinische Betreuung gab es nicht. Die Disziplin im Lager war streng, besonders für Katholiken, die während der Arbeit nicht einmal miteinander sprechen durften.

Die kommunistischen Wächter griffen mit Vorliebe die Katholiken in den öffentlichen Kritik-Sitzungen an. Während der ersten Monate meines Lagerlebens hatte ich nie die Gelegenheit, mit Schwester Shi zu sprechen. Ich erfuhr lediglich von anderen Katholiken, dass sie eine Ursulinenschwester sei, die an einer schweren Herzkrankheit litt. Deshalb konnte sie nicht mit uns kommen, um auf den Feldern das Getreide zu ernten oder die Reissetzlinge zu pflanzen. Jeden Tag, wenn wir von der Arbeit zu unseren Hütten zurückkehrten, sahen wir sie Gemüse putzen oder mit dem Besen kehren. Oft machte sie für uns eine große Kanne Wasser heiß und versteckte sie; sie wies aber jedes Lob zurück und sagte nur: „Ich muss nur leichte Arbeit tun. So kann ich leicht bis ihr zurückkommt eine Kanne heißes Wasser bereitstellen. Die Kanne ist wahrscheinlich viel zu klein für alle; ihr werdet wahrscheinlich nicht alle etwas abbekommen." Eine Kanne heißes Wasser kann sehr wertvoll sein. Jeder von uns Katholiken dachte zuerst an die anderen: „Nimm du zuerst!". Schwester Shis Kanne heißes Wasser erwärmte unsere Körper, aber auch unsere Herzen.

Die göttliche Gnade ließ mich eine Woche vor dem Hinscheiden Schwester Shis krank werden. Die Schwester litt an einer qualvollen Herzkrankheit und so hat man ihr mehrere Kissen untergelegt, damit sie halb aufrecht liegen konnte, denn zum Schlafen konnte sie sich nicht hinlegen. Der Betonboden war unser Bett. Jede von uns hatte nur ungefähr sechzig Zentimeter Platz, so dass wir uns nahe aneinander drängen mussten. Wenn sich jemand umdrehen wollte, mussten die beiden Personen an ihrer Seite mitmachen. Schwester Shi lag mir gerade gegenüber. Wie schon früher erwähnt, war es mir einige Tage lang nicht möglich zu arbeiten, weil ich krank war. Gewiss war es Gottes Vorsehung, dass ich die letzten Tage ihres Lebens nahe bei dieser heroischen Nonne verbringen konnte.

Im Arbeitslager besaß niemand von uns einen religiösen Gegenstand. Es war unvorstellbar, einen Priester zu rufen, der uns die letzte Ölung spendete oder dass sich Freunde und Verwandte an unserem Sterbebett einfanden. Schwester Shi jedoch nahm den Tod mit vollkommener Ergebung und Ruhe an. Sie war wie ein Schulkind, das gerade aus der Schule kam und sich darauf freute, seine Eltern wiederzusehen. Als sie erfuhr, dass ich eine Neubekehrte sei, ermutigte sie mich, an meinem Glauben bis zum Ende festzuhalten. Es war schließlich Gott, der uns auserwählt hatte.

Also durften wir ihn niemals verleugnen. Der hl. Paulus sagt: „Denn Christus ist für mich das Leben, und das Sterben ist Gewinn" (Phil. 1,21).

Auf Anregung

und unter der Anleitung von Schwester Shi schrieb ich folgende Gedichtzeilen nieder:

Ich lebe am Rande des Todes;
einen Tag länger leben bedeutet,
dem Grab einen Tag näherzukommen.
Ich komme dem Tod Schritt für Schritt näher.
Der Tod öffnet das Tor zum Ewigen Leben.
Das Leben ist ein Zugehen auf den Tod,
es ist nur ein Atemzug zwischen Leben und Tod.
Was ist das Leben? Was ist der Tod?
Der hl. Paulus gab uns die Antwort:
„Denn Christus ist für mich das Leben,
und das Sterben ist Gewinn".
Das ist das höchste Ideal des Menschen.

Die Schwester war ergriffen. Sie meinte: „Durch den Heiligen Geist hast du gelernt, die wahre Bedeutung des Lebens und des Todes zu verstehen. Ich bin eine Nonne des Ursulinenordens. Falls du die Möglichkeit hast, der Oberin unseres Ordens in Rom einen Brief zu schreiben, so sage ihr bitte, dass meine Seele bis zum Augenblick des Todes unserem Herrn Loblieder singt. Ich habe mich an alle Regeln unseres Ordens gehalten." Ihre Worte bewegten mich so tief, dass ich mich kaum der Tränen erwehren konnte.

Als ich Jahre später in die Vereinigten Staaten kam, schrieb ich der Schwester Oberin des Ursulinenordens in Rom und sie antwortete mir einige Male. In den frühen Neunzigerjahren wurde ich vom Sekretariat der Erzdiözese eingeladen, zu kommen. Ich fragte mich, was sie von mir wollten. Einige Priester waren aus Rom angereist, um mich über Schwester Shi zu befragen. Am

Ende erklärten sie mir, dass die Ursulinen im Vatikan einen Antrag gestellt hätten, Schwester Shi als Märtyrerin seligzusprechen. Möge Gott sie eines Tages verherrlichen!

Kapitel 26

Fromme Lieder im Sturm

Die Felder der Landwirtschaft, die zum Lager Weißer See gehörte, wurden oft überschwemmt. Ich glaube dass die Ursache dafür sowohl bei der Natur, als auch bei den Menschen lag. Ein Teil der Überschwemmung wurde von reißenden Bächen verursacht, die von den Bergen herunterkamen. Auch der Yangtse-Fluss, der von hunderten Zuflüssen und Seen gespeist wird, bringt jedes Jahr gewaltige Überflutungen mit sich. Im Jahre 1958 machten die Kommunisten viele Flächen landwirtschaftlich nutzbar, das machte aber die Überschwemmungen nur noch schlimmer.

Ich befand mich seit 1958 im Lager Weißer See. Dort waren auch mehr als zehn katholische Priester gefangen, die meisten kamen aus Shanghai. In unserer Frauengruppe gab es ungefähr zehn katholische Laien. Das Leben war erbärmlich. Wir wohnten in einem Schuppen ohne Tür und Dach. Unsere Gruppenführerin, Frau Liu, war Kommunistin, doch war sie uns gegenüber mildherzig und erlaubte mir oft, hier zu bleiben und leichtere Arbeit zu verrichten. Wenn wir uns am Morgen zur Arbeitseinteilung in eine Reihe stellten, sagte sie oft: „Rose, du bist nicht gerade die schnellste bei der Arbeit. Du hältst die anderen nur auf. Geh in den Schlaftrakt und putz dort die Toiletten." Fast jeden Tag durfte ich da bleiben, um im Schlaftrakt zu arbeiten. Ich war tatsächlich in allem unbeholfen; beim Ausreißen der Setzlinge fiel ich auf dem Reisfeld um; manchmal fiel ich vor Erschöpfung sogar in Ohnmacht, wenn mir eine Arbeit zu schwer war. Über meine Unbeholfenheit schüttelten die Mitarbeiterinnen meiner Gruppe nur den Kopf.

An ein besonderes Ereignis kann ich mich immer noch ganz deutlich erinnern: Im Juni 1959 hatte es mehrere Tage lang ohne Unterbrechung geregnet. Das Wasser überschwemmte den Gemüsegarten. Das Gemüse zu verlieren wäre aber für uns alle schlimm gewesen. Die Gruppenleiterin, Frau Liu war schon so ängstlich wie eine Ameise in einem heißen Topf. Um zehn Uhr abends kam sie zu unserer Hütte und erklärte uns, dass sie Freiwillige bräuchte, um unseren Gemüsegarten zu retten. Wir alle hatten den ganzen Tag gearbeitet und nun sollten wir auch noch in der Nacht Überstunden machen, um die Wasserfluten abzuleiten. Sofort meldeten sich einige Personen: „Ich werde gehen." Ich folgte ihnen und sagte: „Ich auch." Schwester Maria gab zu bedenken: „Es ist dunkel und trüb. Du kannst nicht einmal geradeaus laufen. Wie willst du das schaffen?" Mutter Hsu meinte darauf: „Das macht nichts. Ich werde sie auf meinem Rücken tragen." Ich befürchtete, die Gruppenleiterin wäre damit nicht einverstanden, daher ging ich schnell zur Tür hinaus; als ich hinaustrat, wurde ich von starkem Wind, kräftigem Regen, Blitz und Donner begrüßt. Ich konnte in diesem schlammigen Wasser nicht einmal aufrecht stehen. Plötzlich hörte ich Mutter Hsu sagen: „Komm, schnell her! Komm, ich trage dich!" Ich konnte sie in ihrer Gutherzigkeit nicht abweisen, und dieses Symphoniekonzert aus Wind und Regen wollte ich auf keinen Fall verpassen. Als wir am Gemüsegarten ankamen, war er bereits überflutet. Die Leute schöpften das Wasser ab und transportierten es mithilfe hölzerner Karren, die zwei große Räder hatten.

Um diese großen Räder zu bewegen waren an jedem Wagen zwei Leute erforderlich. Oh mein Gott! Die meisten von uns waren in der Stadt geboren. Wir waren nicht imstande Lauch von Weizen zu unterscheiden, mit Ausnahme von Mama Hsu, die von einem Bauernhof kam. Nun mussten wir für diese Arbeit barfuß sein, unsere Hosen rollten wir bis zu den Knien hoch. Mama Hsu musste uns vormachen, wie man das Wasser abtransportiert. Unsere Abteilung war in vier Gruppen aufgeteilt und jede Gruppe wechselte sich ab beim Karrenschieben. Ich war zu nichts nütze und konnte nur abseits stehen und zuschauen. Es war ein seltsamer Abend. Da stieg plötzlich das unwiderstehliche Verlangen in mir auf, zu singen, denn zu singen war uns so lange verboten. An diesem Abend bot uns Gott eine besondere Akustik – in freier Natur. So rief ich: „Guten Abend alle beisammen, lassen Sie mich heute Abend ihr Unterhalter sein. Was für eine ausgezeichnete Gelegenheit zu singen! Lasst uns laut unsere eifrige Liebe zu Gott, zur Kirche und zum Papst besingen!" Mary Zhou, das jüngste Mädchen, stimmte zuerst das „Salve Regina" an. Dann sangen wir einen Hymnus nach dem anderen, erst „Ich bin ein Christ..." und dann das „Ave-Maria". Unsere Stimmen hallten in den Wolken wider und vereinigten sich mit dem Getöse des Regens und des Donners zu einer wunderbaren Symphonie.

Als wir müde wurden, machte ich den Vorschlag, dass jeder etwas über sich erzählen sollte. Schwester Chang begann: „Ich bin eine Schwester der Kongregation der Helferinnen der Armen Seelen im Fegfeuer, und mein Anliegen ist es, Seelen aus dem Fegfeuer zu erretten. Was wir heute Abend getan haben und was ich in meinem restlichen Leben noch tun werde, opfere ich dem Herrn für die armen Seelen auf." Mary Hsu fuhr fort: „Wir beten für alle Opfer in China; sie wurden ihrer Gerechtigkeit und Tugendhaftigkeit wegen verfolgt. Gott gibt uns die Gnade, hier miteinander zu leiden. Meine Schwestern, es gibt viele, die noch schlimmere Verfolgung leiden als wir; lasst uns für sie beten."

Theresa Kung fügte hinzu: „Wir wurden wegen unserer Loyalität zur Kirche und zum Papst verurteilt. Ich hoffe, dass irgend jemand von uns eines Tages eine Audienz beim Papst bekommt und ihm dann erzählt, wie sehr die Jugend der fünfziger Jahre ihn geliebt hat."

Mary Chang meinte: „Vergesst nicht unsere Patronin, Unsere Liebe Frau von She-Shan. Ohne ihren Schutz werden wir nicht den Mut haben, den Weg nach Kalvaria zu gehen."

Frau Dr. Wang sagte: „Betet bitte für Rose. Ihre Strafe ist die längste von uns und ihr Kreuz ist das schwerste, da sie eine schwache Gesundheit hat. Sie stammt aus einer heidnischen Familie. Ich hoffe, dass sie den Glauben bewahren und ihr Kreuz bis zum letzten Augenblick tragen wird."

Nachdem ich das gehört hatte, konnte ich meine Tränen nicht zurückhalten; sie flossen in Strömen. Frau Dr. Wang behandelte mich die folgenden zwölf Jahre wie ihre eigene Tochter. Vor kurzer Zeit habe ich sie in Shanghai getroffen. Sie umarmte mich und sagte: „Rose, nach all den Jahren bist du immer noch die gleiche wie damals, als du aus dem Lager Weißer See zu uns gekommen bist; du hast die westliche Mentalität nicht angenommen. Ich bin überzeugt, dass du Unsere Liebe Frau von She-Shan noch liebst wie eh und je." Ich war glücklich, denn normalerweise lobte sie andere nicht so schnell. Ich entgegnete ihr also: „Jene stürmische Nacht, aber auch wie Sie die anderen darum baten, für mich zu beten, werde ich nie vergessen." Ich gab mir alle Mühe, Ihre Bitte genau zu befolgen!

Es hörte auf zu regnen, und das Hochwasser ging allmählich zurück. Wir kehrten alle neun bis auf die Haut durchnässt zu unserer Hütte zurück und wurden mit Ingwertee und Reiscroûtons, die in einer Suppe gekocht waren, empfangen. Dieses Essen, das man in der Küche für uns zubereitet hatte, war eigentlich ein Mahl für geehrte Gäste. Wir alle hatten das Gefühl, als sei die Gnade Gottes wie ein Platzregen auf uns herabgeströmt. Wir konnten jetzt, das spürten wir genau, mutig der Zukunft entgegen sehen; Gott half uns, und er würde uns nie im Stich lassen!

Kapitel 27

Jede Träne ist eine Opfergabe

Heute schreiben wir das Jahr 1999; Weihnachten kommt näher und im materialistischsten Land der Erde, den Vereinigten Staaten von Amerika hängen an den meisten Häusern bunte Lichter. Überall kann man verschiedene Arten von Christbäumen und Verzierungen sehen. Die Leute sind Tag und Nacht mit Einkaufen beschäftigt. Um Andersgläubige nicht zu beleidigen kann man auf den Weihnachtskarten nur Worte wie „Frohes Fest" oder „Frohe Jahreszeitengrüße" lesen. Die Teufel arbeiten hart. Sie vertreiben unseren Erlöser aus der Welt, und das besonders an seinem Geburtstag. Wie traurig!

In dieser friedlichen, ruhigen Nacht bat ich meinen Schutzengel, mit mir durch Zeit und Raum zu wandern und mich noch einmal zurück ans Ende der Welt, in die frühen Sechzigerjahre zu begleiten – in das Arbeitslager Weißer See. Wie war das dort, damals zu Weihnachten?

Es war 1961, jenes Jahr, in welchem alles völlig auf den Kopf gestellt wurde: die Teufel arbeiteten wie wild. In ganz China durfte man Weihnachten nicht feiern. Falls irgend jemand ein Weihnachtslied sang, irgendeine Dekoration anbrachte oder zu jemandem nur „frohe Weihnacht!" sagte, wurde er von der Regierung unweigerlich bestraft, denn ihrer Meinung nach verstieß er damit gegen das Gesetz. Im Arbeitslager war die Situation noch angespannter; die wenigsten von uns wagten auch nur, vom Jesuskind in der Krippe zu träumen. Falls doch, wäre dies für andere eine Gelegenheit, es dem Aufseher zu melden. Dann wäre man wahrscheinlich kritisiert worden, wenn nicht gar einige Jahre der Gefangenschaft hinzugekommen wären.

Es gab mindestens zwölf katholische Frauen in unserer Gruppe. Um uns gegenseitig daran zu erinnern, dass Weihnachten bevorstand, flüsterten wir uns zu, dass wir mehr Buße tun müssten, dass wir mehr beten müssten, um in unseren Herzen eine Krippe zu errichten. Ich überlegte, welche Buße ich tun könnte. Ich hatte nicht die geringste Idee. Gott aber hatte schon etwas ganz Besonderes für mich ausgesucht: Es war am Mittag des 23. Dezember 1961, als mich der Aufseher ins Büro rufen ließ. In seiner Hand hielt er einen schon geöffneten Brief (alle Briefe wurden geprüft, bevor wir sie bekamen). Mit ernster Miene sagte er zu mir: „Hier hast du einen Brief von deiner Familie! Wenn du ihn gelesen hast, musst du folgendes tun: Erstens ist es dir nicht erlaubt zu weinen oder irgendwelche Gefühle zu zeigen, zweitens musst du pünktlich an die Arbeit gehen und du darfst unter keinen Umständen deine Arbeit unterbrechen." Ich erwiderte: „Ich verspreche, pünktlich zur Arbeit zu gehen. Doch da ich nicht weiß, was meiner Familie geschehen ist, weiß ich nicht, ob ich weinen werde oder nicht." Nach meiner Antwort eilte ich zur Hütte. Die anderen waren alle schon beim Mittagessen. Teresa sagte zu mir: „Ich habe dein Essen in meiner Baumwolljacke eingehüllt, damit es warm bleibt, du solltest es jetzt schnell essen." Nun bekam ich von meiner Familie selten Post. Der Aufseher hatte etwas über meine Familie angedeutet. Jemand in meiner Familie könnte sehr krank geworden oder gestorben sein. Meine menschliche Natur drängte mich, es gleich zu lesen, doch kämpfte ich mit aller Kraft dagegen an und vergegenwärtigte mir, dass es Advent sei und dass ich Buße tun müsste. Gott verlangt von uns, auf das zu verzichten, was wir am wenigsten aufopfern möchten. Das war also jetzt der richtige Augenblick für mich, Gott mein Opfer darzubringen.

Das Mittagessen war armselig. Es dauerte nur wenige Minuten, bis ich damit fertig war. Um ehrlich zu sein, konnte ich es kaum erwarten, den Brief, den mir meine Nichte geschrieben hatte, zu lesen. Ich erkannte ihre elegante Handschrift, mit der sie geschrieben hatte: „Liebe Tante, schon lange habe ich nichts von dir gehört. Nun habe ich schlechte Nachrichten für dich. Zuerst wollte ich es dir gar nicht mitteilen, doch dachte ich mir, dass ich die Wahrheit nicht lange verbergen könnte, und ich es dir besser doch erzählen sollte. Großmutter verstarb am 22. Dezember 1958 in Hong Kong. Es wird dich jedoch freuen, zu erfahren, dass sie einen Monat vor ihrem Tode von einem ungarischen Priester, Pater Ladany, getauft wurde. Dieser Priester erteilte ihr auch die Sterbesakramente. Es freut mich, dir wenigstens sagen zu können, dass Großmama friedlich verschied. Mein Onkel erzählte mir, dass unsere Großmama wusste, dass Ihr beide verhaftet und zu fünfzehn Jahren verurteilt wurdet. Mehrere Monate lag sie im Bett und nahm nur ganz wenig Nahrung zu sich. Der Arzt diagnostizierte Leberkrebs und drei Monate darauf verstarb sie. Liebe Tante, sei nicht zu traurig über ihren Tod. Traurigkeit und Kummer helfen überhaupt nicht weiter. Pass gut auf dich auf!"

Als ich diesen Brief gelesen hatte, rollten dicke Tränen über meine Wangen. Wie konnte ich jenen Tag, den 8. September 1955, vergessen, an welchem meine Schwester und ich wegen unseres katholischen Glaubens festgenommen wurden? Es war der Weg, den wir selbst gewählt hatten, unserem Herrn nachzufolgen. Unsere Mama war damals noch nicht getauft. Woher aber sollte eine nicht-katholische Mutter all die Hoffnung hernehmen, um das schwere Leid, dass ihre zwei Töchter verhaftet worden sind, zu ertragen? Ihr Herz musste in tausend Stücke zerbrochen sein und ihre Augen mussten jeden Tag voller Angst Ausschau gehalten haben, ob wir nicht doch nach Hause kämen. Ich dachte mir oft, dass man seine Seele in der Zeit der Verfolgung nur retten kann, wenn man sein Kreuz tapfer nach Kalvaria trägt. Es muss für unsere Eltern unerträglich gewesen sein, zu sehen, wie die eigenen Kinder leiden, ohne etwas für sie tun zu können.

Unsere Mama hatte uns nun verlassen. Es war mir nicht möglich, sie zu pflegen, als sie krank war. Das tat mir leid, doch will Gott von uns, dass wir ihn mehr lieben als alles andere. Manchmal ist der Verlust ein Gewinn. Ich wollte eine gute Tochter sein, doch vor die Wahl gestellt zwischen Gott und meinen Eltern entschied ich mich für Gott. Ich hatte vollstes Vertrauen in unseren Schöpfer. Da seine Großzügigkeit immer größer war als meine, würde er meine Mutter früher oder später bestimmt belohnen. Aber es war mir nicht möglich, meine schwache Natur zu unterdrücken. Ich brach in Tränen aus, als mir klar wurde, dass ich nun eine Waise sei. Der Aufseher, der vor mir stand, schrie mich an: „Zurück zur Arbeit und zwar sofort!" Was für ein Sturm von Gefühlen fegte über mich hinweg, als ich plötzlich begriff, dass ich in diesem Arbeitslager nicht einmal die Freiheit hatte zu weinen. Ich wischte mir die Tränen ab und sagte zum Jesuskind: „Ich opfere dir jede Träne auf. Meine Mama ist jetzt bei dir. Sie hat es nicht mehr nötig, dass ich mir über sie Sorgen mache."

Jetzt, viele Jahre später, erinnere ich mich auch daran, wie ich einst Veronika, meiner Klassenkameradin, begegnete. Wir wurden beide zur gleichen Zeit getauft. Dann wurde ich Präsidentin der Legion Mariens; sie war die Vizepräsidentin. Wir wurden in derselben Nacht festgenommen, doch nur zwei Wochen später war sie zum Verräter geworden. Nach rund dreißig Jahren trafen wir uns wieder. Sie erzählte mir, dass sie nach ihrer Verhaf-

tung alles tat, was die kommunistische Regierung von ihr verlangte, nur damit sich ihre betagte Mutter nicht Sorgen um sie
machen musste. Nach wenigen Monaten wurde sie wieder freigelassen und ihre Mutter starb einige Jahre später. Ich fragte sie:
„Wurde deine Mutter vor ihrem Tod noch getauft?" Ihre Antwort
war kurz: „Wie wäre das möglich gewesen?" Ja, sie wusste ganz
genau, dass sie ihren Glauben um ihrer Mutter willen verleugnet hatte. Vielleicht hatte sie die Absicht, ihre Mutter zu lieben,
doch war das Ergebnis das Gegenteil. Schritt für Schritt verlor sie
selbst ihren Glauben, weil sie ihn vor den Kommunisten verleugnet hatte. Obwohl sie bei ihrer Mutter war, als sie im Sterben lag,
dachte sie nicht an die Rettung ihrer Seele. Das war mir wirklich
eine Lehre! Wenn wir Gott über alles lieben, haben wir nichts zu
bereuen. Gott sei gedankt, für alles was er mir geschenkt hat!

Weinstock

Ich kämpfte im Wind,
schleppte mich durch den Regen.
Keine prachtvollen Blüten
oder wohlriechender Duft.

Niemand wollte mich zu seiner Liebsten machen;
nirgends mich zur Zierde hinstellen.
In meiner Nichtigkeit
sollte ich unbeachtet und missverstanden bleiben.

Ich verfolgte nur ein Ziel.
Ganz gleich, ob das Wetter gut oder schlecht ist,
oder was die Welt darüber denkt,
Ich wachse einfach weiter bis ganz nach oben!

Schau die Spuren meiner Vergangenheit;
voller Windungen und Wendungen;
qualvolle Trennungen
haben aus meinem Leben ein Drama gemacht.

Höher und höher, ein Schritt nach dem andern,
immer näher zu Gott!
Bald werde ich die Strahlen der goldenen Sonne genießen,
werde es nie bereuen,
ein wenig Schatten gespendet zu haben.

Am Vortag meines Geburtstages 2007

Kapitel 28

Die Essensverteilung

In den Jahren 1960 bis 1963 sind in China mehr als zehn Millionen Menschen verhungert. Ich war in diesen Jahren im Arbeitslager Weißer See in der Provinz Anhui, einer sehr ärmlichen Gegend, eingesperrt. Die Bevölkerung, die in den Bezirken um unser Lager herum lebte, bekam nichts von der Ernte unserer Landwirtschaft ab. Sie hatten nichts zu essen. Niemand kannte den wahren Grund dieser Hungersnot, vielleicht waren es Naturkatastrophen, die daran schuld waren. Die Menschen ernährten sich von wildem Gras, Baumrinde und Wasserschlangen; und schließlich gingen sie dazu über, sogar die Körper der verstorbenen Menschen, die sie liebten, zu verzehren. Ich hätte das nicht für möglich gehalten, wenn mir nicht jemand diese wahre Geschichte erzählt hätte. Eine Frau berichtete uns, dass ihre ganze Familie nichts zu essen hatte. Nachdem ihr Sohn gestorben war, schnitten sie ihm die Arme und Beine ab, legten sie in einen Topf und kochten sie. Sie sagte zu uns: „Wer kann so etwas tun? Aber was sollten wir denn machen? Hätten wir seinen Körper nicht gegessen, wären wir alle verhungert. Es gab keinen anderen Ausweg. Mein Sohn war tot, ob wir seine Körperteile gegessen hätten oder nicht, hätte daran auch nichts geändert." Als ich das gehört hatte, war ich zutiefst entsetzt, aber wen sollte man hier anklagen? Vielleicht war ich ein wenig zu empfindlich, aber oft sah ich in ihren Augen Spuren von Blut... vielleicht weil sie das Fleisch ihres Sohnes gegessen hatte?

Jeden Morgen mussten wir mehrere Kilometer zurücklegen, um zu unserem Arbeitsplatz auf den Feldern zu gelangen. Wir sahen viele Menschen am Straßenrand liegen. Sie baten uns nicht selten: „Sagt uns doch bitte, wie man ein Gefangener werden kann, wie man in euer Arbeitslager kommt!" Ich wunderte mich, warum es in dieser Welt Menschen gibt, die gefangengenommen werden wollen. Aber ihre Motivation war durchaus verständlich. Weil sie am Verhungern waren, bedeutete ihnen ihre Freiheit nichts mehr; sie dachten nur noch daran, jeden Tag etwas zu Essen zu bekommen. Wir Gefangene standen unter der Verantwortung der Regierung. Wir bekamen nur sehr wenig Nahrung, aber immerhin; sie mussten uns ernähren. Wir bekamen etwas Kohlblätter und zerkleinerte Gurken, und so konnten wir uns jeden Tag eine so genannte „Grütze" machen.

Unsere Speise war armselig. Also war die Essensverteilung für uns sehr wichtig. In jeder unserer Gruppen befanden sich etwa fünfzehn Personen. Das Essen für jede Gruppe wurde in einen hölzernen Kübel geschüttet und wir wechselten uns mit dem Austeilen ab. Damit es einigermaßen gerecht zuging, erfanden wir eine handgemachte Waage. Dazu nahmen wir einen abgebrochenen Ast, eine Schale mit ein paar kleinen Steinen, und brachten darauf eine Skala an. Der Verteiler gab die Speise in die Schale und richtete die Waage aus. Wie viel der Verteiler bekam, musste von allen Mitgliedern der Gruppe überprüft werden und wenn jemand bemerkte, dass sein Anteil größer als der der anderen war, dann konnte, der, der es bemerkte, ihn bekommen. Ich war ziemlich ungeschickt bei dieser Sache, daher bat ich jemanden, das für mich zu machen. Ich bot ihm dafür an, am Ende der Verteilung den Eimer auskratzen zu dürfen, was ungefähr einer halben Schüssel Grütze entsprach, und eine halbe Schüssel mehr, das war viel für uns! Nach einiger Zeit meinte jemand, dass dies ungerecht sei, da derjenige, der mich ersetzte, mehr bekam als die anderen. Aus Gründen der Gerechtigkeit durfte ich also diese Arbeit nicht an jemand bestimmtes abtreten, sondern es mussten alle der Reihe nach drankommen. Das war ziemlich aufwendig, aber wenn man nur wenig zu essen hat, erscheint einem selbst ein bisschen Grütze wertvoller als ein Diamant.

Eines Tages waren wir alle sehr hungrig und erschöpft, denn wir hatten schon mehr als acht Stunden schwerer körperlicher Arbeit hinter uns. Wir gingen zur Hütte, wobei Teresa und ich als letzte eintraten. Drinnen war es finster. Eine Öllampe war angezündet worden, die Essensverteilung war schon beendet; unser Abendessen bestand aus drei verfaulten Kartoffeln. Sie rochen nach Schimmel, doch schienen sie uns begehrenswert. Als ich meine Hand nach der Schale ausstreckte blies plötzlich jemand das Licht aus. Als das Licht wieder anging, sahen wir, dass ein wohlbekannter Störenfried unserer Gruppe seine dreckigen Hände in Teresas und in meiner Schale hatte. „Oh! Wie kann man etwas so Ekelhaftes essen!"

Die Mitinhaftierte, die uns das antat, wusste genau, dass wir nicht schimpfen oder sie dem Aufseher melden würden. So hatten wir nun nicht einmal etwas zu essen, obwohl wir den ganzen Tag lang gearbeitet hatten. Das war sehr ärgerlich für uns, doch war es sinnlos, mit ihr zu streiten. Sie verzehrte Teresas und meine Portion in nur drei Minuten. Dann erst nahm sie ihr eigenes Mahl zu sich. Ihr Gesichtsausdruck verriet, dass sie der Ansicht war, alle drei Portionen verdient zu haben. Bei ihr handelte es sich um einen besonderen Fall von niederer Gesinnung, ein Zeichen des moralischen Verfalls und typisch dafür, was die Kommunisten aus den Leuten machten.

Am Ende ihres Lebens standen Teresa und ich an ihrem Sterbebett. Wir ermahnten sie, alle Sünden, die sie während ihres Lebens begangen hatte, zu bereuen. Wir hatten ihr von ganzem Herzen vergeben. Sie war nur eine Frau vom Land, völlig ungebildet. Was hätten wir ihr schon erklären können? Aus welchem Grund hätte sie sich beherrschen sollen? Möge der barmherzige Gott sich ihrer erbarmen!

Kapitel 29

Die Geschichte mit dem Ei

Im Jahre 1961, als ich im Arbeitslager Weißer See lebte, bekam ich Malaria. Achtzehn Tage lang hatte ich hohes Fieber, über 42 Grad. Im Lager gab es keinen Arzt und die Behörden stellten keine Medikamente zur Verfügung. Glücklicherweise gab mir eine Mitgefangene Arzneimittel, die ihre Familie ihr geschickt hatte. So wurde ich wunderbarerweise wieder gesund.

Die Lagerverordnung schrieb vor, dass Patienten noch an demselben Tag, an dem sie fieberfrei waren, wieder an die Arbeit gehen mussten. Also ging ich am folgenden Morgen mit Teresa hinaus, um Baumwollblüten zu pflücken. Ich zitterte am ganzen Leib, während ich einen Korb trug. Auf dem Weg gingen wir an einem Hühnerstall vorbei. Plötzlich sahen wir in einer Ecke ein Ei liegen. Teresa flüsterte mir zu: „Schau wie sehr Gott dich liebt. Du hast dich gerade erst von deiner Krankheit erholt und nun gibt Gott dir ein Ei, um dich zu stärken." Dann nahm sie es vorsichtig und legte es in ihre Schürze. Als wir am Abend in die Hütte zurückkehrten, sagte Teresa zu mir: „Es ist besser, dass du in die Küche gehst und die Frau dort bittest, das Ei für dich zu kochen. Du musst jedoch auf der Hut sein. Wenn der Lageraufseher es herausfindet, wird er dich bestrafen."

Eigentlich wollte ich das Ei gar nicht, denn ich war nicht daran gewöhnt, heimlich etwas zu essen. Ich erklärte Teresa: „Es ist einfach, das Ei zu essen, ohne dass jemand etwas davon merkt, doch was soll ich mit der Schale anfangen?" „Nun gut, dann gib das Ei eben der Nonne, die noch schwächer ist wie du. Sie ist schlauer und sie wird wissen, was man mit der Schale machen kann." Aber die Nonne wollte keinesfalls das Ei selber essen: „Gib es Schwester Lee. Sie hat mehr Nahrung nötig."

Auf diese Weise ging das Ei von einer zur anderen, zu etwa fünf oder sechs Personen, doch niemand wollte es alleine essen. Da rückte der Geburtstag Unserer Lieben Frau näher. Der 8. September war auch der Jahrestag unserer Verhaftung. Jemand schlug vor, das Ei aufzuschlagen und es in einem Topf Wasser zu kochen. Schließlich bekamen alle fünfzehn Katholiken an diesem besonderen Festtag einen Löffel Eiersuppe. Ein Löffel voll Eiersuppe, das war natürlich so viel wie nichts. Aber man sah daran, wie sehr wir einander liebten und füreinander sorgten.

Diesen Löffel Eiersuppe werde ich nie vergessen. Auch an die ewige Freundschaft, die inmitten unserer Leiden entstand, werde ich mich immer erinnern.

Kapitel 30

Pater Matthew

Gottes Vorsehung ist voller Geheimnisse. Von meiner Geburt bis heute habe ich so viele Priester getroffen, dass ich sie gar nicht zählen kann. Allein wie viele Märtyrer mit mir zusammen im Arbeitslager waren! Sie gehören zu meinen größten Vorbildern, denn sie zeigten mir, wie man Gott lieben und sich selber aufopfern soll. Pater Matthew war einer von ihnen.

Das Jahr 1949 war in der Geschichte der Kirche Chinas ein sehr wichtiges Jahr. Seit die Kommunistische Partei die Macht in China übernommen hatte, gab es keinerlei Religionsfreiheit mehr. Für uns hieß das, in dieser schweren Zeit der Prüfung den Glauben zu bewahren. Man musste sich entscheiden: entweder den schmalen Weg nach Kalvaria gehen oder einfach dem Teufel folgen und seine Seele verlieren. Einige Geistliche aus Übersee wussten nur zu gut, wie schlimm die Situation in China war, und doch entschlossen sie sich, nach China zurückzukehren. Sie bestiegen den Altar und gaben sich freiwillig als Opfergabe hin.

Unter ihnen war Pater Matthew Chen. Er war ein sehr intelligenter und talentierter Priester, der in Rom studiert hatte und trotz seiner Jugend schon anerkannt war wegen seiner Gelehrsamkeit. Nach seiner Rückkehr aus Italien wurde er Lehrer an der Aurora-Mädchenhochschule. Demütig und zugänglich wie er war, sprach jeder Student gerne mit ihm. Auch ich unterhielt mich gerne mit ihm über alles, was mir gerade einfiel. Eines Tages sagte ich zu ihm: „Sie sprechen sechs Fremdsprachen und man hört immer noch ihren ursprünglichen Akzent heraus, wenn sie den Shanghai-Dialekt sprechen. Wie können sie in Shanghai Missionsarbeit verrichten?" Er erwiderte mir ohne lang zu überlegen: „Sie haben Recht, sie haben Recht. Möchten Sie mir helfen?" Niemals stellte er seine hohen akademischen Studienabschlüsse oder seine vornehme Stellung zur Schau. Ich denke, dass diese Tugend nicht aufgesetzt war, denn auch im Alltag bewies er oft seine Großzügigkeit. An seinem Verhalten konnten wir sehen, wie heilig Pater Chen war.

Einmal lieh sich ein Gläubiger eine teure Kamera von Pater Chen aus. Nach ungefähr einem Jahr hatte er die Kamera immer noch nicht zurückgegeben und einige von uns fingen an, sich darüber zu beschweren. Als Pater Chen davon erfuhr, sagte er nur: „Herr X hat die Kamera nicht zurückgebracht; er hat wohl ein Problem damit. Bitte beschuldigt ihn nicht. Anstatt die Fehler einer Person anzuklagen müssen wir immer ihre Mängel überdecken und das Gute an ihnen, ihre Vorzüge hervorheben."

Pater Chen wusste ganz genau, dass die katholische Jugend unter der Verfolgung der chinesischen Kommunisten schwere Prüfungen vor sich hatte. Wir hatten sie so nötig, diese heiligen Priester, die uns führten. Sie verlangten von uns vor allem freiwillige Buße und dass wir mehr beteten. Pater Chen nutzte jede Gelegenheit, um mit uns in Kontakt zu bleiben. Ach wie gerne erinnere ich mich daran, wie er uns oft allerlei Gebäck anbot. Dann hat er uns von den dreihundert Jahren der Christenverfolgung in Rom erzählt, wo so viele Gläubige ihr Blut für ihren Glauben vergossen haben, wie sie enthauptet, gekreuzigt und hingerichtet wurden. Er sagte uns ausdrücklich, dass die Verfolgungen im zwanzigsten Jahrhundert ganz anders seien: „Heutzutage könnte es eine lange Prüfungszeit sein, die man vielleicht zehn, zwanzig Jahre oder sogar länger aushalten muss." Pater Chen sagte immer wieder: „Seid Unserer Lieben Frau ergeben, ganz gleich unter welchen Umständen. Betet jeden Tag den Rosenkranz." Seine Worte habe ich mein ganzen Leben lang tief in meinem Herzen getragen, und dadurch habe ich mir den Glauben bewahrt.

Wie ich schon erwähnt habe, besuchte mich viele Jahre später Pater Aedan McGrath, ebenfalls ein berühmter Priester der Legion Mariens, in den Vereinigten Staaten. Er erzählte mir, dass sich, als er 1951 verhaftet wurde, noch drei weitere Priester in demselben Gefängnis befanden, nämlich Pater Beda Chang (der erste Märtyrer aus Shanghai), Pater Joseph Shen und Pater Matthew Chen. Sie waren alle in demselben Gebäude gefangen, ohne dass sie sich sehen konnten. Die Zellentüren ließen es nicht zu, auch nur einen einzigen Blick nach draußen zu werfen und so konnten sie nicht wissen, wer in der Zelle neben ihnen war. Doch in dieser Welt ist nichts von Dauer. Weil sich in den Zellen keine Toiletten befanden, wurde jede Zelle mit einem hölzernen Behälter für die Notdurft ausgestattet und diese Kübel mussten jeden Tag zur Entleerung hinausgebracht werden. Auf diese Weise nutzten die Gefangenen das Leeren der Behälter dazu, Informationen miteinander auszutauschen. Eines Tages bemerkte Pater McGrath auf einem Kübel einige in englischer Sprache eingeschnitzte Zeilen: „Ich bin Pater Matthew Chen. Über (Erzbischof) Riberi habe ich nichts gesagt. Bitte vertraut ihnen nicht." Pater McGrath war durch den Mut und die Schlauheit Pater Chens sehr beeindruckt.

In den Sechzigerjahren habe ich erfahren, dass Pater Chen in demselben Arbeitslager wie ich war und dort schwere körperliche Arbeit verrichten musste. Er war ausgemergelt und schwer krank und so war es keine Überraschung, dass er auf dem Weg zum Lagerkrankenhaus an Unterernährung gestorben ist. Er war wirklich ein heiligmäßiger Priester, der sich nicht um Ruhm und Ehre oder weltliche Vergnügungen gekümmert hat. Sein einziger Wille war es, sich voll und ganz für seine Kirche aufzuopfern. Wie eine immergrüne Kiefer wird sein Bild nie verblassen und er lebt in den Herzen derer weiter, die ihn gekannt haben!

Kapitel 31

Er starb mit einem Lächeln auf dem Gesicht

Pater Yen war Jesuit. Die meisten Leute sahen in ihm einen zweiten hl. Aloysius von Gonzaga, so edelmütig und gütig wie er war. Er hatte große Kenntnisse in der französischen und chinesischen Literatur und hatte in beiden Sprachen zahlreiche wunderbare Gedichte geschrieben und Aufsätze verfasst. Leute, die ihn kannten, nannten ihn „den berühmten Dichter und Schriftsteller." Schon von Kindheit an hatte Pater Yen ein schlechtes Sehvermögen und Probleme mit dem Herzen. Doch wer sollte sich im Arbeitslager um ihn kümmern?

Unter uns befanden sich Diebe und Räuber. Die meisten Sträflinge nutzten den beinahe blinden Priester aus. Sie waren sich sicher, dass er es nicht merken würde, wenn sie seine Kleidung stehlen und anziehen würden. Der Pater war ein „ausländischer Mönch" (so die Bezeichnung der Kommunisten für unsere Priester), der niemals das schlechte Verhalten anderer denunzieren würde. Infolgedessen stahlen die anderen Insassen all seine Kleidung, Unterwäsche, Jacken, Schuhe und sogar seine Zahnbürste, so dass er nichts mehr zum Anziehen hatte. An einem Wintermorgen zum Beispiel bemerkte der Priester nach dem Aufstehen, dass sein Kopfkissen viel dünner war. Um zu vermeiden dass wir bestohlen wurden, stopften wir gewöhnlich unsere Kleidungsstücke in den Kissenbezug. Der Pater hatte es genauso gemacht, doch trotzdem stahl ihm jemand sein Gewand. Was sollte er jetzt machen, in dieser misslichen Situation? Wie sollte sich der Pater ohne seine Kleider warmhalten? Selbst wenn er alles anzog, was er noch hatte, zitterte er vor Kälte. Also erlaubte ihm der Gefängniswärter, seiner Familie zu schreiben und sie um Winterkleidung zu bitten. Aber es dauerte länger als einen Monat, bis das Paket ankam. Hier, in diesen Arbeitslagern, war es einem nicht erlaubt, einem anderen etwas zu leihen. Denn die Kommunisten fürchteten, dass die Gefangenen eine Art Kameradschaftsgefühl entwickeln könnten, wenn sie sich gegenseitig helfen.

Einige Zeit später brachte der Aufseher den Pater in eine separate Hütte, die etwas weiter von dem Raum entfernt war, wo das Essen verteilt wurde. An sonnigen Tagen brauchte er ungefähr zehn Minuten für diesen Weg, aber an regnerischen Tagen musste er mit seinen ausgelatschten Schuhen auf dem schlammigen Pfad gehen, denn seine Regenstiefel waren ihm ebenfalls gestohlen worden. Irgendwie hat er es dennoch geschafft, auf dem schlammigen Boden durch das dreckige Wasser zu laufen.

An einem stürmischen Tag lief unser heiliger Priester mit einem kaputten Regenschirm in der einen und einer Schale Reis in der anderen Hand durch den Regen; seine dicke Brille war so stark beschlagen, dass er kaum etwas sehen konnte. Der kaputte Regenschirm wurde alsbald von einer kräftigen Windböe umgekrempelt und dann weggeweht. Ohne etwas dagegen machen zu können, musste er zusehen, wie seine Reisschale zu Boden fiel, denn er steckte mit beiden Füßen im Schlamm fest und konnte sich weder vorwärts noch rückwärts bewegen. Also ließ er seine ausgelatschten Schuhe im Schlamm zurück und wankte barfuß zur Hütte. Er war bis auf die Haut durchnässt und sein Essen war so schmutzig, dass es ungenießbar war. Er hatte schrecklichen Hunger und fror entsetzlich, doch schien es, als ob nichts diesen so heiligmäßigen Priester aus der Ruhe bringen könnte.

Pater Yen erzählte mir diese Geschichte später selber einmal – mit einem Lächeln auf dem Gesicht: „An regnerischen Tagen war ich so schlau, mir nur eine Mahlzeit pro Tag zu holen. Denkt immer daran, dass unser Herr uns lehrt, dass man zum Leben nicht nur Brot allein benötigt. In meiner Hütte habe ich Hostien und Wein und weil ich dort ganz allein bin, kann ich jeden Tag die hl. Messe lesen. Unser Herr in der Eucharistie ist meine Nahrung. Er ist es, der mir das Leben gibt. Er ist die beste Speise für Leib und Seele."

Im Jahr 1984 sah ich Pater Yen zum letzten Mal. Mit ernster Miene sagte er zu mir: „Ich hoffe, du hast bis zu deinem Lebensende eine innige Verbindung zur Muttergottes; sei immer eine gute Tochter Unserer Lieben Frau. Dann wird sie an deinem Totenbett bestimmt bei dir sein. Mit einer solchen Fürsprecherin wirst du sicher mit einem Lächeln sterben."

Was dieser Priester von mir verlangte, hatte er zuvor selbst getan. Wie einige Gläubige erfahren haben, verstarb Pater Yen in einem kleinen Bezirk in der Nähe von Shanghai mit einem Lächeln auf dem Gesicht. Ein Gläubiger überließ ihm seinen eigenen Sarg und so wurde der Leichnam des Priesters nicht verbrannt, sondern konnte auf einem kleinen Hügel begraben werden. Wenige Tage nach Pater Yens Tod suchte die Kommunistische Regierung in jenem Bezirk nach seinen Überresten, da sie wussten, dass er nicht verbrannt worden war, obwohl in China das Gesetz vorschrieb, dass jeder Leichnam nach dem Tod verbrannt werden muss. Doch niemand war bereit, den Ort des Grabes zu verraten, und so konnten die Kommunisten Pater Yens Leichnam nicht finden. Er war gewiss während seines ganzen Lebens ein heiliger Priester gewesen. Pater Yen, bitte für uns, dass wir den Mut haben, deinem Beispiel zu folgen!

Kapitel 32

Pater Joseph Fu: Ein guter Hirte

Auch im Jahre 1962 wurden zahllose Häftlinge ins Arbeitslager Weißer See geschickt; die Lebensbedingungen waren nach wie vor entsetzlich. Man musste dort ein Krankenhaus errichten, doch dazu brauchte man Ärzte und Krankenschwestern. Die Frage war nur, wo man diese herbekommen sollte. Die einzige Möglichkeit, die es gab, war die, sie unter den Gefangenen zu rekrutieren. Ein Aufseher kam also zu unserer Gruppe und wählte zehn Frauen von uns aus, die meisten waren Katholiken. Der Aufseher schien besonders an mir interessiert zu sein; ich vermute, weil ich an einer medizinischen Universität studiert hatte. Teresa, Mary, May und ich arbeiteten von nun an zusammen im Krankenhaus.

Im Herbst des Jahres 1962 traf ein Priester aus Shanghai ein. Sein Name war Pater Joseph Fu, ein Salesianer, der ungefähr vierzig Jahre alt war. Er war extrem mager und litt offensichtlich an Unterernährung. Dennoch war er ruhig und friedlich. Er war auf einem Boot ins Lager gebracht worden und hatte in einem Haus gelebt, das weit entfernt vom Krankenhaus lag. Die Leute, die Pater Fu hergebracht hatten, sagten, dass es zwei Tage und zwei Nächte gedauert hätte, um zum Krankenhaus zu kommen, und dass er ein katholischer Priester sei, der gute Pflege nötig hätte, weil er schon im Sterben lag. Sobald Pater Fu zu uns auf die Station kam, flüsterten wir einander zu, dass wir unser Bestes geben müssten, um ihn zu heilen. Er wurde sogleich in die Notaufnahme gebracht, zusammen mit seinen paar Habseligkeiten. Die abgetragenen Soutanen und zwei zerbrochene Becher, die sich in seinem kleinen Paket befanden, verstärkten bei uns den Eindruck, dass hier ein sehr mutiger Mann vor uns war. Er war ganz und gar in Lumpen gekleidet, sein Haar war wirr und er konnte kaum atmen. Er konnte sich nur mit angezogenen Knien hinlegen und man konnte sehen, wie sehr er litt. Aber er stöhnte nie und bat die Krankenschwester nur sehr selten, etwas für ihn zu tun.

In diesen Zeiten starben viele an Unterernährung, in meiner Abteilung waren es jede Nacht mindestens zwölf. Die kommunistischen Führer fürchteten, dass, wenn zu viele Leute starben, die noch lebenden aufrührerisch werden und schließlich rebellieren würden. Schon aus Eigeninteresse unternahmen sie einiges, damit die Sterberate nicht zu hoch wurde. Eine Maßnahme bestand darin, dass die Krankenschwestern den sterbenden Patienten nachts eine Schale Zuckerwasser zur Stärkung reichten. Aber es gab viel zu wenig Zuckerwasser und viel zu viele Patienten, die es nötig hatten. Wir katholischen Pflegerinnen dachten zuerst an Pater Fu. Wir hofften, dass er durch dieses Zuckerwasser wieder mehr Kraft bekommen würde. Doch jedes Mal, wenn ich zu ihm kam und fragte: „Herr Pater, könnten Sie mir bitte ihre Schale geben", zögerte er einen Augenblick und erkundigte sich, ob ich wirklich genug Zucker hätte. „Falls nicht, dann kann ich warten." Ich erklärte ihm, dass seine Gesundheit wichtiger sei als alles andere. Dann erst reichte er mir mit zitternder Hand seine zerbrochene Tasse, und sagte: „Danke, danke!"

Im Krankenhaus befand sich noch ein weiterer katholischer Patient Namens Lu. Er lag direkt gegenüber von Pater Fu und erzählte mir, dass er zwar ein Katholik sei, jedoch seit vielen Jahren nicht mehr zur Kirche gegangen ist. Jetzt, wo er dem Tod entgegensehen musste, empfand er eine große Reue und lebte in der Hoffnung, dass ein Priester ihm die letzten Sakramente spenden würde. Bevor Pater Fu ins Krankenhaus kam, dachte ich oft, dass das nur ein schöner Traum sei, denn wie sollte man im Arbeitslager einen Priester für ihn finden? Aber für Gott ist nichts unmöglich. Zwei Tage nach Ankunft von Pater Lu im Krankenhaus öffnete mir der Heilige Geist die Augen. Es war meine Pflicht, etwas für Herrn Lu zu unternehmen und so eilte ich zu Pater Fu, um ihm zu erzählen, dass im Zimmer gegenüber ein Gläubiger im Sterben liege und einen Priester nötig hätte, um ihm die Absolution zu erteilen. Pater Fus Antwort war kurz und bestimmt: „Als Priester ist es meine Pflicht, den Gläubigen die letzten Sakramente zu spenden. Sag ihm, er solle sogleich einen Akt der Reue erwecken und danach werde ich ihm sofort die Absolution erteilen." Das bewegte mich tief, und so beeilte ich mich, es Herrn Lu so schnell wie möglich zu sagen. Als Herr Lu von dem Priester hörte, rollten Tränen über seine Wangen und er machte ein Kreuzzeichen mit einem Lächeln, das tief aus seinem Herzen kam. Nur wenige Stunden später ist er gestorben.

Nichts ist tröstlicher, als einen so gnadenvollen Tod miterleben zu dürfen. Ein paar Tage später verstarb auch Pater Fu.

Pater Fu war ein berühmter Linguist, der viele Bücher übersetzt hatte. Das kommunistische Regime hatte ihm verlockende Angebote gemacht, für die Regierung zu arbeiten. Doch er lehnte das ab. Da er nicht bereit war, seinen katholischen Glauben zu verleugnen, wurde er verhaftet und zu sieben Jahren Gefängnis verurteilt. Aufgrund der strengen körperlichen Arbeit und des schlechten Essens verstarb er im Arbeitslager Weißer See.

Kapitel 33

Ein Treffen dank der göttlichen Vorsehung

Das nun Folgende mag wie Fiktion oder wie ein Fantasy-Film klingen, allerdings habe ich nicht genug Fantasie, um mir so etwas auszudenken. Vor unserem Herrn erkläre ich hoch und heilig, dass das, was jetzt folgt, wahr ist.

Wie schon in einem vorhergehenden Kapitel erwähnt, wurde ich im Jahre 1958 das zweite Mal verhaftet und aufgrund der Anklage, ein Mitglied der Legion Mariens zu sein, zu fünfzehn Jahren Gefangenschaft verurteilt. Nach drei Jahren hat man mich ausgewählt, als Krankenschwester im Krankenhaus des Arbeitslagers in Anhui zu arbeiten. Die Patienten in diesem Lazarett kamen aus allen Arbeitsgruppen des Lagers. In dieser schrecklichen Zeit hungerten und verhungerten die Menschen im ganzen Land, aber im Arbeitslager war es ohne Zweifel am Schlimmsten. Die kommunistische Propaganda nannte es nur die „drei Jahre lange Naturkatastrophe."

Die Gefangenen im Arbeitslager litten Hunger und waren unterernährt. Sie waren alle bleich im Gesicht und dünn wie Bohnenstangen. Viele waren von der harten Arbeit ausgezehrt, bekamen Tuberkulose und husteten eine Menge Blut. Im Arbeitslager gab es nur wenig Medikamente oder Nahrungsmittel für sie. Wenn sie in unser Krankenhaus gebracht wurden, befanden sich die meisten Patienten schon im Endstadium. Ihr Immunsystem war völlig geschwächt – mit einem Wort, sie kamen, um auf ihren Tod zu warten. Ständig mussten sie husten und die Tuberkel-Bakterien sind sehr ansteckend, jeder Tropfen Schleim oder Auswurf enthält unzählige dieser Bakterien. Meine Hauptaufgabe bestand darin, mich auf der Intensivstation um die Sterbenden zu kümmern.

Es ist eine Tatsache, dass jemand, der schwach und hilflos ist, für religiöse Dinge offener ist. Es war also für mich eine gute Gelegenheit, um mit den sterbenden Patienten über den Glauben zu sprechen. Viele von ihnen stöhnten: „Ich liege schon im Sterben; mein Ende ist nahe. Auf was soll ich noch hoffen?" Ich machte ihnen Mut: „Wir erwarten nicht unser Ende. Im Himmel erwartet uns das ewige Leben!" Im Krankenhaus gab es ungefähr zehn katholische Krankenschwestern und es machte uns nichts aus, auch schmutzige und ekelerregende Arbeiten zu erledigen. Man hörte kein Murren, selbst wenn sich jemand tief bücken musste, um die Patienten zu waschen oder zu massieren. Wir taten es gerne für diese elenden Ausgestoßenen und unser Lohn bestand darin, dass die armen Leidenden stets dankbar waren. Sie nannten uns „die Engel des Himmels."

Eines dieser Ereignisse, deren Zeuge ich werden durfte, geschah vor mehr als vierzig Jahren, und doch kann ich mich noch gut daran erinnern: Ein Mann in den mittleren Jahren wurde zu uns in die Krankenabteilung gebracht. Er war dürr und verwahrlost, sein Name war Ying Wang und er kam aus Shanghai. Sein Haar war ungepflegt und zerzaust, seine Haut übersät mit Wunden und Schuppen und er hustete oft viel Blut. Eines Tages wurde er zum Notfall, er spuckte plötzlich eine Unmenge Blut und bespritzte mein weißes Kleid von oben bis unten. Nach einer Weile beruhigte er sich wieder, begann bitterlich zu schluchzen und beklagte sich: „Warum in aller Welt wurde ich zu sieben Jahren an diesem Ort verurteilt? Doch nur weil ich der Cousin von Herrn Chen Lifu bin." Herr Chen, geboren im Jahre 1900, war ein berühmter Staatsmann der ehemaligen Nanking-Regierung, ein Mitglied des Kabinetts und Bildungsminister. 1949, als die Kommunisten die Macht in China übernahmen, floh er nach Taiwan und wurde fortan von den Kommunisten ein „Kriegsverbrecher" genannt. „Meine Verurteilung", fuhr er fort, „erfolgte ohne jegliche Rechtsgrundlage. Wissen Sie, ich habe meinen Cousin während meines ganzen Lebens noch nie gesehen! Doch das spielt für sie keine Rolle, denn sie wollen mich einfach verschwinden lassen. Wissen Sie, in China ist jede Beziehung mit Herrn Chen Lifu ein unverzeihliches Verbrechen und alle Verwandten von Herrn Chen Lifu sind dazu verurteilt, vernichtet zu werden. Der einzige Trost, den ich hier auf meinem Sterbebett noch habe, ist der, dass sich in diesem Krankenhaus so liebe Engel wie Sie um mich kümmern. Sie sind so gütig, so schlicht und so liebenswürdig. Wie konnte man sie nur in dieses Arbeitslager schicken?"

Ich schwieg eine Weile und dann antwortete ich ihm, indem ich einige Zeilen eines bekannten chinesischen Gedichtes zitierte. Es lautet übersetzt: „Wir sind unglückliche Reisende und haben das gleiche Schicksal, in dieser Welt zu wandern." Er vervollständigte sogleich das Gedicht und zitierte die nächste Zeile: „Müssen wir noch erwähnen, dass wir meinen, uns schon vorher gekannt zu haben, wenn wir uns treffen?"

Ich lehrte ihn die wichtigsten Dinge des Katechismus und er nahm alles bereitwillig auf. Glücklicherweise, denn er hatte nur noch wenige Tage zu leben und wurde auf der Schwelle des Todes getauft. Um ihm zu helfen, diese Welt friedlich zu verlassen, fragte ich ihn, ob es irgend etwas gäbe, was ich für ihn tun könnte. Er streckte seine dürre Hand aus, hielt meine Hand fest und sagte, „Ich habe eine Tochter, die Ihnen sehr ähnlich sieht. Ich werde sie vor meinem Tod nicht mehr sehen können. Darf ich Sie bitten, Ihre Maske abzunehmen, wenn ich sterbe, damit ich Ihr schönes Gesicht sehen kann?"

Ich stimmte zu.

Seine zweite Bitte war: „Könnten Sie nach meinem Tod einen Brief an meine Familie schreiben? Teilen Sie bitte meiner Frau und meiner Tochter mit, dass ich in Frieden gestorben bin."

Und noch etwas fügte er hinzu: „Falls Sie eines Tages die Möglichkeit haben, mit Herrn Chen Lifu zu sprechen, sagen Sie ihm bitte, dass sein Cousin auf seinem Sterbebett im Arbeitslager sich nicht beklagte, trotz der Ungerechtigkeit und des Elends. Wir haben unser Schicksal nicht in der Hand und doch ist es für mich ein Segen, in Frieden sterben zu können." Ich versprach es ihm.

Als er seinen letzten Atemzug tat, betete ich, während ich vor ihm stand. Ich nahm meine Atemmaske ab, ungeachtet der Gefahr einer Tuberkulose-Infektion, so wie es eine Tochter am Sterbebett ihres Vaters tun würde und sah, wie er seine Augen im Frieden schloss. Welch glücklicher Tod! Dann wusch ich seinen Körper, wechselte ihm die Kleider und wickelte ihn in eine Strohmatte. Wir brachten ihn auf den Hügel und begruben ihn. Noch am selben Abend schrieb ich seiner Frau und seiner Tochter einen Brief über die Geschichte seines Todes, so wie er es gewünscht hatte.

Seine dritte Bitte, die Verständigung mit Herrn Chen Lifu, konnte ich erst viele Jahre später erfüllen. Im Jahre 1989 wanderte ich von China in die USA aus und hatte schließlich Zeit, Nachforschungen über Herrn Lifu anzustellen. Ich erfuhr, dass er noch am Leben war und in Taiwan wohnte. Im Jahre 1992 schrieb ich ihm und erzählte ihm die Geschichte des verstorbenen Herrn Yung Wang. Herr Chen Lifu war im Ruhestand, schwach und sein Gesundheitszustand wurde immer schlechter. Ich danke Gott, dass er schließlich meinen Brief erhalten hat und ihn auch beantwortet hat. Hier ist die Übersetzung:

Liebe Frau Rose,

Ihr Brief vom 28. November 1992 folgte mir um die ganze Welt und erreichte mich schließlich in den Vereinigten Staaten. Es ist schon lange her, dass ich Briefe geschrieben habe, denn der Verlust meiner 93-jährigen Frau hat mich schwer getroffen. Meine Hände zittern und meine Beine sind wackelig. Vor drei Monaten kam ich in die USA, und so kann ich jetzt endlich in Ruhe ihren Brief beantworten.

Die Familie, in der ich meine Kindheit verbracht habe, war im Kreis Wushin, in der Provinz Zhekiang, wohlbekannt. Wir hatten viele Onkel, Tanten und Cousins, die zusammenlebten, doch ich habe bereits in meiner Jugend mein Zuhause verlassen. Mit zwölf Jahren hat man mich in die Schule nach Shanghai geschickt und so ist es für mich nicht einfach, mich an alle Verwandten meiner Familie zu erinnern. Wir hatten tatsächlich Verwandte mit dem Familiennamen Wang, doch an einen Cousin namens Yung Wang kann ich mich nicht mehr erinnern. Jetzt, wo ich älter werde, lässt mein Gedächtnis nach. Ich bin jetzt 93, aber ich glaube nicht, dass Herr Wang sie belogen hat hinsichtlich der Verwandtschaft mit mir.

Sie sind eine edle, treue Frau, die Aufgaben ausführt, die fremde Personen ihnen anvertraut haben. Ich schätze ihre Treue. Das veranlasst mich, Ihnen offen die Wahrheit zu sagen.

Danke! Frohes Neues Jahr!

Mit freundlichen Grüßen:

Chen Lifu, 18. Januar 1993

Kapitel 34

Eine denkwürdige Begegnung

Wie ich bereits erzählte, wurde ich 1958 zum zweiten Mal verhaftet. Am 30. September dieses Jahres wurde ich zusammen mit ungefähr fünfhundert anderen Gefangenen auf einem Frachtschiff in das Lager Weißer See verbracht. In unserer Gruppe befanden sich etwa fünfzehn Katholiken aus verschiedenen Gemeinden und Klöstern in Shanghai. Ich kannte nicht alle von ihnen, aber gemeinsam ertrugen wir alle Leiden dieser strapaziösen drei- bis viertägigen Fahrt. Das Schlimmste war, dass wir nicht viel Wasser trinken durften, weil es auf dem Schiff außer einem Holzeimer keine Toiletten gab. Stellen Sie sich vor, fünfhundert Menschen mussten sich Tag und Nacht einen großen Holzeimer teilen. Es dauerte mindestens zwanzig Minuten, bis man an der Reihe war. Wir Katholiken ließen oft denen den Vortritt, die es gerade nötiger hatten, und zeigten so unsere Nächstenliebe. Dieses Thema ist nicht angenehm, aber nur wer so etwas selbst schon erlebt hat, kann verstehen, welch hohes Maß an Tugend dafür erforderlich ist. So ein Opfer erfordert Mitgefühl und große Liebe.

Eine Katholikin, Mary, war besonders großherzig, wenn es darum ging, anderen den Vortritt zu lassen. So lernte ich Mary Zhang Yinqiu kennen, in Shanghai waren wir uns noch nicht begegnet. Auf dem Weg ins Arbeitslager war sie ein leuchtendes Vorbild für mich, denn sie war sehr geduldig und ruhig, beklagte sich nie und ermutigte mich, alles Leid anzunehmen und es Gott aufzuopfern.

Im Lager wurde Yinqiu aufgrund ihrer Größe und ihres imposanten Körperbaus immer für die schweren Arbeiten ausgewählt. Sie sprach wenig und arbeitete viel. 1959 war für alle Menschen in China eine schwere Zeit. Wir bekamen kaum etwas zu essen, außer ein paar verfaulten Karotten oder wilden Kräutern. Manchmal mussten wir vierzehn Stunden am Tag und mehr die schlammige Erde transportieren. Ich war die jüngste unter den inhaftierten Katholiken und war nicht allzu geduldig im Leiden. Yinqiu ermutigte mich oft: „In dieser Welt, die nicht von Dauer ist, hat Gott uns zu seinen Zeugen erwählt. Wir müssen Geduld beweisen und Buße tun für unsere Fehler und die der anderen." Sie liebte Gott nicht nur mit Worten, sondern auch mit Taten. Schon Anfang 1961 hatten wir davon erfahren, dass Yinqiu mit dem Darm Probleme hatte. Sie musste fünf oder sechs Mal am Tag aufs Klo. Ihr Gesicht war wie Wachs und ich sagte zu ihr: „Wenn das so weitergeht, hast du bald keine Kraft mehr. Bitte doch Zhaoyi (sie war Katholikin in leitender Position in unserer Gruppe), dir leichtere Arbeiten zu geben." Yinqiu antwortete: „Zhaoyi kümmert sich schon um so viele andere Kranke. Ich möchte sie nicht noch mehr belasten." Sie erledigte weiterhin die schweren Aufgaben und wollte eine echte Opferseele sein.

Anfang 1962 wurde Yinqiu ins Krankenhaus eingeliefert, Diagnose: Darmkrebs. Sie tat uns leid, aber gleichzeitig freuten wir uns, dass sie eine Märtyrerin sein würde, die erste unter uns. Das Martyrium ist eine große Gnade und solange wir hier auf der Erde leben, halten wir uns oft nicht für würdig, es für uns zu begehren. Gott war es, der die Besten unter uns auswählte. Yinqiu sollte unsere Fürsprecherin werden.

Es war wirklich göttliche Vorsehung: Yinqiu wurde auf die sechste Station geschickt, wo ich meinen Dienst tat. Jeden Morgen, wenn ich ihr Zimmer betrat, begrüßte ich sie ruhig. Sie beklagte sich nie über ihre Schmerzen, sie stöhnte nicht einmal. Nie bat sie den Arzt oder die Krankenschwester um irgend etwas. Zwei Monate vor ihrem Tod sagte sie: „Ich hätte so gerne ein Kruzifix. Dann könnte ich Jesus bitten, mir die Kraft zu geben, den Tod anzunehmen." Es stellte sich heraus, dass Meiyu Chang ein Kruzifix besaß. Sie legte es auf Yinqius Bett. Das machte mir ein wenig Sorgen, und so fragte ich sie: „Yinqiu, wir sind hier in einem Arbeitslager; glaubst du nicht, dass dir die Kommunisten deshalb Schwierigkeiten machen?" Sie antwortete ruhig: „Ich werde bald vor unserem Herrn stehen. Es gibt nichts, wovor ich Angst habe." Ich fuhr fort: „Soll ich deine Familie bitten, dich zu besuchen?" Sie sagte: „Gott hat mich auserwählt. Ich wurde für Gott geboren und ich werde für ihn sterben. Bitte beunruhige meine Familie nicht. Sie haben viel Arbeit und meine Inhaftierung hier macht ihnen schon genug Sorgen."

Im Juni konnte Yinqiu kein Wasser mehr zu sich nehmen. In Erwartung ihres Abschieds fertigte Meiyu eine Blume aus weißem Papier für sie an. Sie zeichnete ein großes Kreuzzeichen auf ihr Bettlaken und schrieb: „Mary Chang Yinqiu".

Am 28. Juli gegen Mittag hatte Meiyu Dienst; sie kam zu uns in den Schlafsaal gerannt und rief: „Beeilt euch, Yinqiu geht von uns!" Wir liefen mit den geweihten Kerzen, die uns unsere Familien geschickt hatten, auf ihre Station und sahen sie dort ruhig auf dem Bett liegen. In ihren Händen hielt sie das Kruzifix und küsste es. Sie konnte sich nicht mehr mit uns verständigen. Wir waren fünf oder sechs Katholiken, die um ihr Bett herum standen. Einige beteten den Rosenkranz – sie hatten sich einen solchen aus allerhand Fäden gebastelt – andere zündeten eine Kerze an und beteten für sie. Yinqiu war zusammen mit anderen Katholiken inhaftiert worden, und Gott sei Dank konnte sie sich in einer katholischen Atmosphäre auf ihre letzten Minuten vorbereiten. Wir waren uns gewiss, dass sie sich auf dem Weg in den Himmel befand. Nachdem sie ihren letzten Atemzug getan hatte, legten wir die weiße Papierblume in ihre Hände und deckten sie mit dem Laken zu, auf dem das große Kreuz gezeichnet war. Die Mitarbeiter des Krankenhauses beerdigten sie auf dem Maja-Hügel.

Als wir die Station verließen, begannen die Leute zu tuscheln. „Seht doch! Was ist denn hier los? Diese Konterrevolutionäre scheuen sich nicht, hier im Arbeitslager einen Gottesdienst für eine sterbende Frau zu organisieren!" Am Abend gab es dann in unserem Krankenhaus eine große Kritiksitzung. Die Mithäftlinge zeigten alle mit dem Finger auf uns. Sie brachten als Anklage vor, dass Yinqiu ein Kruzifix in der Hand hielt und es im Moment ihres Todes küsste. Und, was noch schlimmer war, jemand hatte in der Abteilung eine Kerze angezündet! Als der Wärter fragte, wer sie angezündet hatte, antworteten alle fünf oder sechs von uns gleichzeitig: „Ich war es". „Wer hat die Papierblume gemacht?" Die gleiche Antwort. Alle Katholiken, wie wir da waren schrien: „Ich!" Als sie uns schließlich fragten, was wir dazu zu sagen hätten, sagten wir alle: „Wenn ihr jemanden bestrafen wollt, dann bestraft nur mich. Die anderen haben nichts damit zu tun." So dauerte diese Zusammenkunft diesmal nicht länger als eine Stunde.

Einige Tage später sprach der Wächter unter vier Augen mit uns. Noch heute kann ich mich genau an seine Worte erinnern: „Warum habt ihr keine Angst vor Strafe? Du bist bereits zu fünfzehn Jahren verurteilt worden. Wenn wir deine Strafe verlängern, kannst du dein ganzes Leben im Gefängnis verbringen." Ich antwortete mit einem Lächeln: „Ich bin so schwach, wer weiß, ob ich überhaupt noch fünfzehn Jahre zu leben habe! Also macht es keinen großen Unterschied, ob Sie meine Haftstrafe verlängern oder nicht." Er war von meinen Worten und von meiner Haltung gerührt und sagte schließlich: „Ich habe noch nie Konterrevolutionäre wie euch gesehen. Ihr versucht alle, die Verantwortung für die Schuld auf euch zu nehmen. Ich glaube, dass ihr alle zusammen sehr gute Menschen seid und ihr könnt kein Verbrechen begangen haben, wie das, dessen man euch beschuldigt." Wir sahen darin ein Zeichen, dass Yinqiu im Himmel für uns betete. Und so folgten wir Tag für Tag ihrem Vorbild und versuchten ihre Tugend nachzuahmen. Sie war für uns ein gutes Beispiel für den Ausruf des heiligen Paulus: „Für mich ist Christus das Leben. Und das Sterben ist mir Gewinn" (Phil 1,21).

Die Verantwortlichen des Krankenhauses gaben uns keine Verwarnung und bestraften uns auch nicht. In ihrem Bericht nannten sie diese Ereignis schlicht und einfach den „Yinqiu-Vorfall". Doch als die Zentrale Justizbehörde über unseren „Akt des Widerstands" informiert wurde, beschlossen sie, so etwas nicht durchgehen zu lassen. Schließlich meldete sich eine andere Gläubige, Teresa Kung, freiwillig als Sündenbock. Zu ihrer Strafe wurden zwei weitere Jahre hinzugefügt. Als sie nämlich erfahren hatte, dass Yinqiu schwer krank war, hatte sie ihr einen Brief geschrieben und jemanden gebeten, sie in ihre Pflegeabteilung zu verlegen. Jemand steckte diesen Brief dem Wärter zu als Beweis für eine konterrevolutionäre Handlung. Teresa Kung wurde zum Opferlamm.

Als Teresa sich einige Jahre später an diese Geschichte erinnerte, sagte sie unter Tränen: „Jeder weitere Tag bedeutete für Yinqiu ein neues Kreuz, das sie zu tragen hatte. Sie befand sich schon im Endstadium ihrer Krebserkrankung und im Sanatorium des Lagers fehlte es an den grundlegendsten Dingen. Yinqiu hatte ein Loch so groß wie eine Schüssel in ihrem Gesäß, so weit hatten sich die Krebszellen schon ausgebreitet und jeden Tag musste der Verband gewechselt werden. Man kann sich nicht vorstellen, wie viel sie litt, sie war ja so dünn! Sie hat sich nie beklagt, sondern nur friedlich gebetet."

Als Yinqius Familienmitglieder diese Geschichte hörten, konnten sie nicht anders, als zu weinen. Yinqius Familie hatte sie vor ihrem Tod noch besuchen wollen, aber Yinqiu hat all ihre Bitten abgelehnt. In einem Brief an ihre Familie schrieb sie: „Ich vermisse euch alle so sehr und möchte euch wiedersehen. Aber ich will mich Gott ganz und ohne Vorbehalt als Opfer anbieten. Wenn ich weltlichen Trost bekomme, wird mein Opfer für Gott geschmälert. Lasst mich nach meinem Tod im Lager Weißer See ruhen." Trotzdem kam ihre Schwester zu Besuch, aber es war zu spät. Yinqiu starb am 28. Juli um 13 Uhr. Ihre Schwester erreichte das Lager um 19 Uhr desselben Tages. Yinqiu war bereits auf dem Maja-Hügel begraben, zusammen mit einigen anderen Märtyrern, wie Pater Matthew Chen und Pater Joseph Fu. Gepriesen sei die Barmherzigkeit Gottes in alle Ewigkeit!

Kapitel 35

In den Fußstapfen des heiligen Franz Xaver

Als junges Mädchen ging ich in der Christkönigskirche zur hl. Messe. Von meiner Schule, der Aurora-Mädchenschule, waren es nur zwei Minuten zu Fuß. Dies waren die zwei wichtigsten Orte, an denen Gott den Samen des katholischen Glaubens in meine Seele pflanzte. Die Christkönigskirche wurde von Jesuiten aus Kalifornien geleitet und am Anfang war Pater Philip unser Prior;

ihm ist es zu verdanken, dass immer mehr chinesische Gläubige kamen. Später wurde er von Pater Xavier Chu abgelöst. Dieser stammte aus einer frommen katholischen Familie mit acht Söhnen, von denen vier zu Priestern geweiht wurden, alle vier für die Gesellschaft Jesu. Pater Xavier Chu war der älteste und der erste von ihnen, der ins Priesterseminar in Shanghai eintrat. Er wurde von seinen Vorgesetzten zum Studium der Geografie nach Paris geschickt. Nach Abschluss des Studiums mit einem Doktortitel kehrte er in seine Heimatstadt Shanghai zurück und diente nach seiner Priesterweihe in der Christkönigskirche. Das war einige Jahre, bevor die Kommunisten die Macht übernahmen.

Pater Xavier Chu erzählte uns oft die Geschichte des heiligen Franz Xaver, der in Asien eine großartige Missionsarbeit geleistet hatte. Der innigste Wunsch dieses Heiligen war es, möglichst viele Japaner, Inder und Chinesen zu bekehren, doch er starb nach vielen Jahren Missionsarbeit auf dem Weg nach China auf einem Schiff. Pater Xavier Chu fühlte sich diesem Heiligen sehr verbunden und hat ihn sich als Schutzpatron erwählt. Er wollte dessen Traum unbedingt verwirklichen: „Dieser berühmte Heilige hat in den elf Jahren seines Apostolats in Asien eine Million Seelen getauft. Doch in meinem Heimatland China haben viele, viele Seelen noch nicht einmal den Namen Gottes gehört! Die Dämonen geben sich große Mühe und wir müssen diese Seelen durch Buße und Gebet ihren Händen entreißen." Pater Chu wurde 1953 verhaftet und zu zwanzig Jahren Gefängnis verurteilt, doch bereits nach fünf Jahren wurde er in das Arbeitslager Weißer See gebracht, wo die meisten Gefangenen in der Landwirtschaft arbeiteten. So wie die Füße des Heiligen Franz Xaver über den heißen Sand Südindiens und den eisigen Schnee Japans wanderten, so stapften nun die Füße unseres Paters Chu im Sommer durch schmutziges, warmes Wasser, während er schweren Schlamm schleppte, einen Korb nach dem anderen, und im Winter hungerte er. Obwohl der heilige Franz Xaver und Pater Chu zu verschiedenen Zeiten und an anderen Orten geboren wurden und ihre Missionsarbeit auf unterschiedliche Weise verrichteten, hatten sie doch beide das gleiche Ziel: unserem Herrn zu dienen. Wir müssen alle einen Preis zahlen, um Seelen zu retten und Heiden zu bekehren und nichts kann ohne das Nachahmen der Leiden unseres Herrn erreicht werden.

Die Menschen, die viele Jahre mit Pater Chu im Lager waren, staunten über seine unglaubliche Geduld. Er hatte wirklich große Geduld, wurde nie wütend und es kursierten einige denkwürdige Geschichten über ihn. Wie zum Beispiel die folgende: Im Lager wurden wir jeden Winter einer besonderen Gehirnwäsche unterzogen, da an kalten Tagen kaum landwirtschaftliche Arbeiten zu verrichten waren. Die Anführer organisierten deshalb Sitzungen für alle Gefangenen, drei Stunden am Morgen und zwei Stunden am Abend. Während dieser Sitzungen musste jeder sich selbst befragen, seine „Schuld" bekennen und sein Bedauern darüber ausdrücken, was er getan hatte. Für die Priester und uns Gläubige, die wir nichts Böses getan hatten, kam es nicht in Frage, zu erfinden, dass wir unser Land verraten und zerstören wollten. Doch die Kommunisten wollten unbedingt, dass wir unserem Glauben abschwören. Während der gesamten gut organisierten geistigen Folter waren wir nervlich enorm unter Druck, denn manchmal folgte eine Sitzung nach der anderen. Da Pater Chu das Hauptziel war, konzentrierten sie ihre Angriffe auf seine Person. Aber er schwieg und schloss die Augen, als ob er nicht in dieser Welt leben würde. Egal, wie hysterisch die Kommunisten schrien, Pater Chu ignorierte sie einfach und schlief ein. Eines Tages begann er sogar, während einer Sitzung laut zu schnarchen. Daraufhin schüttelten die Anführer den Kopf und sagten: „Der ist stur wie ein Maultier und auf der ganzen Welt gibt es keine Medizin, die ihn heilen könnte!"

Es gibt noch eine weitere lustige Geschichte, die sich im Herbst in den sechziger Jahren ereignet hat. Pater Chu sollte eine leichte Aufgabe übernehmen, die man als „kleine Ernte" bezeichnete. Es ging um die Baumwoll- und Erdnussernte. Da die Anführer befürchteten, dass die Gefangenen ihre Arbeit nicht sorgfältig ausführten, ließen sie andere nacharbeiten. Wenn einer von den nachfolgenden Arbeitern noch viel Baumwolle und Erdnüsse ernten konnte, bestrafte der Anführer diejenigen, die den ersten Durchgang gemacht hatten. Und wenn sie bei der kleinen Ernte wenig ernteten, machte er ihnen Vorwürfe, dass sie Zeit verschwendet hätten. Eines Tages wurde auch Pater Chu mit der „kleinen Ernte" beauftragt. Er war klug, nahm sich einen Hocker, um sich hinzusetzen, und bewegte sich langsam von einem Busch zum anderen. Vier Stunden später waren die Körbe von allen halb voll, aber in Pater Chus Korb war keine einzige Erdnuss. Der Grund dafür war, dass unser Priester in seiner Arbeitsgruppe als „Mr. O.K." bekannt war. Jedes Mal, wenn man ihn um einen Gefallen bat, antwortete er: „O.K.". Während der „kleinen Ernte" wusste jeder, dass die Arbeit kontrolliert wird. Aber Erdnüsse sind nährstoffreich und daher sehr attraktiv für die Gefangenen, die gar nicht anders konnten, als sich die Erdnüsse in den Mund zu stecken. Daher dachten sie sich einen Ausweg aus der Situation aus. Viele von ihnen gingen nacheinander zu Pater Chu, bedienten sich an den Erdnüssen in seinem Korb und riefen ihm zu: „Sie sind Herr O.K. Bleiben Sie es auch in diesem Moment!" Pater Chu lächelte sie an und bat sie, die Schalen der Erdnüsse sofort zu vergraben. Am Mittag kam der Anführer und schrie Pater Chu an, als er sah, dass sein Korb leer war. „Du siehst doch, dass alle hart arbeiten! Was hast du während der fünf Stunden gemacht? Du hast keine einzige Erdnuss gesammelt!" Der Pater antwortete in aller Ruhe: „Heute ist mein Glückstag. Sie sollten diejenigen beglückwünschen, die den ersten Durchgang gemacht haben. Sehen Sie, sie haben eine perfekte Arbeit geleistet; ich, der ich nach ihnen komme, habe nichts mehr gefunden."

Pater Francis Chu starb 1984 in der Provinz Anhui. Er war zweimal verhaftet worden und saß wegen seines Glaubens über dreißig Jahre lang im Gefängnis. Er vergoss sein Blut in China und für China. Er hat wirklich die Nachfolge des heiligen Franz Xaver angetreten!

Kapitel 36

Ein Engel im Lager am Weißen See

Im Jahr 1962 waren wir zwölf katholische Krankenschwestern im Lagerkrankenhaus. Doch Mary Zhu war unter uns allen etwas ganz Besonderes. Sie war herzlich, fürsorglich, freundlich und hatte alle Wesenszüge einer liebenswerten Frau. Man betrachtete sie im Krankenhaus wirklich als Engel.

Wenn jemand im Lager krank wurde, hat man ihn ins Krankenhaus geschickt, allerdings immer erst sehr spät. Bis dahin musste er in seiner Arbeitsgruppe bleiben. Wenn er dann endlich zu uns kam, umgab ihn ein unerträglicher Gestank. Einige von den neuankommenden Patienten hatten verlaustes Haar. Wären wir nicht bereit gewesen, Gottes Willen zu tun, hätten wir jede körperliche Arbeit, selbst wenn sie noch so anstrengend gewesen wäre, vorgezogen, anstatt uns um diese Patienten zu kümmern.

Aber Mary hatte eine außerordentliche Geduld mit den Kranken. Sie hatten ja schon ihre Freiheit verloren und es gab auch niemanden, der sie in ihren gesundheitlichen Nöten hätte trösten können. Woher sollten sie die Kraft nehmen, ihr Kreuz zu tragen und sich auf den Tod vorzubereiten? Die meisten von den Patienten hatten einen schlechten Charakter und wollten sich nicht einmal medizinisch behandeln lassen. Mary Zhu sagte immer: „Je mehr die Patienten verzweifeln, desto näher möchte ich ihnen sein, weil ich Christus in ihnen sehen möchte. Ich diene ihnen, weil ich unseren Herrn liebe". Für uns ist es tatsächlich leichter, so etwas zu sagen als zu tun. Doch Mary Zhu redete nicht nur, sondern tat auch alles, was sie sagte.

Als sie damals zum ersten Mal ins Krankenhaus kam, bemerkte sie einen zerlumpten Patienten, der nicht einmal mehr seine Hände ausstrecken konnte. Sofort holte sie eine Schüssel Wasser, um ihn zu waschen und zu baden. Dann schnitt sie ihm seine langen, schmutzigen Fingernägel. So war sie eben. Einige Jahre arbeitete ich mit ihr zusammen auf derselben Station und während dieser Zeit sah ich sie selten im Büro sitzen, um sich auszuruhen.

Sie litt mit den Patienten, die ihre Freiheit verloren hatten, von ihren Familien getrennt war und jetzt auch noch krank geworden waren. Die meisten von ihnen hatten das Vertrauen in das Leben verloren, nachdem sie ein Unglück nach dem anderen erlebt hatten. Von uns wünschten sie sich ein wenig Nächstenliebe und Hoffnung. Wie oft sah ich Mary, wie sie sich über die Patienten beugte und ihre Wunden sorgfältig und behutsam reinigte und versorgte. Oder ihr schweißüberströmtes Gesicht, wenn sie einen Patienten massierte oder ihn chiropraktisch behandelte, eine halbe Stunde, manchmal sogar eine ganze Stunde lang! Solange die Patienten sie brauchten, gönnte sie sich keine Pause.

Einer der Patienten war vom Unterleib abwärts gelähmt und konnte weder seine Blase noch den Darm kontrollieren. Er erzählte uns, dass er in einem Moment der Unachtsamkeit und des Leichtsinns bei der Arbeit aus großer Höhe gefallen und jetzt nicht einmal mehr in der Lage war, sich aufrecht hinzusetzen. Wenn ihm das in seiner Heimat passiert wäre und man ihn zu Hause gepflegt hätte, wäre das für ihn und auch für seine Umgebung sehr anstrengend gewesen, aber in einem Arbeitslager war seine Lage völlig aussichtslos. Er versuchte mehrmals, sich das Leben zu nehmen. Als Mary von ihm hörte, verbrachte sie viel Zeit damit, ihn zu akupunktieren und täglich zu massieren. Diese selbstlose Liebe berührte ihn im Herzen. Eines Tages sagte er zu Mary: „Ich habe einen Engel unter uns gesehen, der vom Himmel herabgestiegen ist. Wer könnte Sie je verdächtigen, ein Verbrechen begangen zu haben? Und wenn jemand etwas Schlechtes über Sie sagt, wer sollte das glauben? Es sind jetzt so viele Engel um mich herum. Ich frage mich: Gibt es irgendwo auf der Welt Menschen, die mehr Mitgefühl für die Armen und Leidenden haben als Sie, die Sie römisch-katholisch sind? Die Krankenschwester Zhu bringt mir Wasser und Medikamente und hilft mir auch bei meinen natürlichen Bedürfnissen, was sehr hart und mühsam ist. Ich habe das große Glück, hier eine Behandlung zu erhalten, die ich selbst zu Hause nicht bekommen hätte. Und so werde ich auf die Mahnung von Schwester Zhu hören und mich nicht selbst umbringen. Schließlich habe ich bereits Engel gesehen, der Himmel kann also nicht weit weg sein. Ich möchte den römisch-katholischen Glauben annehmen, bevor ich diese Welt

verlasse, denn ich bin mir sicher, dass ich in den Himmel aufgenommen werden kann, um dort den Engeln zu begegnen." Auch er
wurde vor seinem Tode getauft.

Mary Zhu wurde 1982 freigelassen und starb einige Jahre später.
Heute schreibe ich über sie, und ich weiß nicht, was ich noch alles
über sie sagen könnte. Sie sprach sehr wenig, aber sie diente anderen mit ehrlicher Hingabe, weil sie unsere gebenedeite Mutter
nachahmen wollte. Ihre Größe lag in ihrer Bescheidenheit und in
einer heroischen Opferhaltung, die auf den ersten Blick aber ganz
natürlich erschien. In den Augen der Welt hat sie nichts Außergewöhnliches geleistet, aber sie hat uns durch ihre Geduld und
ihren Selbstverzicht gezeigt, wie sehr sie von der Liebe zu Gott
und den Menschen erfüllt war. Sie folgte stets dem Willen Gottes
und blieb ihrem katholischen Glauben treu.

Stern des Morgens

Was ist der Morgenstern?
Der Übergang von Tag und Nacht.
Die dunkle Nacht geht;
der helle Tag folgt ihr nach.

Die Sterne verschwinden;
du allein bleibst übrig,
und wartest darauf,
dass die Sonne erscheint!

Du wirst die Erste sein,
die das erhabene Licht der Sonne genießt;
du reihst dich ein in die Kaskade des Lichts,
bist kaum mehr zu sehen,
außer als Mithilfe der Erlösung!

Die Nacht wird für immer verschwinden.
Sag uns, wann er kommt, der Tag des Erzbischofs;[24]
Gemeinsam werden wir dann „Deo Gratias" singen!
Danke dem Morgenstern, der uns führt!

8. August 2007

Kapitel 37

Begleitung in einer regnerischen Nacht

Dr. Huang war die Älteste unter den Gläubigen. Früher war sie leitende Krankenschwester in der Osteopathieabteilung eines berühmten allgemeinen Krankenhauses in Shanghai gewesen. Später hatte sie an der Universität weiterstudiert und war Chirurgin geworden. Sie wurde verhaftet und zu vier Jahren Gefangenschaft verurteilt, da auch sie Mitglied der Legion Mariens war. Aufgrund ihrer hervorragenden medizinischen Fähigkeiten wurde sie von allen hoch geachtet, auch vom Wärter.

Im Krankenhaus gab es zwei Arten von Ärzten: Die einen waren Häftlinge und die anderen Kommunisten. Eines Tages führte ein kommunistischer Arzt bei einem Patienten eine Punktierung der Lendenwirbelsäule durch. Er stach den Kranken mehr als zwanzig Mal mit der Nadel, ohne Erfolg. Schließlich gab er auf und bat darum, die Ärztin Huang zu holen. Als diese ankam, sagte sie demütig: „Gut möglich, dass auch ich es nicht hinkriege." Sie untersuchte die Wirbelsäule, tastete sie ab, um die richtige Stelle für einen Einstich zu finden. Sie setzte die Nadel erst an, als sie sich ganz sicher war. Sofort kamen einige Tropfen der Rückenmarksflüssigkeit. Der Patient war davon so beeindruckt, dass er ausrief: „Doktor Huang, Sie sind ein Wunder!" Auch bei vielen anderen Gelegenheiten zeigte sich ihre Kompetenz. Uns Krankenschwestern hielt sie oft ihren Arm hin, damit wir an ihr üben konnten, wie man eine Injektion intravenös verabreicht. Wir sollten dies an ihren Venen und nicht an den Venen der Patienten üben. Sie belehrte uns immer wieder: „Um ein guter katholischer Arzt zu sein, braucht man zwei Dinge: erstens Nächstenliebe und Geduld und zweitens ein gutes Fachwissen. Beides zu haben ist von entscheidender Bedeutung. Man darf weder die Fähigkeiten vernachlässigen, noch das gute Herz vergessen." Das war unser tägliches Motto auf der Pflegestation.

Dr. Huang war fünfzig Jahre alt. Sie hatte nie geheiratet, denn ihre Begeisterung für ihre Arbeit war größer als für alles andere. Sie liebte auch uns, die jungen Leute. Nachdem sie ihre Strafe abgesessen hatte, nahm sie ihre Arbeit wieder auf, diesmal mit einem besseren Gehalt, und erst später wurde mir klar, wie sparsam sie für sich selbst war. Zwei Drittel ihres Verdienstes gab sie aus, um uns zu unterstützen und sagte oft: „Es gibt ein chinesisches Sprichwort, das lautet: ‚Feuerwerk kauft man nicht für sich, sondern damit andere eine Freude daran haben.' Wenn ich mein Geld nicht für eure Bedürfnisse ausgeben würde, hätte ich mir nur nutzloses Dinge gekauft, um sie irgendwann Menschen zu geben, die sie nicht wirklich brauchen." So kamen wir zu Eiern und zu vitaminreichen Grundnahrungsmitteln. Als wir erfuhren, von wem sie kamen, konnten wir sie angesichts ihrer Güte nicht ablehnen. Zu dieser Zeit konnte meine Familie mich finanziell nicht unterstützen. So hätte ich diese Geschichte ohne die Hilfe von Dr. Huang nicht schreiben können.

Immer wieder wurde ich dazu bestimmt, im Krankenhaus in der Abteilung für Tuberkulosekranke zu arbeiten. Der Fußweg von unserem Schlafsaal zum Krankenhaus dauerte zwar nur fünf Minuten, aber der Weg war von oben bis unten voller Schlamm und Unrat. Tagsüber war es in der Regel kein Problem, zur Arbeit zu laufen. Aber wenn es regnete, vor allem am Abend, konnte man leicht ausrutschen und hinfallen. Ich erinnere mich, dass ich an einem Abend zur Arbeit gehen musste, als es regnete und ein starker Wind wehte. Keine zwei Minuten, nachdem ich hinausgegangen war, lag ich schon auf dem Boden. Ich war voller Schlamm und so nass, dass es von mir nur so heruntertropfte. Ich musste also zurück in den Schlafsaal und mich umziehen. Jemand hatte Mitleid mit mir und entschuldigte mein Missgeschick: „Deine dicken Augengläser waren so voller Regenwasser, dass du die Straße nicht mehr sehen konntest." Andere meinten, ich hätte wohl das Gleichgewicht verloren, während andere spöttische und sarkastische Kommentare abgaben: „Dieses verzogene Mädchen kann nicht einmal richtig laufen. Warum macht sie dann Nachtschicht?" Ich musste hinnehmen, was sie über mich sagten, ob gut oder schlecht. Selbst wenn jemand gewollt hätte, hätte mir niemand in dieser Sache helfen können. In den Lagern war es nämlich strengstens verboten, sich gegenseitig zu helfen.

In diesem Moment nahm Dr. Huang ohne ein Wort zu sagen eine brennende Kerze in die eine und einen Regenschirm in die andere Hand: „Meiyu, ich gehe mit dir dorthin", sagte sie. Was blieb mir also anderes übrig? Wir machten uns auf den Weg. Sie drückte mich den ganzen Weg über an sich. Trotz der heftigen Windböen ging die Kerze in ihrer Hand nicht aus und die Flamme flackerte in der Dunkelheit. Ein alter Regenschirm konnte einem so heftigen Sturm nicht standhalten, aber da wir zwei Menschen waren, die zusammenhielten, erschien uns der Sturm nicht so schlimm. Tränen und Regen bedeckten mein Gesicht, als wir den halben Weg zum Krankenhaus hinter uns hatten. Wo sonst als in diesem Lager konnte man eine so tiefe Freundschaft finden? In meinem Herzen überschlugen sich die Gefühle! Diese Frau hatte sich selbst hingegeben, um mich zu beschützen, trotz aller Widrigkeiten. In so einer regnerischen Nacht begleitet zu werden, bedeutete, dass ich im Leben nicht allein war. Ich werde immer Brüder und Schwestern in Christus haben, die mir in schweren Zeiten helfen werden.

1998 kehrte ich nach Shanghai zurück und besuchte Dr. Huang. Ihr Gesundheitszustand begann sich zu verschlechtern und ihre Geisteskraft wurde schwächer. Das Erste, was sie sagte, als sie mich sah, war: „Sie sind nicht Meiyu. Sie geben sich nur für sie aus." Daraufhin sagte ich zu ihr: „Ma-Ma." Ich hatte sie immer Ma-Ma genannt, als wir gemeinsam im Lager waren. Bei diesem Wort brach sie in Tränen aus: „Du bist meine Meiyu, an die ich Tag und Nacht gedacht habe. Oh, ich habe jeden Tag zu unserer himmlischen Mutter gebetet und gehofft, dich vor meinem Tod noch einmal zu sehen. Betest du immer noch jeden Tag den Rosenkranz? Meiyu, flieg nicht zurück in die USA! Bleib bei mir, nur ein oder zwei Jahre!" Sie hielt mich an den Händen und wollte mich nicht gehenlassen. Was sollte ich ihr antworten? Ich wäre sogar bereit gewesen, die Vereinigten Staaten, in denen ich jetzt lebte, zu verlassen. In der Tat war ich nicht gerne in diesem Land, wo die Leute so materialistisch und so gleichgültig sind, aber ich musste auf meine 96-jährige Schwiegermutter, meine Tochter und meinen Ehemann Rücksicht nehmen. So vieles hielt mich zurück. Ich lud Dr. Huang in die USA ein, damit sie den Rest ihres

Lebens bei mir verbringen konnte, aber das lehnte sie aufrichtig ab, weil sie mir nicht noch mehr zur Last fallen wollte. Ich hatte nie den Mut, sie noch einmal zu besuchen. Wie könnte ich ihr jemals all das zurückgeben, was sie mir gegeben hat? Jedes Mal, wenn ich an sie denke, empfinde ich Schmerz und dieser Schmerz wird nie nachlassen. Alles, was ich tun kann, ist, für sie zu beten. Meine Ma-Ma, möge Gott dich im Himmel und, wenn möglich, schon auf der Erde belohnen!

Kapitel 38

Das Lager in Dangshan

Die ersten Jahre meiner Gefangenschaft verbrachte ich im Lager am Weißen See. Dann haben sie mich ins Lager von Dangshan gebracht. Dieses Lager war ein wahrer Albtraum. Es befand sich nördlich des Gelben Flusses, des zweitgrößten Flusses Chinas. Das Wetter ist dort sehr hart. Die Sommer sind heiß und trocken mit Temperaturen bis zu 43 °C, genau zu der Zeit, wo wir schwere Arbeiten in der Obstplantage verrichten mussten. Wir waren in Hütten untergebracht, in denen es im Sommer keine Ventilatoren und in der kalten Jahreszeit keine Heizung gab. Selbst die Fenster und Türen waren so undicht, dass wir bei starkem Wind genau so gut unter freiem Himmel hätten übernachten können. Wenn zum Regen noch der Sturm hinzukam, waren unsere Betten regelrecht überschwemmt.

Reis und Weizen konnten in Dangshan nicht angebaut werden, jedoch war das Lager berühmt wegen des Anbaus von Obst, vor allem von sehr süßen und saftigen Birnen. Später, als ich das Lager Dangshan verlassen hatte, sah ich diese Birnensorte wieder in den Supermärkten in den USA. Die Leute wissen wahrscheinlich nicht, dass die meisten dieser Birnen aus einem Arbeitslager stammen. Mein Herz zittert jedes Mal, wenn ich an das Lager Dangshan denke. Nicht nur, dass wir dort ein überaus hartes Leben hatten, wir bekamen dort auch keinen Reis und kein Brot.

Unsere Nahrung bestand aus verfaulten Süßkartoffeln und verschimmeltem Gemüse.

In Dangshan behandelten die Wärter die Katholiken noch viel schlimmer als in den anderen Lagern. Sie veranstalteten jedes Jahr gigantische Kritik-Versammlungen, in denen vor allem die Priester, Nonnen und Gläubigen angegriffen wurden. Die übrigen Gefangenen, es waren mehr als dreitausend, wurden von den Aufsehern gezwungen, uns zu schlagen. Nach dem Treffen sperrten sie uns wieder in separate, fensterlose Zellen, wo wir nur halb so viel zu essen bekamen wie die anderen Gefangenen. Ihre Begründung war einfach: In der Zelle konnten wir ja nicht arbeiten! Wenn wir bereit gewesen wären, auf unseren Glauben zu verzichten und ihren Anordnungen zu folgen, hätten sie uns freigelassen, aber wir gaben nicht so leicht auf. Wenn wir es schafften, zwei Wochen lang durchzuhalten, ließ uns der Aufseher aus Angst, wir könnten in der Einzelzelle sterben, frei und wir waren froh, dass wir ihren Drohungen nicht nachgegeben hatten.

Unter diesen zermürbenden Bedingungen verloren manche den Verstand oder begingen Selbstmord. In unserer Arbeitsgruppe waren es drei, die auf diese Weise starben. Selbst nach ihrem Tod durften wir kein Mitgefühl mit ihnen zeigen, denn sonst hätten die Aufseher verbreitet, dass die Gefangenen vor ihrem Tod gegen die Regierung gehandelt hätten, was wiederum zur Folge gehabt hätte, dass ihre Familien schwer bestraft worden wären. Für mich war es ein schreckliches Erlebnis, das ich nie vergessen werde. Bevor ich in das Lager Dangshan kam, hatte ich bereits lange Verhöre, Hunger, Kälte und dramatische Kritiksitzungen durchmachen müssen. Doch schon bald nach meiner Ankunft in Dangshan erlebte ich ein völlig neues Abenteuer, Dinge, die ich mir nie hätte vorstellen können.

Es war eines Tages im August 1970, als ich mittags von der Obstplantage zurückkam und gerade die Frau eines Wachmanns in unsere Klinik kam. Sie litt unter Malaria und bat mich, ihr eine Chinin- Injektion zu geben. Ich verabreichte ihr eine Dosis von zwei Ampullen, wie sie es mir aufgetragen hatte. Keine zehn Minuten später kam der Wachmann zu uns auf die Station gelaufen und schrie: „Hu Meiyu, was hast du mit meiner Frau angestellt? Gleich nach deiner Spritze ist sie umgekippt." Am liebsten wäre ich auf der Stelle im Erdboden versunken. Wieder und wieder brüllte er mich an: „Wo hast du die Ampullen? Hast du ihr ein falsches Medikament gegeben?" Ich fand die Ampullen sofort und gab sie ihm. Mein Herz klopfte wie wild und ich wusste nicht, was ich tun sollte. Eine Panikattacke ergriff mich, so als ob mich jemand in die Hölle stoßen wollte. Verzweifelt versuchte ich meine Gedanken zu ordnen und meinen Verstand zu zwingen, der Realität ins Auge zu sehen. Am dringendsten war es, die Frau des Wärters zu retten. Ich sagte zu ihm: „Das ist ein Notfall! Rufen Sie sofort den Arzt im Krankenhaus an, machen Sie schnell!"

Hastig lief ich zum Haus des Aufsehers. Seine Frau lag auf dem Bett und hatte die Augen geschlossen. Ich rief sie mehrmals bei ihrem Namen, doch sie antwortete nicht. Sie war nicht mehr bei Bewusstsein. Ich maß ihren Blutdruck und beobachtete ihre Pupillen: nichts Ungewöhnliches. Es dauerte zehn Minuten, bis der Arzt kam. Er begann, sich über mich zu erkundigen, was für eine Gefangene ich sei und wie lange meine Strafe dauerte. Meine Antworten gaben ihm offensichtlich noch mehr Anlass, mir zu drohen. Er überprüfte die Ampullen mehrmals: „Warum haben Sie vor der Spritze keinen Test gemacht?", fragte er und musterte mich mit ernstem, strengem Gesicht. Ängstlich versuchte ich, mich mit dem einen oder anderen Argument zu verteidigen, wie zum Beispiel: „Dieses Verfahren ist bei Chinin nicht üblich." Da wurde er nur noch wütender: „Sie sind ohnehin eine Konterrevolutionärin und unser größter Feind. Ich frage mich, ob Sie nicht in Wahrheit versucht haben, Frau Yang zu töten. Sie ist immer noch bewusstlos und wenn sie sich nicht erholt, müssen Sie für das, was Sie getan haben, bezahlen. Sie wissen ganz genau, dass Sie eine harte Strafe erwartet." Ich fühlte mich verloren und wusste nicht, was ich noch tun sollte. Der Arzt gab ihr eine Infusion mit Glukose und stolzierte davon. Ich betrachtete Frau Yangs Gesicht. Sie war rot wie ein Apfel und schnarchte gleichmäßig. War es möglich, dass die ganze Angelegenheit auf die Erntezeit zurückzuführen war? In dieser Zeit arbeitete auch die Familie des Aufsehers fleißig, um mehr Geld zu verdienen. Vielleicht war seine Frau überarbeitet und brauchte einfach mehr Schlaf. Nie wird sie erfahren, dass ich über achtzehn Stunden zitternd an ihrem Bett gesessen habe.

Zu diesem Zeitpunkt war ich schon seit zwölf Jahren im Gefängnis. Fünfzehn minus zwölf ist drei. Ich hatte also nur noch drei Jahre vor mir. Vielleicht war der Albtraum bald vorbei. Durch den unerwarteten Vorfall mit Frau Yang war es nicht sicher, wann meine Strafe enden würde und ich dachte, dass nicht einmal Jakob im Alten Testament so eine Prüfung erlebt hatte. Doch Gott hatte in seiner unendlichen Gerechtigkeit, Barmherzigkeit und Weisheit zugelassen, dass mir dies geschah und so hatte ich keinen Grund, mich zu beschweren. Ich vertraute auf Gott und war darauf vorbereitet, dass man mich hinrichten würde. Meine Eltern waren beide bereits im Himmel und ich selbst hatte im Lager viel gelitten und Buße getan. Also war ich bereit, zu gehen, wenn es Gottes Wille war. Das Einzige, was mich beunruhigte, war, dass ich der Familie Yang solche Sorgen gemacht hatte.

Ich blieb bis spät in die Nacht bei der Frau des Wächters sitzen, bis sie schließlich laut seufzte: „Ich habe solchen Durst. Geben Sie mir etwas zu trinken." Sie sprechen zu hören war eine solche Erleichterung. Und ich könnte mir vorstellen, dass eine arme Seele so empfindet, wenn sie aus dem Fegefeuer entlassen wird. Schnell holte ich ihr etwas Wasser, woraufhin sie flüsterte: „Ich bin wirklich erschöpft. Seit dem frühen Morgen habe ich nichts mehr gegessen." Ich bat ihren Mann, ein paar Nudeln zu kochen. Sie aß sie gierig und fügte dann hinzu, dass sie sich nun viel besser fühle. Da sich der Zustand seiner Frau offensichtlich verbessert hatte, erlaubte mir der Wächter, in die Klinik zurückzukehren, denn er hatte bemerkt, wie müde ich war.

Drei Monate später wurde ich in ein anderes Gefängnis verlegt. Am Tag meiner Abreise kam Frau Yang in die Klinik, um mich zu begrüßen. Sie war sehr herzlich: „Beim letzten Mal habe ich Ihnen viel Ärger bereitet, und trotzdem waren Sie so gut zu mir." Solche Gespräche waren im Arbeitslager sehr selten, denn zwischen Häftlingen und Aufsehern gab es einen unüberwindlichen Abgrund. Keinerlei Liebenswürdigkeit war erlaubt oder erwünscht, und selbstverständlich auch keine Freundschaft. Später schickte Frau Yang ihren kleinen Sohn mit zwei Gurken zu mir: „Mama hat gesagt, wenn du auf der Reise durstig wirst und nichts zu trinken hast, werden diese Gurken helfen." Diese beiden kleinen Gurken zeigten, dass ich dieser Familie doch wichtig war. Ich betete zu Gott, dass meine Liebe eines Tages ihr eisiges Herz zum Schmelzen bringen würde und ihre Seele zu Gott erheben würde.

Kapitel 39

Ein schmerzlicher Besuch

In diesem Kapitel geht es um meine gute Freundin Teresa. Sie und ich waren am selben Abend verhaftet worden. Wir waren beide Mitglieder der Legion Mariens und wurden in das gleiche Arbeitslager geschickt.

Im Jahr 1962 wurde ich in das Lager Dangshan gebracht, wo mein Leben besonders hart und einsam war. Teresa, die sich immer noch im Lager Weißer See befand, aber zu diesem Zeitpunkt bereits eine Nachgefangene war, erhielt als Monatslohn etwa 20 Renminbi. Sie schickte mir jeden Monat fünf Renminbis. Das war eine ziemlich große Summe, denn für acht Renminbi bekam man einen US-Dollar. Wie barmherzig und großzügig sie doch war! Das Geld reichte gerade für das Nötigste. Doch im Lager hatte ich nicht die Freiheit nach draußen zu gehen und die dringend benötigten Lebensmittel zu kaufen. Es reichte also nicht, Geld zu haben. Aber glücklicherweise konnte mir meine Arbeitskollegin, Schwester Lin, bei der Beschaffung von Lebensmitteln helfen. Auch sie war religiös und arbeitete in der gleichen Klinik wie ich, aber sie war eine zum Kommunismus „konvertierte" Kriminelle. Die Kommunisten benutzten sie, um mich zu bespitzeln. Andererseits ermöglichte sie durch ihre gute Beziehung zum Regime manchen Mitgefangenen, dass sie sich aus dem Haus schleichen konnten, um Lebensmittel zu kaufen... Leider hatten Schwester Lins Dienste ihren Preis. Egal, wie viel Essen sie mir zu besorgen half, ich musste ihr die Hälfte davon überlassen. Ich teilte gerne, denn ich hatte schon immer eine Hochachtung für Nonnen.

Später gab es eine neue Regel, um uns von Fluchtversuchen abzuschrecken. „Kein Krimineller darf Geld besitzen. Alles Geld muss den Behörden übergeben werden." Die Behörden führten Buch über jeden Gefangenen und wenn eine von uns „Kriminellen" etwas kaufen wollte, erstellte die Anführerin eine Liste mit den gewünschten Dingen, welche dann die Behörden kauften und den entsprechenden Betrag von dem Guthaben der Gefangenen abzogen. Dieses System war jedoch ein einziger Betrug: Ganz egal, ob man viel Geld hatte oder nur wenig, zum Schluss landete es immer in den Taschen der Behörden.

Als Teresa von dieser neuen Regel hörte, schickte sie mir ein Paket mit Süßigkeiten und Trockenfisch. Sobald ich das Paket erhalten hatte, ging die Hälfte des Inhalts wie gewohnt an Schwester Lin. Sie packte ein Bonbon aus und stürzte plötzlich hinaus. Ehe ich begriff, was passiert war, kam schon ein Wärter auf mich zugerannt: „Wer hat dir das Paket geschickt und was war drin? Ich muss dich das fragen, denn Schwester Lin hat berichtet, dass sie Geld in einem Bonbon gefunden hat." Ich sagte zu ihm, dass ich nichts von diesem Geld wüsste und zu mir selbst sagte ich: „Wenn ich das gewusst hätte, dass Schwester Lin mich verpfeifen würde, hätte ich ihr keine Bonbons gegeben."

Dann erklärte ich dem Wärter: „Ich brauchte Geld, um Reis zu kaufen. Eine meiner Freundinnen muss das geahnt haben und mir Geld geschickt haben. Aber ich verstehe Schwester Lin nicht, denn ich habe ihr nie Unrecht getan: Jedes Mal, wenn ich etwas zu essen gekauft habe, bekam sie die Hälfte davon ab."

Um die Wahrheit zu sagen: Ich habe sechs Jahre lang mit Schwester Lin zusammengearbeitet, und in dieser Zeit hat sie weder Geschenke noch Hilfe von ihrer eigenen Familie erhalten. So gab ich ihr jedes Mal, wenn ich etwas erhielt, die Hälfte davon ab. Der Wachmann wusste das, aber er kannte den Charakter von Schwester Lin und sagte zu mir: „Du solltest vorsichtiger sein! Denn es gibt Leute, die mit dir das Brot teilen, und dir in den Rücken fallen, sobald sie die Gelegenheit dazu haben. Es ist wie bei einer Schere. Beide Seiten sind scharf." Also beschloss ich, dieses Bild in meiner Erinnerung zu behalten.

Meine Verwirrung war groß. Schwester Lin und ich arbeiteten in derselben Klinik und es stimmt, dass mich Freunde mehrmals gewarnt hatten: „Wenn Schwester Lin eine gute Nonne wäre, wie könnten sie dann zulassen, dass ihr beide, zwei Katholiken, zusammenarbeitet? Dies ist absolut gegen die Regeln. Also dient sie den Kommunisten!" Außerdem war es offensichtlich, dass sie mich nicht mochte. Ich war für sie ein lebendiger Vorwurf. Sie hielt mich für stur und glaubte, es sei falsch, sich nicht den kommunistischen Idealen anzuschließen, ihnen vielmehr den Gehorsam völlig zu verweigern. In Wirklichkeit war der Gehorsam, den sie an den Tag legte, der eines Kriminellen, dem man jedes Jahr Ehrungen und Preise als „Musterverbrecher" verleiht, während ich als unheilbarer „Konterrevolutionär" stigmatisiert wurde.

Manche Nachrichten haben Flügel. Irgendwie verbreitete sich die Geschichte über das Geld, das in der Süßigkeit gefunden wurde, und gelangte bis zu Teresas Ohren. Sie beschloss, mich persönlich zu besuchen. Ein paar Jahre zuvor hatte sie mir noch gesagt: „Wenn ich dich eines Tages besuchen werde, dann deshalb, weil du in ernsten Schwierigkeiten steckst." So sollte sich also ihr Versprechen erfüllen.

Teresa lebte im Lager Weißer See, weit entfernt von meinem Lager. Diese Reise schien in jeder Hinsicht eine unmögliche Aufgabe zu sein, da die Behörden den Katholiken strikt untersagt hatten, sich gegenseitig zu besuchen. Sie musste zuerst die Erlaubnis des Kommissars, Herrn Zhong, einholen, und das Wunder war, dass Herr Zhong eine Ausnahme unter den Wärtern war. Er kannte mich gut und sagte: „Hu Meiyu ist ein einfaches Mädchen. Sie wurde nur aus rein politischen Gründen zu fünfzehn Jahren verurteilt. Sie hat hier hart gearbeitet und jetzt möchten Sie sie besuchen. Nun, ich werde Sie dabei unterstützen. Gehen Sie und helfen Sie ihr, ermutigen Sie sie, durchzuhalten." Der nächste Schritt, den Teresa tun musste, war, ihren Chef, Herrn Chang, den verantwortlichen Krankenpfleger, um seine Erlaubnis zu bitten. Da geschah das zweite Wunder, ein Wunder der

Güte. Auch er kannte mich: „Ich bin mit Ihrem Besuch von Hu einverstanden, egal wie lange er dauert."

Teresa erledigte alle Formalitäten der Reise ohne große Schwierigkeiten. Der Weg zu meinem Lager war lang, eine Reise, die nichts für ängstliche Menschen war. Teresa musste zunächst mit dem Bus von ihrem Lager zu einem Bahnhof und dann mit dem Zug in die Stadt Dangshan fahren, eine Reise, die etwa einen Tag dauerte. Schließlich musste sie drei Stunden (sechzehn Kilometer) zu Fuß gehen, um mein Lager zu erreichen. Was für eine Anstrengung, und das alles nur aus Freundschaft!

Es war im Herbst 1965. Als ich in der Warteschlange stand, um meine tägliche Ration, die aus ein paar faulen Süßkartoffeln bestand, zu erhalten, sagte mir jemand, dass ein Besucher im Haus des Wachmanns auf mich wartete, der eine große Tasche für mich mitgebracht hätte. Ich lief sofort hin, ohne zu wissen, dass ich dort Teresa finden würde, die vom Lager Weißer See bis hierher gekommen war! Sie hatte 36 Stunden mit dem Bus, dem Zug und dann drei Stunden zu Fuß hinter sich, beladen mit einem elf Kilo schweren Sack voller Reis, Kekse und Brot! Was für eine treue Freundin! Ich war total überrascht und tief gerührt. Meine Augen schwammen in Tränen. Anfangs war der Wärter recht grob und erlaubte uns nicht, miteinander zu sprechen; er erlaubte mir nicht einmal, das Essen anzunehmen, das Teresa mitgebracht hatte. Ich erklärte ihm so ruhig wie nur möglich, dass sie von weit hergekommen sei und dass sie alle offiziellen Genehmigungen des Kommissars, Herrn Zhong, erhalten habe: „Bitte sehen Sie sich diese Dokumente an. Mr. Zhong, ihr Vorgesetzter, hat den Besuch genehmigt." Ich fuhr fort: „Obwohl ich den Reis brauche, den sie mir gebracht hat, habt ihr die Macht, zu entscheiden ob sie ihn mir geben darf oder nicht. Wie dem auch sei, auch wenn Sie es nicht gestatten, so hat doch das großherzige Handeln meiner Freundin und ihre aufrichtige Zuneigung mein Herz so sehr erwärmt. Es gibt nichts Schöneres und das alleine macht mich schon glücklich."

Der Wärter war sichtlich gerührt von meinen Worten, denn nachdem er ein wenig nachgedacht hatte, sagte er: „Sie können zehn

Minuten miteinander sprechen." Teresa erzählte mir, dass mich die Leute im Arbeitslager am Weißen See sehr vermissen und dass sie mir ihre herzlichen Grüße ausrichten sollte. Sie würden sich nach besten Kräften bemühen, mir alles, was ich brauche, per Post zu schicken. Sie bat mich auch, mit Schwester Lin Nachsicht zu üben. „Sei nett zu ihr. Teile dein Essen immer mit ihr. Immerhin gehörten wir früher zur gleichen Kirche." Die zehn Minuten vergingen viel zu schnell. Der Wärter erlaubte mir, die Kekse und das Brot anzunehmen, aber nicht den Reis, trotz unserer Bitten. Das war eine große Enttäuschung nicht nur für mich, sondern ganz besonders auch für Teresa, denn es bedeutete, dass sie mit der schweren Last auf ihren Schultern wieder zum Lager am Weißen See zurückkehren musste. Doch auch dieses weitere Opfer nahm sie aus Liebe und Freundschaft zu mir auf sich. In einem Brief schrieb sie mir später, dass der Reis auf dem Rückweg viel schwerer gewesen sei als auf dem Hinweg. Sie fügte hinzu, dass es ihr sehr leid tue, dass sie an meinem Leiden nicht Anteil nehmen kann.

Viel später, in den achtziger Jahren, wurden wir beide freigelassen, und ich traf Teresa in unserer Heimatstadt Shanghai wieder. Wir waren so froh, dass wir nun alles hinter uns hatten! Wir hätten nie geglaubt, dass wir diesen Tag noch erleben würden! Ohne die großzügige Hilfe meiner zwei Freundinnen, Teresa und Dr. Huang, dieser noblen Frau, die im Krankenhaus des Lagers am Weißen See mit mir arbeitete, hätte ich das alles nicht überlebt.

In der Not erkennt man seine wahren Freunde. Das Wertvollste, was ich habe, ist nicht Geld, sondern es ist die Liebe meiner Freunde, in der sich die Liebe Christi widerspiegelt.

Kapitel 40

Gerechte und Sünder

Der Herr sagt in der Schrift: „...ich bin nicht gekommen, Gerechte zu berufen, sondern Sünder." (Mt 9,13) Während der Kulturrevolution in China habe ich meine Strafe in verschiedenen Arbeitslagern abgesessen. Dangshan lag an einem sehr abgelegenen Ort, wo es schwierig war, sich an das Klima zu gewöhnen. Die Temperaturen reichten von minus 35 Grad bis plus 50 Grad. Wie viele Menschen in der damaligen Gesellschaft waren die meisten Verantwortlichen im Lager fanatische Feinde der Religion. Die Lagerwachen taten alles, was sie nur konnten, um den Häftlingen irgendeinen Schuldvorwurf zu machen und veranstalteten unzählige Kritikversammlungen, die sich vor allem auf Priester, Ordensfrauen und katholische Gläubige konzentrierten. Mir haben sie den Spitznamen „die Aktivistin" gegeben, weil ich zu 15 Jahren Gefängnis verurteilt worden war und weil ich so stur war. Bei jeder Kritik-Sitzung wurde ich angegriffen. Doch während der Kulturrevolution angegriffen zu werden, ließ sich nicht vermeiden.

Zu dieser Zeit war ein Priester, Pater Jiemin Shen, der ebenfalls aus Shanghai stammte, in unser Lager verlegt worden. Er war sehr einfältig und vertraute allen Menschen um ihn herum. Als die große Bewegung antireligiöser Kritik begann, eilten viele Gefangene zum Büro und behaupteten, er und ich hätten konterrevolutionäre Aktionen durchgeführt. Unser Oberoffizier rief mich zu sich und zeigte ein wenig Sympathie für mich: „Das nächste Treffen ist für Sie und Shen. Angesichts der guten Arbeit, die Sie hier seit vielen Jahren geleistet haben, möchte ich nicht, dass Sie während des Treffens kritisiert werden. Ich kann Ihnen einen Gefallen tun. Sie werden verschont, wenn Sie ein paar Worte gegen Shen finden. Andernfalls werden die Vorwürfe gegen Sie in Zukunft noch massiver werden. Sie wissen, dass die Häftlinge manchmal sehr leidenschaftlich werden können und auch vor Gewalt nicht zurückschrecken. Sie können sich sicher sein, dass

Sie viel zu leiden haben werden." Ohne auch nur einen einzigen Augenblick über seinen Vorschlag nachzudenken, antwortete ich: „Ich bedanke mich für Ihr freundliches Angebot. Ich weiß das zu schätzen, aber ich kann andere nicht anklagen. Lassen Sie mich an Shens Seite stehen und mit ihm zusammen die Kritik der übrigen Häftlinge ertragen." Mit einem bitteren Lächeln erwiderte der Offizier: „Hu Meiyu, du scheinst ein Verlangen nach Leiden zu haben und ziehst die schmalen Wege den bequemen vor."

Bald wurde die nächste große Kritikversammlung angekündigt: Banner wurden aufgehängt und Mikrofone aufgestellt, um uns einzuschüchtern. Ich aber bemühte mich, auf all diese Bedrohungen vorbereitet zu sein. Doch leider wurde die Kollegin, die mit mir in der Klinik arbeitete, zu einem „schalen Salz" oder einer „Lampe ohne Licht". Während der Kritikveranstaltung war sie eine der Hauptaktivisten. Nicht nur, dass sie mich verfluchte – sie trat auch noch vor und schlug mir ins Gesicht. „Du unbußfertiges Stück! Selbst jetzt bleibst du noch stur, nichts kann dich dazu bringen, mit der Kritikbewegung zusammenzuarbeiten." Das erinnerte mich an die Szene, wo Jesus vor Pontius Pilatus stand, und ich fing an zu beten: „O Jesus! Jetzt kannst du dich ausruhen. Lass mich deine Auspeitschung auf mich nehmen. Alleine deine Dornenkrone ist schon so schwer. Gewähre mir die Gnade, dass ich jetzt dieses Leid annehme, und die Krone Deines Leidens eine Weile für Dich trage!" Im selben Moment war meine Seele voller Frieden und Freude. Die Kollegin, die mich geschlagen hatte, war viele Jahre lang eine Nonne gewesen. Sie hatte meine Opfer bitter nötig!

Plötzlich hörte ich eine Stimme rufen: „Keine Gewalt! Staatspräsident Mao sagt: „Nur Diskussionen, aber keine Prügel!" Das kam von einer Katechumene, die mich im Lagerkrankenhaus kennengelernt hatte. Sie hat mich einmal gefragt: „Kennen Sie meine Geschichte? Ich war eine Prostituierte und habe viel gesündigt. Jetzt, da ich die Liebe der Katholiken gesehen habe, möchte ich katholisch werden. Würde Ihre Kirche eine so abscheuliche Sünderin wie mich aufnehmen?"

Daraufhin erzählte ich ihr die Geschichte von Maria Magdalena aus dem Neuen Testament: „Jesus ist für die Sünder gekommen, nicht für die Gerechten. Gott wird Ihnen sicherlich vergeben, wenn Sie bereuen, denn tatsächlich sind wir alle Sünder. Gott schaut nicht auf die Vergangenheit, sondern sucht Menschen, die zur Buße bereit sind, ganz egal, ob sie Diebe, Mörder oder Prostituierte waren. Für Gott zählt nur, was jetzt ist. Jetzt, wo Sie an ihn glauben wollen, können Sie anfangen, nach der Moral der katholischen Kirche zu leben." Diese Frau also hatte den Mut, dem törichten Verhalten dieser abgefallenen Nonne Einhalt zu gebieten. War das nicht ein schönes Beispiel einer Nachahmung der hl. Maria Magdalena?

Pater Jiemin Shen und ich kamen aber während dieser Versammlung nicht zur Ruhe. Die Häftlinge kamen, einer nach dem anderen, jeder noch aufgeregter als der vorherige. Es waren etwa vier- bis fünfhundert Teilnehmer anwesend. Ihre Schreie und ihr Fluchen waren ohrenbetäubend. Zum Glück habe ich nicht auf ihre Worte gehört. Ich habe sie einfach als eine Truppe von Schauspielern angesehen. Das Leben ist doch wie ein Theaterstück. Wenn Gott will, dass ich diese Rolle spiele, dann spiele ich eben mit. „Wir wissen, dass denen, die Gott lieben, alles zum Besten gereicht." (Röm 8,28) Welch ein Segen, Gott alles darbringen zu können!

Nach jeder Kritiksitzung sperrten sie mich in einen dunklen Raum. Die Mahlzeiten der Häftlinge waren an sich schon sehr bescheiden; das Essen war kaum runter zu bekommen. Aber als ich an diesem dunklen Ort eingesperrt war, bekam ich nur noch zweimal am Tag zu essen. Nicht einmal Schweine hätten diesen Fraß gefressen, aber ich blieb ruhig und erinnerte mich daran, dass der Mensch nicht vom Brot allein lebt. Die heilige Therese von Avila hat gesagt: „Gott allein genügt." Er blieb jeden Tag bei mir, in diesem dunklen Raum. Er, der Allmächtige, Er weiß alles und vermag alles. Was brauchte ich noch mehr? Und die Zeit verging schnell.

Eines Tages, als der Wärter meine Tür öffnete, um mir das Essen zu bringen, sah ich diese Büßerin, meine Freundin, wieder.

Als sie sah, dass die Tür des dunklen Zimmers offen war, ließ sie ein Kätzchen zu mir herein, das ein Brötchen im Maul hatte. Ich konnte nur noch weinen und dachte: „Meine Freundin! Sie arbeitete doch jeden Tag so lange. Wie sehr bräuchte sie selbst diese Nahrung! Und doch hat sie mir dieses kostbare Stück Brot aufgehoben. Wie könnte ich ein so wertvolles Geschenk annehmen?" Andererseits bewundere ich ihren Scharfsinn. Sie wusste, dass die strengste Regierung eine kleine Katze nicht bestrafen würde, also hat sie diese geschickt, um das zu tun, was ihr verboten war.

In diesem Zusammenhang muss ich auch über den klugen und freundlichen Charakter dieser kleinen Katze sprechen. Normalerweise musste ich mich bis spät in die Nacht um die Patienten kümmern. Wenn die Katze meine Schritte hörte, kam sie, wo immer sie auch war, zu mir her, als ob sie zu mir gehörte. In diesen kalten Nächten, in denen es keine Heizung gab, als mir das Blut fast gefroren ist, kuschelte sie sich in meine Decken und teilte die Wärme ihres Körpers mit mir. Seltsamerweise war die Katze zur abgefallenen Nonne nie freundlich. Ich hatte Geschichten vom hl. Franz von Assisi und vom hl. Antonius gehört, die sich mit Tieren anfreundeten. Doch ich war weit entfernt von der Heiligkeit dieser meiner Vorbilder, aber vielleicht war das Kätzchen doch ein Zeichen der Aufmerksamkeit Gottes für mich. Später erfuhr ich, dass das Kätzchen, nachdem ich das Lager verlassen hatte, unentwegt auf der Station hin und her lief und kurz darauf starb.

Was die Büßerin betrifft, so wurde sie schließlich getauft und starb als Christin. Gott wird sie mit dem ewigen Leben belohnen. Die abgefallene Nonne kehrte nach Shanghai zurück, nachdem sie das Arbeitslager verlassen hatte. Mir wurde gesagt, dass sie in einem Krankenhaus wegen akuter Bauchschmerzen operiert wurde und am Tag darauf starb. Ich habe ihre Seele der göttlichen Barmherzigkeit anempfohlen. Wenn sie Buße getan hat, wird die göttliche Barmherzigkeit ihr ihre Sünden vergeben haben.

Das Kätzchen ist gestorben, die getaufte Büßerin, die sich um mich gekümmert hat, ist gestorben, und auch die Nonne ist gestorben. Denn „...ich bin nicht gekommen, Gerechte zu berufen, sondern Sünder." Von diesen beiden Frauen, die eine Hure und die andere Nonne – welche von ihnen war gerecht und welche eine Sünderin? Wir alle sind Sünder. Möge unser überaus barmherziger Gott Mitleid mit uns haben!

Kapitel 41

Die Freuden in der Landwirtschaft des Lagers

Die Arbeitslager in China sind alle zusammen schlimme und schreckliche Orte. Die Obstplantage von Dangshan in der Provinz Anhui in Zentral-Ostchina war da keine Ausnahme.

Die ersten Jahre meiner Haft, im Lager am Weißen See, war ich der medizinischen Abteilung zugeteilt, aber weil ich mein „Verbrechen" nicht gestand (weil ich meinen Glauben nicht verleugnete) haben sie es sich anders überlegt und mich aus der medizinischen Abteilung des Lagers am Weißen See entfernt, um mich in Dangshan jener Einheit zuzuteilen, die im Lager Gemüse anbaute. Aber diese Versetzung, schien mir, nachdem ich dort vier Monate gearbeitet hatte, gar nicht mehr so unerträglich. Im Gegenteil, bald fand ich meine Aufgabe nicht mehr unangenehm, sondern sogar einfach. Klingt das ein wenig seltsam? Dann lassen Sie mich das erklären:

Nach all den Anschuldigungen, die sie mir bis 1970 „von Angesicht zu Angesicht" in Dangshan gemacht hatten, hielten mich die kommunistischen Führer schließlich für unheilbar. Sie hatten endlich begriffen, dass ich meinen Glauben nie aufgeben würde.

Sie ertappten mich, als ich mich mit katholischen „kriminellen" Kameraden unterhielt, obwohl die Unterhaltung mit anderen Gefangenen strengstens verboten war. Die Bestrafung bestand darin, dass ich von der medizinischen Abteilung in die bescheidenste Position, die es gab, in die Gemüseproduktion, versetzt wurde. Einige Mitgefangene bedauerten meine Herabstufung. Sicherlich war der Sanitäterposten der beste im Lager, weil die Arbeit dort nicht so lästig und ekelhaft war wie anderswo, weil man dort respektiert wurde und man sich sein Essen in einer sauberen Klinik verdienen konnte, anstatt in einem überfüllten und lauten Loch zu arbeiten.

Außerdem wusste ich, dass die Kommunisten nicht zulassen würden, dass ich in dieser neuen Position einen einfachen Job bekomme, denn ihr Ziel war es, mich geistig und körperlich zu ruinieren. Zum Glück gab mir die Gnade Gottes die Gewissheit, dass ich keine Schuld hatte. So führt die Vorsehung Gottes die Menschen auf ihre Weise auf ihrem geistlichen Weg. Auf meinem neuen Weg konnte ich sozusagen mit Händen greifen, wie groß die Barmherzigkeit Gottes, tatsächlich war, denn meine neue Situation, die eigentlich eine Strafe hätte sein sollen, hatte durchaus ihre Vorteile. Zumindest war sie längst nicht so schlimm, wie es aussah.

Ich hatte jetzt sogar ein leichteres und ruhigeres Leben. Ich musste nicht mehr mitten in der Nacht aufstehen und zu den Patienten eilen und mich ständig um sie kümmern, und mit den lästigen Krankschreibungen musste ich mich nun auch nicht mehr abgeben. Die Häftlinge hatten nämlich auf der Krankenstation einen Antrag auf Krankschreibung auszufüllen, auch wenn es sich nur um einen Tag handelte. Wenn ich nun demjenigen, der darum bat, keine Krankschreibung gewährte, quälte mich mein Gewissen. Und wenn ich diejenigen, die es brauchten, ein paar Tage krank schrieb, wurde der Aufseher zornig und machte einen Aufstand!

Außerdem war das Zusammenleben mit den Kollegen in der Gemüseabteilung leichter. Keiner von ihnen war ein Spion oder ein Spitzel. Sie waren alle freundlich und sympathisch, im Gegensatz zu vielen „kriminellen" Mithäftlingen, die durch die seelischen Qualen, denen sie während der Gehirnwäsche in den Lagern ausgesetzt waren, zu unmenschlichen Egoisten wurden. Für einen kleinen materiellen Gewinn, den sie sich von den Kommunisten erwarten konnten, etwa für die Zuteilung eines nicht allzu unerträglichen Jobs oder von etwas mehr Taschengeld, machten einige Meldung über das Verhalten ihrer Kameraden. Die Kommunisten drängten uns dazu, uns gegenseitig zu verraten und miteinander zu streiten, ganz wie es der alte Grundsatz sagte: „Teile und herrsche!"

Bei der Gemüseproduktion waren die Dinge, einfach gesagt, nicht ganz so schlimm wie in anderen Abteilungen. Wir waren Freunde und wir arbeiteten mit unserem Vorarbeiter, Herrn Ma, zusammen, der ganz vernünftig und gutherzig war. Wir taten unsere Arbeit freiwillig und unser Gemüse entsprach jeden Monat den offiziellen Kriterien, so dass der Wärter nicht mehr so oft kam, um uns in unserer Abteilung zu kontrollieren. Das machte alles noch einfacher.

Während der abendlichen „Studienzeit" wurden die Arbeiter gezwungen, die kommunistische Doktrin zu erlernen. Wir nutzten diese Zeit des Studiums als lange Pause. Wenn wir nicht von den Behörden belästigt wurden, gingen wir zum Wassermelonenplatz, um reife Früchte zu pflücken. Messer waren nicht nötig, reife Melonen konnte man leicht mit einem einfachen Faustschlag öffnen. Was für eine Freude für uns! So konnten wir wenigstens eine kurze Zeit vergessen, dass wir eingesperrt waren; wir konnten zur Abwechslung sogar gekochte Zikaden genießen, die einige Arbeiter tagsüber gefangen hatten. Eine Delikatesse!

Einmal sagte ich zum Spaß zu den anderen: „Ich hätte mir nie und nimmer vorstellen können, was für eine Paradies diese Gemüseabteilung doch ist. Ein chinesisches Sprichwort lautet: „Nach drei Jahren Betteln würde man die Arbeit eines Offiziers nicht mehr annehmen." Ich bin erst seit drei Monaten hier und möchte gewiss nicht zu meiner medizinischen Arbeit zurückkehren. Das war die erste Freude auf der Farm.

Jedes Mal, wenn mir eine neue Aufgabe übertragen wurde, erwies ich mich als recht ungeschickt, weil mir die Arbeit neu war. Ich wusste weder, wie man Gemüse pflanzt, noch wie man mit Insekten umgeht, noch wie man reife Früchte pflückt. Da ich nun doch auch für irgend etwas nützlich sein musste, hat man mir eine einfachere Aufgabe zugeteilt. Ich musste zwei Fässer Dünger tragen, und zwar so, wie es bei den chinesischen Bauern heute noch üblich ist: diese tragen nämlich auf ihren Schultern zwei Fässer, die mit einer Balancierstange verbunden sind. Weil ich nicht gerade kräftig war, wählte ich ein paar kleine Fässer. Die älteren Arbeiter waren ausnehmend freundlich zu mir: Sie sammelten Kleidungsstücke und allerhand Baumwolle, um mir ein Schulterpolster zu nähen, das mein Hemd und die Haut auf meinen Schultern schützen sollte; so war es weniger schlimm. Sie behandelten mich wie ihre kleine Schwester.

Als sie eines Tages bemerkten, dass meine Bettlaken schmutzig waren, wunderten sie sich: „Wie kommt das? Du bist eine Krankenschwester! Weißt du nicht, dass Ärzte Sauberkeit schätzen? Sieh dir doch deine Laken an, wie schmutzig sie sind!" Und obwohl sie selber viel zu tun hatten, übernahmen sie es auch noch, meine Bettdecke und mein Laken zu waschen. Und ehrlich gesagt, es ist schon auch ein wenig beschämend für mich, dass ich, weil ich zu Hause so verwöhnt worden war, bis zu dem Tag, an dem ich verhaftet wurde, nie selbst etwas waschen musste, nicht einmal ein Taschentuch. Im Lager aber musste jeder seine Kleider und Laken selber waschen. Wie man die Bettdecke abzieht, sie wäscht und näht, war für mich ein Geheimnis. Als ich herausfand, dass ich die Einzige in der Abteilung war, die nicht wusste, wie man so etwas macht, fühlte ich mich nutzlos und war traurig. Aber wenn ich daran dachte, wie viele Priester und Gläubige sich in der gleichen Lage befanden wie ich, fand ich keinen Grund mehr, mich zu beklagen. Ich dachte an die Priester, die mir vertraut waren und die sich auch in Arbeitslagern befanden. Sie hatten sich Gott hingegeben, wie Pater Vincent Chu, der aus einer wohlhabenden und würdigen Familie stammte, oder Pater Yien, der schon bald erblindete. Sie hatten die gleichen Probleme wie ich. Sie wussten auch nicht, wie sie so etwas anstellen sollten. Ihre Laken waren wahrscheinlich genauso schmutzig wie meine, aber das spielte für sie keine Rolle, da sie sich auf die Reinheit ihrer Seele konzentrierten. Ich weiß, dass dies keine Entschuldigung für meine Unzulänglichkeiten ist. Ich will nicht damit prahlen, wie schmutzig meine Kleidung war, aber Tatsache ist, dass ich es für vorrangig hielt, meinen Glauben zu bewahren und mich ganz Gott hinzugeben.

Es ging nicht um Komfort. Und dennoch, nachdem meine Decke gewaschen und in der Sonne getrocknet war, roch sie besser. Es war so angenehm, dass mein Schlaf besonders ruhig war – eine gemütliche, fast zauberhafte Nacht. Ich war dankbar für dieses Vergnügen, das man mit viel Geld nicht hätte kaufen können.

Meine Arbeitskollegen waren wirklich sehr nett und wollten sogar noch mehr für mich tun: „Früher, als du auf der Krankenstation warst, half dir eine nette Kollegin, ein paar Stücke Wäsche zu waschen, als sie deine Schwierigkeiten bemerkte. Sie wurde dafür getadelt, dass sie das auf sich genommen hatte, und sie musste damit aufhören." Aber die Gemüseabteilung war für die Wachen eine „vergessene Ecke". Meine Kameraden hatten die Freiheit, mir zu helfen, und sie versäumten es nicht. Sie wuschen meine schweren Winterkleider und lachten, als sie entdeckten, dass die Löcher in meiner Kleidung mit Klebeband „geflickt" waren. Sie brachten auch das wieder in Ordnung.

Ich lächelte ihnen zu: „Danke, dass ihr so viel für mich getan habt. Jetzt sehe ich, dass es nicht ganz umsonst war, dass die Kommunisten mich in diese Gemüseabteilung verlegt haben. Wenn sie es nicht getan hätten, würden die Flöhe in meiner schmutzigen Kleidung zum Vorschein kommen. Um ehrlich zu sein, liebe ich es wirklich, unter euch zu sein, und ich möchte nie mehr in die medizinische Abteilung zurückkehren. Das war die zweite Freude auf der Farm.

So verging die Zeit, in aller Ruhe, vier Monate lang. Zuerst dachten die Wächter, ich könne die anstrengende bäuerliche Arbeit nicht durchhalten. Sie warteten auf mein Geständnis und meinen Antrag auf Wiedereinsetzung in die Krankenstation. Mehr als einmal kamen sie, um zu sehen, wie niedergeschlagen und erschöpft ich war.

Was sie sahen, war eine junge Frau, die mit festem Schritt und barfuß eine Ladung Gülle auf den Schultern trug und manchmal dazu noch sang. Offensichtlich waren sie der Meinung, dass diese Form von Bestrafung wohl nicht effektiv genug war und dass es mir noch zu gut ging. So kam einmal ein Wärter zu mir und sagte: „Morgen musst du die Abortgrube leeren und reinigen." Der

Inhalt der Abortgrube, hauptsächlich menschliche Exkremente, diente als Dünger für die Felder, die Grube selbst war einen Meter tief und umfasste etwa hundert Quadratmeter. Für die Reinigung brauchte man acht Erwachsene, die in der Grube standen und die Gülle herausholten, Schaufel für Schaufel.

Am nächsten Morgen, kurz nach dem Frühstück, kam der gutherzige Vorarbeiter, Herr Ma, zu mir: „Sie wollen dich morgen bei der Arbeit hart rannehmen, damit du dein Gesicht verlierst. Wenn es dir schwerfällt, in der Gülle zu stehen, kannst du dich ja krank schreiben lassen und deine Abwesenheit entschuldigen." Ich antwortete: „Danke für Ihre Fürsorge. Aber man hat mir den Befehl gegeben, da hinunterzusteigen. Ich denke, es wäre besser, wenn ich mit dabei wäre und ich werde mein Bestes tun. Aber vielen Dank für Ihre Freundlichkeit."

Um ehrlich zu sein, meine Haut ist ziemlich empfindlich, empfindlich und allergisch. Als ich ein junges Mädchen war, schwoll sie schnell an und ich bekam eine Allergie, wenn ich etwas Schmutziges auch nur berührte. Als ich 1951 an der St. John University in Shanghai, der ehemaligen amerikanischen Missionsschule, studierte, waren die Toiletten dieser Schule in einem hervorragenden Zustand, und doch konnte ich mich nicht daran gewöhnen, auf eine öffentliche Toilette zu gehen. Manchmal bin ich schnell nach Hause gelaufen, wenn ich auf die Toilette musste. Jetzt war ich eine Verbrecherin in einem Arbeitslager auf dem Land, und das alles nur, weil ich meinen katholischen Glauben nicht aufgeben wollte, und so musste ich alle Aufgaben erfüllen, die mir zugeteilt wurden.

Die Kommunisten wussten, dass ich keine Angst davor hatte, bei öffentlichen Verhören grausam gedemütigt zu werden. Aber sie hielten es für möglich, dass ich Angst hatte, in der Gülle zu versinken. Mein Geständnis stand sicher kurz bevor, so hofften sie. Als mir bewusst wurde, dass das ihr Kalkül war, kam ich zu dem Schluss, dass ich standhalten und diese Prüfung durchstehen musste. Ich war entschlossen, mich bedingungslos für Gott zu opfern. Das bedeutet, wenn nötig, seine Würde zu opfern. Wenn ich vor dieser neuen Prüfung zurückschrecken würde, hätten die Kommunisten eine Gelegenheit, mich lächerlich zu machen: „Sieh an, das Mädchen ist also doch nicht unbesiegbar. Jetzt haben wir ihre Schwachstelle gefunden." Gerade jetzt durfte ich keine Schwäche zeigen. Ich vertraute auf Gott, der allezeit auf uns achtet. Keine Prüfung ist so schwer, dass man sie nicht mit seiner Gnade bestehen könnte.

Da zog ich, dem Beispiel der anderen Arbeiter folgend, meine Hose hoch und sprang in die Güllegrube. Meine Kollegen waren sehr lieb zu mir: „Stell dich weiter auf die Seite, dort bist du vor dem Wind geschützt, und sei sparsam mit deiner Kraft. Wenn du erschöpft bist, rutschst du aus und fällst hin, das wäre das Schlimmste." Der Wächter kam wieder, während wir arbeiteten, und als er sah, wie energisch wir die Jauche abschöpften, sagte er: „Rose stellt sich gar nicht so dumm an. Sie wählte die windgeschützte Seite, wahrscheinlich aus Angst, etwas zu verschlucken!" Als er die Jauchetropfen auf meinem Gesicht sah, machte es ihm eine wahre Freude: „Nun, das ist doch genau die Art von Arbeit, mit der man diese Intellektuellen dazu bringt, ihre Knochen auszutauschen (er meinte damit ihr Denken)." Ich antwortete kein Wort. Hätte ich meinen Mund geöffnet, hätte ich vielleicht etwas verschluckt! So arbeiteten wir zwei Stunden lang, bis wir fertig waren, und dann sprangen wir in einen klaren Bach, um uns zu waschen. Keine Seife und kein Shampoo! Obwohl wir uns so kräftig wie nur möglich gewaschen und abgerieben haben, verließ uns der abscheuliche Geruch nicht. Wir mussten uns damit abfinden, ihn mindestens zwei Wochen lang nicht loszuwerden.

Ich atmete auf vor Erleichterung: Die Jauche konnte unseren Körper beflecken, aber sie hat unsere Seelen gereinigt. In diesem Augenblick war ich dankbar für die göttliche Barmherzigkeit: Ich schaffte es, in eine Jauchegrube zu springen, ich, eine arme Sünderin. Ich hatte die Prüfung bestanden. Die Erde dreht sich, die Zeit vergeht, alles Glück von hier kommt für einen Augenblick und verschwindet dann mit dem Wind. So verhält es sich mit den zeitlichen Prüfungen. Sie haben ein Ende. Der Kommunismus kann mich nicht den Rest meines Lebens im Dreck versinken lassen.

Wir sollten uns nicht zu viele Sorgen machen, denn alles hört zur rechten Zeit auf. Je mehr Angst wir haben, desto schwerer erscheint uns die Last. „Die Wahrheit wird euch frei machen", sagte der hl. Johannes (8,32). Viele Schwierigkeiten zu überwinden ist ein Teil des Lebens. Gebt nicht auf; glaubt an Gott. Liebt ihn über alles. Gott kann uns nicht im Stich lassen. Ich bin ihm dankbar, dass ich die Prüfungen dank seiner Barmherzigkeit überstanden habe und bis heute durchgehalten habe.

Der Schlamm

Ich möchte so demütig sein wie der Schlamm,
der von den Füßen der Menschen getreten wird;
Tag für Tag wird er so zu einer Straße,
auch wenn sie schlammig ist.
Gott erhebt immer den Niedrigsten.

Wenn Ihnen die Geschichte meines Lebens helfen kann,
die Barmherzigkeit Gottes mit Händen zu fassen,
dann folgen Sie bitte meinen Schritten.

Was ich tun konnte,
das könnt auch Ihr tun, mit Gottes Hilfe.
Trennt euch nie von Jesus Christus!
Bis Ihr im Himmel die göttliche Belohnung empfangt!

Kapitel 42

Eine Perle im Lager Dangshan

Schwester Yicheng war eine Nonne der Kongregation der Helferinnen der Armen Seelen im Fegfeuer.[25] 1958 war ich mit ihr im selben Laogai, dem Laogai „Weißer See", das erste Arbeitslager, in dem ich inhaftiert war. Sie hatte ein überaus elegantes Aussehen, eine feine und anmutige Erscheinung und wurde von allen respektiert. Selbst diejenigen, die nicht katholisch waren, schätzten sie. Sie war ein bisschen wie eine weiße Lotusblüte, die im Schlamm wächst und dennoch ganz rein bleibt.

Ihre größte Tugend bestand darin, schweigen zu können. Sie erinnerte mich oft daran, dass auch Schweigen eine Macht ist.

Zu dieser Zeit waren wir etwa fünfzehn Katholiken, die im Lager Weißer See arbeiteten. Wir waren wie Lämmer, umzingelt von Wölfen. Am Morgen überließen uns die Häftlinge oft die mühsamsten Arbeiten; sie hielten uns für ein wenig dumm, weil wir es immer noch nicht herausgefunden hatten, wie wir uns bestimmte Arbeiten erleichtern konnten. Wir waren alle in dicht besiedelten Städten aufgewachsen und keiner von uns hatte Ahnung von der Landwirtschaft. Wenn wir bei unserer täglichen Arbeit nicht das Minimal-Ergebnis erzielten, hatten wir eine Strafe zu erwarten. Das bedeutete, wir mussten nachts ein oder zwei Stunden draußen bleiben. Ich wurde schnell ungeduldig, weil ich oft so erschöpft war und der Winter manchmal extrem kalt war. Die anderen konnten sich ausruhen, aber wir nicht. Schwester Yicheng lud mich dann ein, mehr zu beten und zusätzliche Buße zu tun für unsere eigenen Sünden, aber auch für die der anderen.

1962 mussten die Schwester und ich das Lager am Weißen See verlassen und wurden nach Dangshan gebracht. Sie wurde in eine andere Arbeitsgruppe versetzt, da sie ihre siebenjährige Haftstrafe verbüßt hatte. Die Regierung hatte ein Gesetz erlassen, nach dem wir, auch wenn wir unsere Strafe verbüßt hatten, nicht nach Hause zurückkehren durften, sondern im Lager bleiben mussten. Die Nach-Häftlinge erhielten ein klägliches „Monatsgehalt", wie man es nannte, von etwa zwei US-Dollar, und sie durften ihre Familien alle zwei Jahre eine Woche lang besuchen. Das war auch bei Schwester Yicheng der Fall.

Die Schwester war in einer Nach-Häftlings-Gruppe in der Nähe von meiner. Wie ich bereits erwähnt habe, war das Lager in Dangshan für seinen antireligiösen Geist berüchtigt.

Obwohl die Schwester die Regeln aufmerksam befolgte und sehr hart arbeitete, machten ihr die Verantwortlichen immer wieder Schwierigkeiten. Sie hassten sie, ganz einfach, weil sie ihren Glauben nicht verleugnen wollte. Es gab jemanden, der sie ständig überwachen und der jeden Tag im Büro Bericht erstatten sollte. Diese Person musste keine körperliche Arbeit leisten, ihre Pflicht bestand alleine darin, einen Bericht zu verfassen. Wenn die Schwester schwieg, so wurde sie für hinterhältig gehalten, da sie sich weigerte, ihre Fehler einzugestehen. Wenn sie mit jemandem sprach, wurde sie verdächtigt, andere zu irgend etwas zu benutzen. Egal, was die Schwester tat, in deren Augen war es immer etwas Böses. So wurde sie in jeder Kritik-Sitzung zur Zielscheibe. Viermal trafen Pater Jiemin Shen, Schwester Yicheng und ich in einer großen und schlimmen Kritik-Sitzung zusammen. Man hat von uns abscheuliche Porträts gemalt, die einige Leute während des Treffens demonstrativ hochhielten. Sie hatten auch Lautsprecher, die so laut waren, dass man meinte, der Weltuntergang sei nahe. Wir blieben alle friedlich und ruhig und gaben kein Anzeichen von Angst oder Hass von uns.

Zu meiner Überraschung ließen sie der Schwester auch dann keine Ruhe, als sie zu ihrer Arbeitsgruppe zurückkehrte. Eines Abends veranstaltete der verantwortliche Wächter ein Treffen. Thema: „Enthüllung des wahren Gesichtes unseres Feindes Yicheng". Alle Nachhäftlinge hatten sichtlich Angst, denn wussten sehr wohl, dass Yicheng die netteste Frau von allen war. Sie half ihnen, wenn sie in Not waren, sie flickte ihre zerlumpte Kleidung und schrieb Briefe für diejenigen, die nicht schreiben konnten. Gegenüber denen, die sie misshandelten, beschwerte sie sich nie, sondern bemühte sich im Gegenteil, ihnen ihre Liebe zu zeigen. Viele Menschen waren aufgrund des kommunistischen Drucks feige und ängstlich geworden. Deshalb leisteten sie schließlich den Befehlen des Anführers Folge und riefen unaufhörlich: „Yicheng, mit dem Wolf im Schafspelz-Spiel ist jetzt Schluss, auch mit dem Fuchs-Spiel, Yicheng! In dem Augenblick, als der Wärter glaubte, dass die Schwester unter dem Druck endlich kapitulieren müsste, fragte er sie: „Glaubst du immer noch an Gott?" Da kam die klare und feste Antwort: „Ja!"

In seinem Zorn befahl er einigen Leuten, die Hände der Nonne hinter ihrem Rücken mit einer Schnur zu fesseln, die sie dann um ihren Hals legten und an der Spitze eines Balkens befestigten. Eine solche Bestrafung war noch nie zuvor einer schwachen Frau in einem Lager auferlegt worden. Nun taten sie so, als wollten sie eine Nonne töten, eine glühende Katholikin, die nichts Böses getan hatte, wie alle Häftlinge sehr wohl wussten. Plötzlich schien die Erde aufzuhören, sich zu bewegen. Jeder hielt den Atem an. Was wird jetzt geschehen? Nach einer Weile fragte der Wächter wieder: „Hast du darüber nachgedacht? Wir wollen dich nicht töten!" Die Schwester antwortete nichts.

Ungefähr fünf Minuten später kam jemand und sagte dem Wärter, dass die Schwester im Gesicht schon ganz blass sei und sie am Rande der Ohnmacht stehe: „Wenn Sie sie nicht losbinden, wird sie wahrscheinlich bald sterben", fügte er hinzu. Der Wärter fürchtete, die Schwester könnte im Lager sterben, und befahl, sie wieder loszubinden. Die Schwester blieb eine Zeit lang erschöpft sitzen. Ihr Gesichtsausdruck offenbarte jedoch ihre spirituelle Kraft und ihr Selbstvertrauen. Eine Katholikin hat keine Angst vor dem Tod oder vor dem Leiden. Tatsächlich war es mit Gottes Gnade Schwester Yicheng, die triumphierte.

Nach diesem Vorfall wurden die Tage für die Schwester im Lager immer qualvoller. Sie wurde zu den schwersten Arbeiten herangezogen. Aber sie war bereit, alles zu ertragen. Ende der achtziger Jahre, nach mehr als fünfundzwanzig Jahren in verschiedenen Lagern, ließ man sie dann in ihre Heimatstadt Shanghai zurückkehren. Einige Zeit später besuchten mein Mann und ich sie und luden sie ein, für den Rest ihres Lebens bei uns zu bleiben, aber ihre Schwägerin lehnte ab. Ihre Ausrede war, dass die Schwester viele Einkäufe zu erledigen hatte und ihrer Familie helfen musste. Wir waren schockiert. Die Schwester hatte so viele Jahre gelitten; jetzt sollte sich jemand um sie kümmern! Wie konnten ihre Familienmitglieder sie nur wie eine Magd behandeln? Nach unserem Umzug in die Vereinigten Staaten in den neunziger Jahren hat mir jemand erzählt, dass die Schwester an Demenz erkrankt war, wahrscheinlich wegen ihrer Treue zu unserem leidenden

Herrn. Dann wurde sie in ein Altersheim gebracht, wo sie wieder unter schlechten Lebensbedingungen litt und sich keiner um sie kümmerte. Eines Nachts bekam sie starke Schmerzen im Bauch und niemand achtete darauf, bis sie schließlich ins Krankenhaus gebracht werden musste. Es war zu spät. Eine Blinddarmentzündung hatte sich über den ganzen Körper ausgebreitet und sie starb innerhalb von vierundzwanzig Stunden.

Als ich diese Nachricht hörte, brach ich in Tränen aus. Schwester Yicheng war eine wahre Märtyrerin unserer Zeit, aber sie starb nicht in einem kommunistischen Arbeitslager, an Krebs oder einem Herzinfarkt. Bei ihrer Krankheit wäre es nur nötig gewesen, sie einer kurzen Operation zu unterziehen und sie hätte überlebt. Aber warum geschah das nicht? Die einzige Erklärung ist die, dass Gott nicht wollte, dass die Schwester noch mehr in dieser Welt leidet. Es war Zeit, dass sie von Gott zu ihrer ewigen Belohnung in den Himmel gerufen wurde.

Die Perlmuschel

Eine Perlmuschel lebt im dunklen, grünen Meer.
Ständig zieht sie das Strahlen der Sonne an,
und schimmert selbst hell und sanft wie der Mond.
Ich frage mich, ob sie ein magischer Regenbogen ist.

Wenn ein Sandkorn sich in
die Tugenden der mystischen Rose versenkt,
nimmt es die Form eines Kristalls an,
und wenn es in seiner Seele gute Absichten hegt,
siehe, dann kommen Perlen heraus,
eine nach der anderen.

Kapitel 43

Vor Pilatus

Als er vor Pontius Pilatus stand, wurde unser Herr unschuldig zum Tode verurteilt. Jesus forderte seine Jünger auf, ihm nachzufolgen, die Folterungen und Beleidigungen demütig zu akzeptieren. Wenn ich in meinem Leben ein wenig Folter und Beleidigungen erlebt habe, dann, als ich 1958 zu 15 Jahren Gefängnis verurteilt wurde, und auch, als ich in der medizinischen Abteilung des Lagers arbeitete. In den chinesischen Lagern hieß es, die medizinische Abteilung sei der beste Arbeitsplatz. Nur um dahin zu kommen, taten manche Zwangsarbeiter alles Mögliche, um dem Wächter zu gefallen, auch auf die Gefahr hin, ihr eigenes Gewissen zu verraten.

Von den 26 Jahren, die ich inhaftiert war, verbrachte ich 20 Jahre in der medizinischen Abteilung. Wenn ich jetzt darüber nachdenke, würde ich nicht sagen, dass es ein leichtes Leben war, vielmehr ein unsicheres. In der medizinischen Abteilung hatten wir nur das Allernötigste zur Verfügung. Auch die Verantwortung für das Leben von zwei- oder dreihundert Arbeitern zu tragen, war nicht einfach. Es war eine echte Belastung für das Gewissen, viel belastender als körperliche Arbeit. Eine katholische Nonne, Schwester Lin, und ich waren in Dangshan für die medizinische Betreuung zuständig, obwohl es in der Regel nicht erlaubt war, dass zwei Katholiken in der gleichen kleinen Einheit arbeiteten. Aber die Behörden hatten damit etwas Besonderes im Sinn. Sie sahen in dieser Ordensschwester eine „heilbare Verbrecherin", was bedeutete, dass sie bereit war, ihren Anweisungen zu folgen und im Büro der Kommunisten über mein Verhalten während des Tages zu berichten. Bespitzeln war erwünscht.

Während meiner ganzen Zeit im Lager erhielten die Patienten nicht genügend Medikamente und von allen Heilmitteln, die uns zur Verfügung standen, waren Glukose und Antibiotika die wertvollsten. Diese Nonne setzte sie nur sehr selten für die Arbeiter ein, um sie für die Wärter und ihre Familien aufzuheben. Nur die wenigsten erkrankten Arbeiter erhielten eine medizinische Behandlung; sie wurden in dieses sogenannte „Krankenhaus" gebracht, um zu sterben. So traurig war das Leben im Lager.

Arbeitsunterbrechungen wegen Krankheit wurden gar nicht gerne gesehen und die Behörden bestimmten einfach: „Ganz egal, wie schwer der Fall ist, der Kranke muss wie jeder andere zur Arbeit gehen, wenn am Morgen kein Fieber oder zu hoher Blutdruck gemessen wird."

Anfangs war es die besagte Nonne, Schwester Lin, die die Krankschreibungen ausfertigte. Jeden Morgen musste sie alle Bescheide im Büro zur Genehmigung vorlegen. Weil viele Arbeiter sie nicht mochten, beklagten sich nicht wenige, sie sei nicht gerecht und sie wäre bestechlich. Deshalb bat mich einige Zeit später der Wärter, die Krankschreibungen zu übernehmen. Die Kranken kamen nun zu mir, um eine Bescheinigung zu bekommen und ich wusste, dass ich mit dieser neuen Aufgabe dieselbe Verantwortung hatte, wie ein Hirte, der sich um seine ausgezehrte Herde kümmern muss. Die Arbeiter wurden schlecht behandelt, waren erschöpft und hungrig, und die Kranken wirkten elend und alleingelassen. Sie bekamen keine Medikamente, keine ausreichende Nahrung und hatten keine Vertrauten, mit denen sie sprechen konnten. Die Regeln im Lager forderten, dass sich diejenigen Genesenden, die morgens kein Fieber hatten, sofort wieder an die Arbeit begeben mussten. Mit dieser schrecklichen Realität konfrontiert, fragte ich mich, wie ich ihnen helfen könnte zu überleben.

Am ersten Tag auf dieser neuen Stelle untersuchte ich die kranken Arbeiter, einen nach dem anderen. Ich machte mehr als zehn Krankschreibungen für die Arbeiter, die es nötig hatten. Das war das Doppelte dessen, was meine Vorgängerin erlaubte. Als ich die Formulare zur Genehmigung ins Büro brachte, war der Wärter bestürzt, als er sah, dass es so viele gab, und er wurde von einem finsteren Zorn ergriffen. Er schlug auf seinen Schreibtisch: „Schau, was du getan hast! So viele Krankschreibungen! Das hast du absichtlich gemacht, weil du willst, dass die Feldarbeit zum Erliegen kommt!" Ich stand bewegungslos da, ohne Angst und ich wusste nicht, was ich antworten sollte. Deshalb glaubte er, dass ich aufgegeben hätte und besiegt war. „Du willst wohl nicht in unserer Abteilung bleiben. Willst du wirklich lieber in der Gemüseeinheit Jauche austragen?" Ich antwortete ohne zu zögern: „So ist es, das wäre mir am liebsten." Ich dachte mir, wenn ich keine gewissenhafte medizinische Assistentin sein könnte, dann sollte ich es besser bleibenlassen. Als ich im Arbeitslager ankam, hatte ich alles verloren: meine Selbstachtung, meine Gesundheit, meine Jugend, meine Zukunft und jeglichen Respekt vor den Menschen. Was hätte ich sonst noch aufopfern können? Ich war bereit, alles hinzugeben. Als ich vor diesem Wachmann stand, kümmerte ich mich nicht mehr um mich selbst: Gott wird schon etwas damit beabsichtigen. Und in der Tat, so unglaublich es auch klingen mag, der Wächter akzeptierte alle Krankschreibungen.

Nach dieser ersten Konfrontation waren die Dinge nicht mehr so schlimm. Wenn der Wärter sich beschwerte, erklärte ich geduldig, dass dies ein Fall von Bluthochdruck sei und jener ein Fall von Herzschwäche oder ähnliches. Oft musste ich sagen: „Kranke Arbeiter könnten bei diesen anstrengenden Arbeiten zusammenbrechen und man wird uns dafür verantwortlich machen, wenn jemand in der Obstplantage tot umfällt. Sie wissen sehr wohl, dass niemand bei der Arbeit sterben darf, also müssen wir das so gut wie möglich verhindern." Einige Arbeiter waren gerührt, als sie am Büro vorbeikamen und hörten, wie der Wächter sich über mich ärgerte. „Rose, du bist so mutig, du verteidigst uns sogar! Wir haben bemerkt, dass dir die Haare zu Berge standen, als der Wärter anfing zu schreien." Sie sagten zueinander: „Die muss die Galle eines Leoparden gegessen haben!" (Ein chinesisches Sprichwort besagt, dass ein Jäger, der die Galle eines Leoparden isst, so mutig wird wie dieser). Andere wiederum sagten: „Ich weiß, wie viel du für uns gelitten hast und ich will jetzt nicht mehr krank geschrieben werden, denn ich will dir keinen Ärger mehr machen." Ich antwortete ihnen: „Ich bin euer Hirte. Wozu ist eine medizinische Assistentin im Lager nützlich, wenn sie euch nicht beschützen kann? Ein Katholik ist nicht nur dazu da, seinen Glauben zu bewahren, er soll auch anderen gegenüber wohltätig sein."

Kurz nach meiner Taufe hatte ich gelernt, dass es zwei Arten von Sünden gibt: begangene Sünden und Unterlassungssünden. Um uns weniger vorwerfen zu müssen, sollten wir uns die Gelegenheiten, Gutes zu tun, nicht entgehen lassen. Im Lager gab es viele solche Gelegenheiten, etwa, den armen und kranken Kameraden zu helfen. Mit der Hilfe Gottes wollte ich diese Chance nicht verstreichen lassen. Ich musste mein Bestes tun, um das heiligste Herz unseres Herrn zu trösten.

Viele der Wärter waren Analphabeten und nur wenige von ihnen verfügten auch nur über ein bisschen medizinisches Wissen. Ja, sie hatten nicht einmal so viel gesunden Menschenverstand, um zu verstehen, was die Worte „Körpertemperatur" oder „Blutdruck" bedeuten. Auf der anderen Seite waren manche Arbeiter nicht wirklich krank, sondern nur erschöpft. Sie brauchten nur einen Ruhetag, eine Krankschreibung für einen einzigen Tag. Ich habe auch sie nie abgewiesen. Leider konnte ich es nicht immer so machen, wie ich wollte, aber ich hatte immer nur die besten Absichten. Die Nonne, Schwester Lin, hat sich oft über mich lustig gemacht, weil sie das für übertriebene Güte oder sogar für Wahnsinn hielt.

Eines Tages kam eine weitere Nonne zu uns, Schwester Chang. Sie war eine sehr gute Nonne, bevor sie inhaftiert wurde. Sie gehörte einer Kongregation an, die für die Seelen im Fegefeuer betete und stammte aus Shanghai. Sie kam in die Krankenstation mit einer Tachykardie, einem erhöhten Herzschlag. Ich meldete sie zwei Tage krank. Schwester Lin, die daneben stand, rief: „Sie haben also nichts dazugelernt! Haben Sie keine Angst vor den Konsequenzen? Wie können Sie es wagen, ihr so einfach zwei Tage Pause zu gewähren? Wissen Sie nicht, dass sie eine katholische Nonne ist? Haben Sie nicht daran gedacht, dass man uns verdächtigen wird?" Und sie ging zum Büro. Keine fünf Minuten später kam der Wächter. Er fragte mich unbarmherzig: „Warum ist Chang nicht zur Arbeit gegangen?" „Chang leidet an Tachykardie. Das ist ein ernstes Herzproblem, und man wird mich dafür verantwortlich machen, wenn wir das übergehen." Er gab keine Ruhe: „Lassen Sie jemanden eine zweite Untersuchung durchführen!" Sofort kam ein Arzt. Offenbar hatte er keine besonders günstige Meinung von Schwester Lin, denn er kannte ihre scharfe Zunge. Leider verfügte er über keine besonderen medizinischen Kenntnisse, so dass er keine korrekte Diagnose stellen konnte. Nachdem er sich meine Beschreibung von Changs Krankheit angehört hatte, schüttelte er den Kopf und schrieb: „Nun, theoretisch sollte man ihr wegen ihrer Herzprobleme jeden Tag nur leichte Arbeit zuteilen." So hatte auch dieser Fall ein gutes Ende genommen!

Ein andermal brach eine Arbeiterin, Wen, vor Erschöpfung draußen auf dem Feld zusammen. Ich injizierte ihr sofort vierzig Milliliter flüssiger Glukose und nahm einen Karren, um die Patientin in eine Baracke zu ziehen. Das war riskant, weil ich Glukose ohne Erlaubnis der Nonne nicht verwenden durfte. Aber ich hatte eine gute Ausrede. Es war ein Notfall und ich hatte keine Zeit, um Erlaubnis zu bitten, denn Leben zu retten war meine erste Pflicht. Die Patientin war 65 Jahre alt, hieß Wen und war eine arme Frau. Ihre Inhaftierung war alleine schon eine mitreißende Geschichte. Sie war nämlich die Ehefrau eines Admirals des ehemaligen chinesischen Gouverneurs Tschiang Kai-shek. Am Vorabend der Machtübernahme der Kommunistischen Partei in Festlandchina (April 1949) war die alte Regierung nach Taiwan geflohen. Ihr Mann hatte Wen und ihren Sohn gebeten, ihn dorthin zu begleiten, aber Wen hatte gezögert. Sie war nicht begeistert von der Idee, die wenigen Immobilien, die sie in Shanghai besaßen, zurückzulassen. Es war ein schreckliches Dilemma, in einer Situation, in der es um Leben und Tod ging. Der Admiral ging, aber Wen und ihr Sohn blieben in Shanghai. Die Stadt wurde dann im Mai 1949 von den Kommunisten besetzt. Im darauffolgenden Jahr schickte Wens Ehemann einen Vertrauensmann an die besetzte chinesische Küste, um seine Familie nach Taiwan zu bringen. Wieder weigerten sich seine Frau und sein Sohn, ihre Heimatstadt zu verlassen. So brach eine Katastrophe über sie herein. Denn sobald die Kommunisten den gesamten Kontinent in Besitz genommen hatten, vervielfachten sich die Massaker. Wen wurde 1951 verhaftet, weil sie die Frau eines Konterrevolutionärs war. Sie wurde zu sieben Jahren Gefängnis verurteilt. Aber diese Zahl sieben war nur eine abscheuliche Lüge: sie verbrachte tatsächlich zweiunddreißig Jahre im Lager, bis sie starb!

Ihr Sohn wurde verhaftet, als er sechzehn Jahre alt war, nur weil er der Sohn seines Vaters war. Als ich ihn traf, befand sich seine Mutter Wen schon dreißig Jahre im Arbeitslager. Bevor ich 1989 in die Vereinigten Staaten ging, erzählte mir ihr Sohn, dass sie einige Jahre zuvor gestorben war. Die Vorsehung sorgte dafür, dass sie am Ende ihres Lebens von meiner lieben Freundin Teresa getauft wurde. Sie nahm bei der Taufe den Namen Maria an, und wie die Mutter Gottes hatte sie schwere Leiden auf sich genommen, ohne sich zu beklagen. Möge Wen, diese wirklich gute Frau, in Frieden ruhen!

Kapitel 44

Das Licht, das uns führt

Während meiner Schulzeit habe ich gerne „Die Elenden" („Les Misérables") von Victor Hugo gelesen. Was mich darin am meisten beeindruckte, war, wie ein Priester einen Gefangenen behandelte und ihm großzügig zu essen gab. In der Geschichte stahl der Gesetzlose nach dem Abendessen einige Teile des Bestecks des Priesters. Später wurde er verhaftet und demselben Priester vorgeführt. Er sagte zum Dieb: „Mein Herr, ich habe Ihnen doch das ganze Silberbesteck geschenkt, warum haben Sie einen Teil davon hier gelassen?" Als der Polizist dies hörte, zog er seine Hände von den Schultern des Mannes zurück.

Unser Herr Jesus Christus lehrte uns, dass Vergebung der größte Beweis der Nächstenliebe ist. Also versuchte ich, die Tugenden dieses Priesters nachzuahmen. Ich kann die Not im Lager Dangshan nicht vergessen, denn die Kälte im Winter war heftig. Einer Kameradin meiner Gruppe wurde Diebstahl vorgeworfen. Aber das Einzige, was sie hatte, war eine mit Baumwolle gefütterte Jacke, die ihr die Regierung überlassen hatte, denn von ihrer Familie bekam sie so gut wie nichts. Bei Temperaturen von minus

34°C konnte diese Jacke sie aber nicht vor der Kälte schützen. Ich hingegen hatte zwei Wollpullover und noch einen aus Samt!

Es war an einem schneereichen Tag. Eiszapfen hingen von den Bäumen und ließen sie wie Kristallpaläste aussehen. Am frühen Morgen konnte jeder sehen, dass die betreffende Gefangene unter ihrer Jacke einen Pullover aus Wolle trug. Die Nachricht verbreitete sich sehr schnell und schon gab es Gerede: „Sie hat doch kein Paket erhalten. Woher hat sie diesen Pullover?" Andere unterstellten ihr: „Wenn sie niemanden bestohlen oder betrogen hat, dann hat sie etwas anderes Böses getan, um ihn zu bekommen." Wiederum andere sagten: „Dieser Pullover gehört Hu Meiyu. Ich habe gesehen, dass sie ihn schon einmal getragen hat." Und sie gingen es beim Wachmann melden, damit dieser Nachforschungen anstellte. Als der Arbeitstag vorbei war, sagte mir jemand: „Heute Abend haben wir eine Inspektionssitzung wegen deines Pullovers." Ehrlich gesagt, ich hatte gar nicht gemerkt, dass ich ihn nicht mehr hatte. Also kehrte ich zur Lagerunterkunft zurück, überprüfte meinen Rucksack und tatsächlich fehlte ein Pullover. Sicherlich war es unendlich schlimm, einen Pullover zu verlieren, aber es war auch sehr unangenehm, in so einen Vorfall verwickelt zu sein. Was sollte ich denn bei der abendlichen Inspektionsbesprechung sagen? Wenn ich sagen würde, dass der Pullover nicht mir gehört, was sollte ich dann machen, wenn sie mich auffordern würden, ihnen meinen Pullover zu zeigen? Wenn ich hingegen sagen würde, es sei mein Pullover, würde man sie des Diebstahls für schuldig befinden. Nun konnte jedes wiederholte Fehlverhalten während der Verbüßung einer Strafe zu einer Verlängerung der Haft führen. Was also tun? Zwei Wärter befragten mich nach dem Abendessen in einem drohenden Ton. „Gehört dieser Pullover dir?" – „Ja." – „Warum trägt sie dann deinen Pullover?" Alle warteten mit angehaltenem Atem auf meine Antwort. Einige waren besorgt, andere freuten sich über das drohende Unglück, das auf dieses Mädchen zukam. Ich antwortete ganz leise: „Sie arbeitet sehr hart. Sie könnte eine schlimme Grippe mit Komplikationen bekommen, wenn sie am frühen Morgen, wenn es so kalt ist, ohne Pullover in die Obstplantage hinaus muss, um die Insekten zu bekämpfen. Ich bin Medizinerin und weiß, dass man das unbedingt vermeiden muss. Deshalb habe ich ihr meinen Pullover geschenkt, denn sie brauchte ihn!" Die beiden Wachen schwiegen einen Moment. Nach einer peinlichen Pause flüsterte einer von ihnen: „Hu Meiyu, das nächste Mal solltest du dich im Büro melden und um Erlaubnis bitten, bevor du Sachen an andere weitergibst." Dann wandte er sich an die Menge und sagte mit förmlich strenger Stimme: „Wenn ihr von nun an über jemanden eine Meldung macht, lasst keine Dinge aus. Anderenfalls klagt ihr unter Umständen eine unschuldige Person an."

Ein paar Tage später sagte dieses Mädchen mit Tränen in den Augen zu mir: „Ich werde dein Verhalten nie vergessen. Meine Haftstrafe wäre verlängert worden, wenn du mich nicht gedeckt hättest." Ich antwortete: „Auch ich bin nicht ganz unschuldig. Ich schlafe neben dir und habe mich nicht um dich gekümmert, als ich bemerkte, dass du nicht genug warme Kleidung hast. Weißt du, was das bedeutet? Dass meine Nächstenliebe nicht tief genug ist. Aber bitte, wenn du von heute an etwas brauchst, dann nimm es nie mehr ohne den Besitzer zu fragen, damit du keinen Schaden anrichtest. Ich erwarte keinen Dank, aber ich hoffe, dass du diese schlechte Angewohnheit ablegst." Und tatsächlich, von diesem Zeitpunkt an machte sie es anders, benahm sich gut und fing an, anderen zu helfen. Als sich im Jahre 1972 unsere Wege trennten, sagte sie zu mir: „Du hast mir beigebracht, wie man lebt, und du hast mich wirklich erzogen. Schon in jungen Jahren hatte ich mit dem Stehlen begonnen. Meine Mutter schimpfte mich jedes Mal und schlug mich mit einer Peitsche oder einem Stock. Und doch war mein körperlicher Schmerz nichts im Vergleich zu dem Schmerz meines Herzens. Da es keine Liebeswärme erfuhr, ist es kalt geworden. So lebte ich jahrelang in der Sünde und hatte kein reines Gewissen, bis du mir die Augen geöffnet hast und mich gelehrt hast, Wahrheit, Güte und Schönheit zu erkennen."

Aber wir müssen realistisch bleiben und müssen immer wieder feststellen, dass Vergebung und Erziehung nicht jedem helfen, wie die folgende Geschichte zeigt: Als ich in Shanghai inhaftiert war, wurde ich in dieselbe Zelle gesteckt wie eine eingefleischte

Diebin. Sie hat fast alles gestohlen: Papiertaschentücher, Seife, Zahnbürste, Zahnpasta, obwohl sie alles hatte. Sie hat buchstäblich ihre Hände in mein Bündel gesteckt und alles gestohlen, was sie darin fand. Ich sagte es ihr immer wieder: „Wenn du etwas brauchst, bitte mich darum, und ich werde es dir geben. Aber bitte nimm dir nichts von selbst. Du bekommst doch genug Taschentücher und Seife von Deiner Mutter. Warum also nimmst du dir, was mir gehört? Kannst du dir denn nicht vorstellen, wie unangenehm es ist, etwas nicht zu haben, wenn man es braucht? Diese Dinge sind an sich nicht viel wert, aber manchmal ist ein Taschentuch wertvoller als ein Zehn-Dollar-Schein." Leider hat sie sich nicht geändert. Ihre Haftstrafe wurde mehrmals verlängert und sie wurde erst viele Jahre später freigelassen. Sie kehrte nach Hause zurück, heiratete und bekam zwei Söhne, die, wenig überraschend, ganz nach ihrer Mutter kamen. Sie wurden mehrmals eingesperrt. So ist der Grundstein der Sünde an die nächste Generation vererbt worden und es ist abscheulich, wenn die eigenen Sünden in den Kindern weiterleben. Das hat mich wirklich traurig gemacht und kürzlich erfuhr ich, dass diese Familie letztendlich ein sehr elendes Leben führte. Ein Dieb zu sein macht einen weder reich noch glücklich. Gott belohnt diejenigen, die Gutes tun, nicht nur im Himmel, sondern schon auf Erden, und Er bestraft diejenigen, die Böses tun, schon in dieser Welt.

Kapitel 45

Ein guter Freund

Selbst unter Tausenden von Freunden ist es schwierig, einen wahren Seelenverwandten zu finden. Ich bin mir sicher, dass viele auch diesen Eindruck haben. In dieser materialistischen Welt ist es zu einem echten Problem geworden, einen wahren Freund zu finden. Für Katholiken gibt es allerdings eine einfache Lösung: Gott hat jedem von uns einen Schutzengel gegeben. Er ist wirklich ein guter Freund, einer, der Tag und Nacht bei uns ist.

Ein Jahr nach meiner Verhaftung sperrte mich die Regierung in eine Einzelzelle, um mich ihrer teuflischen Ideologie zu unterwerfen. Eine Person zu isolieren bedeutet, sie in einen dunklen Raum zu sperren, ohne dass er jemanden zum Reden oder etwas zum Lesen hat, und natürlich gibt es auch kein Fernsehen oder Radio. Das Ziel besteht darin, den Widerspenstigen dadurch, dass er nur kahle Wände vor Augen hat, zum Nachdenken über sich und seine falsche Einstellung zu bewegen.

Ich war eine aktive junge Frau, die Musik, Filme und das Leben im Freien liebte. Ich war verloren, als man mich in diesen dunklen Raum einsperrte und alles, was ich tun konnte, war Gott um Hilfe zu bitten. Es war ein Segen für mich, meinen Schutzengel Tag und Nacht als Begleiter zu haben und in den sechs Monaten, in denen ich in Einzelhaft war, redete ich oft mit ihm. Hin und her gerissen zwischen Durchhalten und Verzweiflung erinnerte er mich daran, dass ich einst zu mir selbst gesagt hatte: „Du spielst nur eine Rolle in diesem Theater des Lebens und schreibst deine eigene Geschichte. Aber du gehörst zum mystischen Leib der Kirche und die triumphierende Kirche im Himmel schaut auf dich herab und tritt für dich ein. Auch die streitende Kirche macht sich Sorgen um die verfolgten Zeugen Gottes und sogar die Seelen im Fegefeuer schauen auf dich. Sie beten, dass du durchhältst und deine Leiden für ihre Befreiung aufopferst." Unter der Leitung meines Schutzengels spürte ich, dass Gott immer bei mir war und dass ich mit seiner Kirche verbunden war. Wenn ich während des Gebets abgelenkt war, bat ich meinen Engel, mein Gebet zu vervollkommnen, bevor ich es Gott darbrachte. Und wenn ich sündigte, bat ich ihn, in mir die Reue zu erwecken. Von da an wurde mein Schutzengel mein engster Freund.

Dazu möchte ich noch einen besonderen Zwischenfall erzählen: Eines Tages verirrte ich mich auf dem Land. Das war im Jahre 1975. Ich hatte meine fünfzehnjährige Haft abgesessen und arbeitete auf einer Farm, die sich auf den Anbau von Tee spezialisiert hatte. Eines Tages, es war acht Uhr morgens, stieg ich einen Hügel hinauf, um Tee zu kaufen. Der Weg war nicht schwierig, es schien unmöglich, sich zu verirren. Ich brauchte nur eine halbe Stunde, um den Hügel zu überqueren. Im Gegensatz dazu war ich auf dem Rückweg schon über zwei Stunden umhergeirrt, und noch immer war da ein Hügel nach dem anderen vor mir. Der Weg wurde immer schlechter. Am Anfang war ich noch ziemlich ruhig, ich hatte ja genug Zeit. Aber als die Sonne unterging, bekam ich Angst, denn ich wurde müde und war hungrig. Das Einzige, was ich in meiner Not tun konnte, war mich auf einen Felsen zu setzen und den Rosenkranz zu beten. Der Wind wehte kalt und die Wölfe heulten. Wenn sie kämen, hätte ich keine Chance gegen sie. Auf diese Weise zu sterben wäre absolut sinnlos gewesen, und so betete ich in diesem Moment größter Bedrängnis zu meinen Engel und bat ihn, mich aus dieser Situation zu befreien. Etwa zwanzig Minuten später kam ein Mann daher. Er war überrascht, hier auf jemanden zu treffen, und sagte recht freundlich zu mir: „Wie kommt es, dass Sie zu dieser Tageszeit noch hier sind? Hier gibt es Wölfe und Diebe, die nachts hierher kommen. Es wäre das Beste, wenn Sie diesen Hang hinuntergehen, dort werden Sie einen Weg sehen, der zur Teefarm führt." Ich wäre sicherlich auf dem Hügel gestorben, wenn dieser Mann nicht gekommen wäre.

All die Jahre habe ich meinen Schutzengel angerufen, damit er für mich Fürsprache einlegen möge. Ich brauchte nie einen Wecker, wenn ich morgens früh aufstehen musste, um ein Flugzeug zu erreichen oder zur Messe zu gehen. Ich habe am Vortag zu meinem Schutzengel gebetet und er hat immer meine Bitte erfüllt. Versuchen Sie es!

Nehmen Sie zum Beispiel Fatima. Ich weiß, dass Portugal einen eigenen Schutzengel hat, der den drei Hirtenkindern erschienen ist und sie lehrte, zu beten. Ich kann mir vorstellen, dass China auch einen Schutzengel hat und ich bete jeden Tag zu ihm, dass er die in meiner Heimat verfolgte Kirche nie vergessen möge. Bitte betet für jene, die zu Unrecht verfolgt werden, um der Gerechtigkeit willen, damit die katholische Kirche in China bald erblühen und die Katholiken Jesus Christus in aller Freiheit dienen können. Heiliger Schutzengel, bitte für uns!

Für den Monat November

Ungestüm brennt das Fegefeuer;
voller Angst warten alle Seelen,
die Gebete hören nicht auf
und die Sühne geht weiter.
„Unsere Liebe Frau
erwartet uns im Himmel!"

Kapitel 46

Rhapsodie des Krebses

1982 hatte ich meine Strafe vollständig abgesessen. Lange Jahre danach, es war am 17. April 1997, wurde bei mir durch eine Biopsie festgestellt, dass ich Brustkrebs hatte. Der Arzt erklärte mir, er sei fortgeschritten; ich müsste sofort operiert werden. Da ich damals nicht versichert war, konnte ich mir eine Behandlung nicht leisten und wusste nicht, was ich tun sollte. Krebs oder nicht, ich musste weiterarbeiten, um mir meinen Lebensunterhalt zu verdienen. Als ich das Krankenhaus verließ, ging ich in eine Kirche. Ich konnte nichts dafür, dass ich diesen Krebs bekommen hatte. Gott hatte mich ein drittes Mal auserwählt, um mit ihm den Weg nach Golgatha zu gehen. Mit ihm zu leiden war also weiterhin mein Privileg, denn Leiden ist ein Geschenk Gottes, eine Bevorzugung. Das Beste, was man da tun kann, ist das „Fiat" und das „Deo Gratias" zu wiederholen. Ich habe Gott tausendmal gesagt, dass, wenn das Leiden eine Lotterie wäre, ich schon oft das große Los gezogen hätte. Aber bei einer Lotterie geht es nur um Geld. Sie kann nicht mit der Gnade Gottes verglichen werden. Gott hat mich also gebeten, auf dem Wasser zu gehen. Petrus hat es geschafft; warum nicht auch ich? Man muss dabei nur den Blick fest auf Gott richten, ohne sich von der Außenwelt ablenken zu lassen.

Für Gott ist nichts unmöglich? Ja, die Tatsachen offenbaren es. Denn vier Monate nach meiner Diagnose ahnte niemand in meinem Geschäft etwas von meiner schweren Erkrankung. Ich arbeitete wie immer, erledigte dieselben Aufgaben wie die anderen, sortierte und hängte Kleidung auf und heftete die Etiketten daran. Ich habe mehr als 300 Kleidungsstücke am Tag aufgehängt. Ich war nie schnell bei der Arbeit, doch jetzt fühlte ich mich schlecht und meine Kraft schwand zusehends, wie sollte ich also schneller arbeiten? Aber meine Chefin war gnadenlos. Sie war verärgert, dass ich nicht schneller war. Fast jeden Tag rief sie: „Was ist Ihr Problem? Sie können nicht mit den anderen Schritt halten. Wir müssen einen neuen Mitarbeiter einstellen, wenn Sie so weitermachen."

Im Hochsommer war das Wetter feucht und heiß; der Sortierraum hatte keine Klimaanlage und keinen Ventilator. Ich hängte ein Kleidungsstück nach dem anderen auf. Bald war mein Gesicht geschwollen und auch meine Beine. Der Tumor wurde immer mehr zu meinem Kreuz. Jeden Tag opferte ich meine Leiden für etwas anderes auf: an dem einen Tag für die Seelen im Fegefeuer – dreihundert Gewänder, um dreihundert Seelen zu retten; am nächsten Tag für die Bekehrung der Sünder; dann als Buße für meine eigenen Sünden und die meiner Familie. . . Auf diese Weise war plötzlich durch die unendliche Gnade Gottes meine Arbeit gar nicht mehr so unerträglich. Manchmal schien sie mir sogar tröstlich und einfach. Ende Juli wurden meine Unterlagen von der Krankenversicherung angenommen und im August wurde ich operiert. Weil sich der Krebs schon in meinem Körper ausgebreitet hatte, dauerte die Operation mehr als acht Stunden. Ich betete zu Gott: „Ist das das Ende meiner Leiden? Ich glaube nicht, dass Du mir noch mehr zumuten wirst. Ich kann nicht mit dir diskutieren, denn Du bist mein himmlischer Vater. Du liebst mich und siehst mich an: Ich will nur noch bei Dir sein. Warum sollte meine Liebe weniger geworden sein?"

Gott hat mir keinen Streich gespielt. Ich dachte, mit der Operation sei alles vorbei, aber nein. Zwei Tage später erhielt ich die Aufforderung, am nächsten Tag zur Chemotherapie zu kommen! Ich sagte zu meiner Schwiegermutter: „Man hat mir auf meine

Pizza noch zwei Zusatzbeilagen draufgelegt: ich muss morgen zur Chemo." Sie brach in Tränen aus: „Warum nimmt dein Leiden kein Ende?" – „Weil Gott mich liebt."

Jeder weiß, dass eine Chemotherapie schlimmer ist als eine Operation. Gott ließ mich auch diesen bitteren Kelch trinken. Es gab keine Möglichkeit, daran vorbeizukommen, also trank ich ihn. Als ich am ersten Tag in die Klinik kam, saßen fünf Patienten da wie geschlachtete Hühner. Sie hatten nicht einmal die Willenskraft, ihre Augen offen zu halten. Einige beklagten sich bei der Krankenschwester.

Ich saß neben ihnen und sollte die Nächste sein. Freundlich und voller Zärtlichkeit kam die Krankenschwester auf mich zu und erklärte mir, dass es nach der Chemotherapie-Infusion zu schwersten Nebenwirkungen kommen könnte, aber dass sie notwendig sei, um mein Leben zu retten. In diesem Moment war ich wirklich verängstigt, es war wie ein Todeskampf. Gott mit Worten zu lieben ist einfach, aber in der Tat, und wenn das Kreuz da ist, ist es etwas Anderes! Mir war vollkommen klar, dass ich ganz viel beten musste, aber während der Chemotherapie hatte ich nicht einmal mehr die Kraft zur Betrachtung oder einen Rosenkranz zu beten. Das Einzige, was ich noch schaffte, war, mein Herz zu Gott zu erheben und ihm zu sagen: „Ich liebe dich", ohne Klage oder Zorn. Ich musste meine Unfähigkeit zu beten genauso aufopfern wie meine Leiden. Ich bat meinen Schutzengel, all das miteinander zu verbinden und daraus ein Netz der Liebe zu stricken.

Der zweite Tag war noch schlimmer. Ich versank in innere Bilder, gerade so wie bei einer Betrachtung: Es war mir, als ob viele arme Seelen aus dem Fegefeuer an mein Bett gekommen wären, um mich zu bitten, für sie zu beten und zu leiden. Es war, als sagten sie, wenn ich nur eine Minute im Fegefeuer gelebt hätte, wäre ich bereit, alles zu ertragen. Wie sollte ich mich also weigern, so vielen Seelen mit meinem kleinen Opfer zu helfen?

Der kleine Junge in der Bibel hat mich inspiriert: Obwohl er nur fünf Brote und zwei Fische hatte, behielt er sie nicht für sich, sondern brachte sie unserem Herrn, weil er glaubte, dass der Erlöser damit eine ganze Menge ernähren könnte. Das könnte ich auch! Deshalb bat ich meinen Schutzengel, meine fünf Brote und zwei Fische in einen kleinen Korb zu legen. Ich hatte den Eindruck, dass mein Schutzengel meine Hand hielt, als er zu unserem Herrn ging und sagte: „Herr, bitte nimm ihr Opfer an, segne ihre Blumen des Leidens, damit ganz viele Seelen, die so sehnsüchtig auf Hilfe warten, sie empfangen." Die Chemotherapie ist sehr schmerzhaft, aber Gott gibt uns niemals ein schwereres Kreuz, als wir tragen können. Dank der Gegenwart meines Schutzengels und der Hingabe an die Seelen des Fegefeuers kam mir nach den Leiden eine unerwartete Erleichterung und ein süßer Trost. Ich unterzog mich acht Chemotherapiesitzungen. Ich war froh, sie alle gemacht zu haben, und am Ende fand ich sie gar nicht mehr so schrecklich.

Als ich Krebs hatte, nahm ich mir vor, Gottes Willen zu erfüllen. Zuerst bat ich ihn, mich in der Stunde meines Lebens zu sich zu rufen, wo ich ein Höchstmaß an Frömmigkeit und Hingabe erreicht hätte. Ich bat meinen Engel, meine Hand zu halten, wenn ich meinen Fuß auf den roten Himmelsteppich setzen durfte. Ich wollte nicht wie eine alte Frau vor Gott dastehen, sondern wie ein kleines Mädchen mit einem Körbchen voller Blumen in der Hand, das auf dem Weg Blumen ausstreut, um Gott und der Jungfrau Maria ihre Hingabe und Liebe zu zeigen. So eine Chemotherapie ist in der Tat ein vorgezogenes Fegefeuer. Es macht einem Angst; aber wenn es die Vorsehung Gottes ist, die es beschlossen hat, kann man es nicht verhindern. Aber es ist so schade, dass viele Patienten ihr Leiden Gott nicht guten Herzens darbringen. Das ist in der Tat eine enorme Vergeudung. Wenn sie sich nicht beklagen würden, sondern es einfach annehmen würden, könnte es ein wahrer Schatz für das Heil der Seelen sein. Ich habe meine Leiden auch für diese Krebspatienten aufgeopfert, denn ihr Leiden ist hart. Hoffen wir, dass ihre Schmerzen nicht das Krebsgeschwür des Aufbegehrens oder der Verzweiflung in ihre Seelen tragen. Mögen sie durch ihr Kreuz den wahren Wert des Leidens erkennen!

Kapitel 47

„Gott wird Dir die sechsundzwanzig Jahre zurückgeben"

Ich bin im Jahre 1989 in die USA ausgewandert. Dort suchte ich die Priester auf, die ich von früher kannte. Pater Aedan McGrath war ohne Zweifel mein engster Freund. Ich kannte ihn schon, als ich erst fünfzehn war. Sie können sich nicht vorstellen, wie sehr ich mich darauf gefreut habe, ihn wiederzusehen und ihm von den langen Jahren meines Leidens zu erzählen. Er hatte sich mehr als ein halbes Jahrhundert um mich gekümmert. Mein Bruder Tommy hatte mir erzählt, dass Pater McGrath von den Vereinigten Staaten die Green Card bekommen hat, die ihm einen Aufenthalt in den USA gewährte, aber mit der Auflage, alle zwei Jahre aus dem Ausland in die USA zurückzukehren. 1991 fand er heraus, wo meine Schwester und ich wohnten. Wir hatten uns seit 1951 nicht mehr gesehen und als wir uns von Angesicht zu Angesicht gegenüberstanden, sagte er zu mir: „Du bist Meiyu, dein Taufname ist Rose, und du bist die Jüngste." Dann wandte er sich an meine Schwester: „Du bist Meizhen, Magdalena." Seine einfachen Worte haben uns sehr bewegt. Er hatte uns vierzig Jahre lang nicht gesehen und nichts von uns gehört. Und er hat uns einfach beim Vornamen genannt, und er wusste noch genau, wer die Jüngste war! Wie man sieht, bewahrte er uns noch immer in seinem Herzen. Das Treffen war aufregend, und aufregend war vor allem, erzählt zu bekommen, was seitdem passiert war.

Er fügte hinzu: „Ich habe euren zweiten und vierten Bruder kennengelernt. Magdalena, du siehst Deinem zweiten Bruder sehr ähnlich. Euer vierter Bruder, Augustinus, besuchte oft Pater McElroy, als er noch in Hongkong war, und jetzt sind Eure beiden Familien hier. Gott hat es so gewollt, für euch. Denkt daran, dass ihr allen Menschen davon berichten müsst, was ihr in den Lagern erlebt habt, um der nächsten Generation ein Zeugnis von der Geschichte des Katholizismus zu hinterlassen. Ihr habt eine große Verantwortung."

Zu dieser Zeit arbeiteten wir im Büro der Hl. Vinzenz-von-Paul-Gesellschaft und mussten acht Stunden am Tag stehen. Das alleine war schon körperlich anstrengend, aber wir mussten auch noch die Hausarbeit erledigen. Am Ende des Tages waren wir total erschöpft. Woher sollte ich die Kraft nehmen, meine Lebensgeschichte aufzuschreiben? Noch dazu hatte ich damals schon etliche gesundheitliche Probleme.

Die Worte des Paters wirkten auf mich wie ein Streichholz, das Feuer entzündet hat: so lag also jetzt eine weitere Last auf meinen Schultern. Ich sagte ganz ehrlich zu ihm: „Wissen Sie, ich habe schon Schwierigkeiten damit, meinen Lebensunterhalt zu verdienen; auch noch etwas zu schreiben wäre einfach zu viel. Lassen wir die Vergangenheit, wo sie ist; sie wurde unter den Augen Gottes geschrieben, warum sie auch noch auf Papier schreiben? Auch leiden wir heute nicht weniger als damals, hinter den Gittern des Kommunismus." Pater Aedan McGrath war ein bescheidener Priester und hat mir geduldig zugehört, ohne mir einen Vorwurf zu machen. Aber er bestand darauf, dass ich meine Geschichte niederschreiben sollte. Das eine Mal bat er mich so darum, das andere Mal anders. Aber er blieb dabei.

Jedes Mal, wenn er in die Vereinigten Staaten kam, besuchte er mich. Obwohl er schon über neunzig Jahre alt war, reiste er immer noch mit dem Flugzeug durch die ganze Welt: auf die Fidschi-Inseln, nach Taiwan, nach Malaysia. Einmal sagte ich zu ihm: „Sie sind ja nun auch nicht mehr der Jüngste, und doch brechen Sie alle Rekorde, was die Kilometerleistung angeht. Wenn man Sie in China nicht als Staatsfeind Nr. 1 betrachtet hätte, wären Sie mit Sicherheit dahin zurückgekehrt. Sie wurden lange vor Msgr. Kung verhaftet, und das war ein guter Fang für die kommunistische Partei Chinas. In China waren Sie in den fünfziger Jahren die berühmteste Person." Da lachte der Pater: „Wie gerne würde ich nach China zurückkehren, nach Shanghai, um Ihre Aurora-Mädchenschule wieder zu sehen."

Als der Pater 1998 wieder zu uns ins Haus kam, schaute er mich einen Moment lang an und umarmte mich dann herzlich: „Was für eine hübsche Blondine!" Ich nahm schweigend meine Perücke ab, um ihm meine Glatze zu zeigen. Zärtlich legte der Pater seine Hand auf meinen Kopf, seine Tränen fielen auf meine Kopfhaut, und er sagte liebevoll zu mir: „Meine kleine Rose, ich weiß, dass du wieder leidest. Du hast Krebs, hattest eine Operation und dann eine Chemotherapie. Braves Mädchen, opfere all deine Leiden Unserer Lieben Frau auf. Das ist das Beste, was du tun kannst, um unserer gebenedeiten Mutter eine Freude zu machen. Sechsundzwanzig Jahre warst du im Gefängnis, aber mach dir keine Sorgen, die Muttergottes wird dir diese sechsundzwanzig Jahre zurückgeben!" Wie bewegend waren doch diese Worte! Ich aber wollte keine sechs Jahre mehr leben, auch keine sechzehn und schon gar keine sechsundzwanzig. Als ich operiert wurde, war der Krebs schon im Endstadium, denn die Krebszellen hatten sich bis in die Lymphknoten ausgebreitet. In diesem Stadium sind viele Krebspatienten, die nicht annähernd so schwach waren wie ich, gestorben, einer nach dem anderen.

Später erzählten mir zwei meiner Ärzte – nicht katholisch – dass ihre medizinischen Kenntnisse nicht erklären konnten, wie ich noch sieben Jahre nach der Operation leben konnte. Wie barmherzig ist doch Gott! Er hat ein Wunder getan für seine Magd. Wie hätte ich da noch undankbar sein sollen? Jetzt, da ich nicht mehr arbeite, habe ich genug Zeit und auch keine Ausrede mehr, nicht zu schreiben.

Pater Aedan McGrath starb am Weihnachtstag des Jahres 2000 in Dublin, in Irland. An seinem letzten Abend hat er noch drei Hl. Messen hintereinander gelesen. Als er mit den Gottesdiensten fertig war, erlitt er einen Herzinfarkt und starb zwei Stunden später. Verehrter Pater, ich werde Ihren Wunsch nie vergessen und werde nicht aufhören, für Sie bis zum Ende meines Lebens zu schreiben. Ich erinnere mich an den Tag, an dem Sie meinen ersten Artikel auf Englisch gelesen haben: „Das menschliche Leiden ist eine geistliche Freude." Mir fehlen die Worte, um zu beschreiben, wie enthusiastisch Sie waren! Sie haben hunderte von Fotokopien gemacht, um sie an die Mitglieder der Legion Mariens zu verteilen. Ich werde nicht vergessen, wie oft Sie mich gebeten haben, meine Leiden Gott darzubringen und unsere liebe, himmlische Mutter zu lieben. Das werde ich immer tun.

Sechsundzwanzig Jahre eingesperrt, sechsundzwanzig Jahre frei

Sechsundzwanzig Jahre eingesperrt
und sechsundzwanzig Jahre frei.
Im Jahr 2007 ist es soweit.

Während der sechsundzwanzig Jahre Haft
öffneten die Kommunisten jedem die Tür,
der den Glauben verleugnete.
Wir hätten jederzeit freikommen können.

Eingesperrt zu sein, heißt frei zu sein,
frei von der Welt, frei von
weltlichem Ansehen und Reichtum.
Äußerlich eingesperrt zu sein,
ist ein innerliches Gespräch mit Gott.

Die sechsundzwanzig Jahre in der Freiheit,
war ich eingesperrt im Gefängnis der Liebe,
habe ich Ihm meinen freien Willen angeboten,
mein ganzes Leben.
Selbst wenn ich frei bin,
bin ich gefangen im Herzen Gottes.

Ich weiß nicht, was in den nächsten
sechsundzwanzig Jahren geschehen wird,
ganz gleich, ob ich eingesperrt oder frei sein werde,
Gott ist immer bei mir, bis zum letzten Augenblick!

Kapitel 48

Es ist kein Märchen

Möchten Sie die lustige Geschichte hören, die davon handelt, was mit den Fischerbooten passiert ist? Sie ereignete sich im Jahre 1999, am Festtag der Himmelfahrt Unserer Lieben Frau, im Süden der Provinz Jiangsu. Die meisten Gläubigen, die hier lebten, waren Fischer. Sie hatten keine Häuser, nur Fischerboote. Das Fischen war ihr Leben, wie für einige der Apostel. Sie führten ein einfaches Leben und waren dennoch sehr fromm.

Aber kehren wir erst einmal ins Jahr 1955 zurück, genauer gesagt zum 15. August 1955. Die Fischer baten einen Priester, auf einem großen Dampfschiff, das sie gemietet hatten, eine hl. Messe zu lesen. Mehrere hundert Gläubige kamen zu dieser Messe; sie sangen und beteten mit ihren vielen Lichtern und Kerzen. Es war schon Abend, und die Anwohner konnten weit und breit die Hymnen hören und die Zeremonie beobachten. Plötzlich kam ein Patrouillenboot mit hellen Scheinwerfern, die abwechselnd blinkten. Die Sirene lärmte: Wieh, wieh, wieh! Die Patrouille kam näher. Ein Polizist machte ein paar Fotos und dann kehrte die Patrouille wieder um. Nach der heiligen Messe besuchte der Priester noch einen Gläubigen. Plötzlich kamen zwei Polizisten herein und sagten zu ihm: „Sie haben etwas Illegales getan. Wir haben Beweise dafür. Betrachten Sie sich als verhaftet." Sie notierten sich den Namen des Priesters und verurteilten ihn später zu drei Jahren Gefängnis, nur weil er eine hl. Messe in der Öffentlichkeit gefeierte hatte.

Wer war dieser Priester? Sein Name war Pater Paul. Er war siebzig Jahre alt, und ob Sie es glauben oder nicht, er wurde fünfmal verhaftet. Sein „Verbrechen" war jedes Mal dasselbe: er hatte die heilige Messe gefeiert. Doch jedes Mal, wenn er verurteilt wurde, hat man ihn noch am selben Tag wieder freigelassen. Und jedes Mal feierte er am nächsten Tag wieder die hl. Messe.

1999 zog der Pater schließlich die Lehren aus seinen Erfahrungen. Am 15. August wählten sie statt eines großen Dampfschiffes ein kleineres, etwa zwanzig Meter langes und sechs Meter breites Schiff und errichteten darauf einen Altar, auf dem Pater Paulus das heilige Messopfer darbringen konnte. Mehr als zweihundert Menschen drängten sich auf einer Brücke, und um das Schiff mit dem Altar herum lagen noch vier kleinere Schiffe im Wasser. Die Zahl der Gläubigen, die an der Messe teilnahmen, musste fast fünfhundert betragen haben. Der Pater hat diese Messe im Licht einer kleinen Taschenlampe gelesen, doch angezogen von der Hitze und dem Gestank der Fische, setzten sich unzählige Mücken und andere Insekten auf das Gesicht des Zelebranten. Es war eine einzige Geduldsübung, diese heilige Messe zu zelebrieren, ohne wild um sich zu schlagen. Man hatte vereinbart, dass es auf den vier kleinen Booten kein Licht geben sollte. Die Gläubigen versuchten einfach, den Gesten des Zelebranten schweigend und im Dunkeln zu folgen. Das Bewegendste aber war die Austeilung der heiligen Kommunion: Der Priester musste zusammen mit einem Messdiener inmitten so vieler Leute, die vor ihm auf den Knien waren, das Ziborium in der Hand haltend, vorsichtig von einem Schiff auf das Schiff steigen, und das alles unter dem Lichte einer schwachen Lampe. Manchmal hörte man das Patrouillenboot kommen und wieder abfahren. Weil aber die Polizisten kein Licht sahen und auch nichts Verdächtiges hörten, störten sie die Zeremonie nicht. Kaum zu glauben, dass man ein so wundervolles, geheimnisvolles Messopfer vor fünfhundert Menschen in einer solchen Stille darbringen kann!

Als ich Pater Paul vor einigen Jahren, wieder traf, sagte ich zu ihm: „Sie haben so viele Jahre lang Verstecken mit der Polizei gespielt und doch haben Sie sich nie bezwingen lassen, auch nicht nach so vielen Verhaftungen. Unter solchen Umständen ist Gott immer der Sieger. Sie sind für mich das beste Beispiel dafür!"

Oh, mein Gott! Betet für China; betet für Pater Paulus!

8. September 2003

Kapitel 49

Wie Simon von Cyrene

Jesus von Nazareth wurde am Karfreitag zum Tode verurteilt. Die Prozession zum Platz seiner Hinrichtung wurde von einem römischen Zenturio zu Pferd angeführt, an seiner Seite je zwei Soldaten, die den Auftrag hatten, die Hinrichtung zu überwachen. Unser Herr, der an der Spitze des Zuges das Kreuz vorantrug, war von den unzähligen Peitschenhieben des Vortages furchtbar zugerichtet; sein göttlicher Leib war mit Wunden und Blutergüssen bedeckt, sein Blut tropfte zu Boden. Die Soldaten des Statthalters hatten ihm das Purpurgewand vom Leib gerissen, ihm seine eigenen Kleider angezogen und das Kreuz auf seine verwundete und zerrissene Schulter gelegt. Der Balken wog etwa fünfundfünfzig Kilo. Obwohl Jesus schon völlig erschöpft war, musste er diese schwere Last durch die Straßen Jerusalems zur Stätte der Qualen tragen.

Jesus war ausgezehrt vom langen Fasten und dem Verlust seines kostbaren Blutes. Als Jesus unter der Last des Kreuzes zusammenbrach, fürchteten die Römer, Jesus könnte auf dem Wege sterben. So zwangen sie einen Passanten, anstatt seiner das Kreuz zur Hinrichtungsstätte zu tragen. Hinter Jesus sah die neugierige Menge zwei Räuber, die zusammen mit ihm hingerichtet werden sollten. Einige kannten Jesus und hatten ihn bis dahin wegen seiner Wunder verehrt, andere erkannten in ihm sogar den Messias. Sie hatten noch am Palmsonntag Zweige für ihn geschnitten und auf den Weg gestreut, und immer wieder „Hosianna dem Sohn Davids" gerufen. Aber nun waren sie überzeugt, dass er ein Verführer sei, dass dies erwiesen sei, und dass er aus keinem anderen Grunde zum Tode verurteilt worden sei. So wurde ihre Liebe zu Hass, ihre Verehrung zu Verachtung. Sie hatten es nun eilig, ihn zu töten, und begleiteten ihn mit Spott und Flüchen.

In der Menge befanden sich aber auch einige fromme Frauen, so die gebenedeite Mutter des Herrn, Maria, die den ganzen Weg mitgegangen ist, um an der Schande und dem Leiden ihres göttlichen Sohnes Anteil zu nehmen; und die hl. Veronika, die Jesus ihren Schleier gereicht hatte, auch Maria Magdalena und einige andere Frauen. Im Vergleich zur Menge, die schrie: „Kreuzigt ihn! Kreuzigt ihn!" war es nur eine kleine Minderheit, die treu an der Seite unseres Herrn blieb.

Die Apostel hatten den Herrn verlassen und waren geflohen, alle außer dem hl. Johannes, der bis zum Ende bei Maria blieb. Sie hatten die zahllosen Wunder Christi miterlebt, die Auferstehung des Lazarus und die Speisung der mehr als fünftausend Menschen mit fünf Broten und zwei Fischen, aber es fehlte ihnen der Mut, das Leiden und die Schande Jesu Christi zu teilen. Wie schwach die menschliche Natur doch ist!

Wer war dieser Simon von Cyrene? Warum war er bereit, dieses schwere Kreuz mit Jesus auf dem Weg nach Golgatha zu tragen? Diese Frage hat mir mehr als fünfzig Jahre lang keine Ruhe gelassen. In einem Gebetsbuch, das es auf Chinesisch und Englisch gibt, heißt es, dass es sich bei ihm um einen Reisenden handelte, der nach Jerusalem gekommen war, aber aus einem anderen Land stammte. Vielleicht kannte er Jesus vorher gar nicht und vielleicht wusste er auch nicht, was an diesem Tag geschehen war. Als die römischen Soldaten ihn aufforderten, das Kreuz zu tragen, ließen sie Simon keine Zeit, sich zu entscheiden. Bevor er überhaupt begriffen hatte, worum es ging, lag das Kreuz bereits auf seiner Schulter. Keiner von denen, die dabei waren, wollte das Kreuz auch nur anrühren, denn das Kreuz war ein Zeichen der Schande. Selbst die rohen Soldaten, die für Geld zu allem bereit waren, hielten sich für zu erhaben für eine solche Aufgabe. Simon hatte nicht nur eine physische Last zu tragen, sondern auch die Schande Christi.

Zunächst war Simon nicht bereit, das Kreuz zu tragen, aber als er auf unseren Herrn blickte, war er von dessen Sanftmut und Geduld berührt. Obwohl sein zarter Körper voller Wunden und Blutergüsse war, war seine Haltung überaus friedlich. Sobald Simon das Kreuz Jesu auf seine Schultern nahm, wurden ihm und seiner Familie unzählige Gnaden gewährt. Der hl. Markus erwähnt, dass er der Vater von Alexander und Rufus ist (vgl. Mk 15,21), von

Gläubigen, die später in Rom gut bekannt waren. Das heiligste Herz Gottes wird niemanden vergessen, der seine Liebe zu Jesus beweist, vor allem, wenn er hilft, das Kreuz auf dem Weg nach Golgatha zu tragen.

Pilatus wusste sehr wohl, dass der Herr nichts Böses getan hatte, aber er fürchtete sich mehr vor der öffentlichen Meinung und dem Kaiser zu missfallen, als vor dem Zorn des Himmels. Auch in meinem Leben hat Gott mich mehrmals gebeten, zwischen der Wahrheit und der Achtung der Menschen zu wählen. Und jetzt haben sich wieder zwei Wege vor mir aufgetan: Der eine, der breite, war der Weg des einfachen Lebens; er war verbunden mit der Wertschätzung von Menschen mit gutem Ruf. Aber dieser Weg konnte mich nur ins Unglück führen. Ich hätte diesen Weg nehmen können, wenn ich mich für stark genug gehalten hätte, einfach das tun zu dürfen, was ich wollte. Der andere Weg aber war sehr schmal. Und das war der Weg, den ich eingeschlagen habe. Deshalb bin ich wie unser gepriesener Herr von einigen Priestern missverstanden, ja sogar verurteilt worden: „Jetzt bist du ein Dämon, du stehst jetzt außerhalb der Kirche!", haben mir einige von ihnen vorgeworfen. Aber in Wirklichkeit ist dieser zweite Weg der Weg zum Himmel, und ich bin ihm sehenden Auges gefolgt.

Ich will es erklären: Vor einigen Jahren habe ich bei Exerzitien die Wahrheit im traditionellen Katholizismus gefunden. Die Wahrheit ist die Wahrheit, sie ändert sich nie. Was ich wiedergefunden habe, ist einfach der traditionelle Glaube, die gleiche Religion, die mir von den Priestern vermittelt wurde, die Gott mir in meiner Jugend auf den Weg geschickt hatte (...und einige von ihnen wurden später zu Märtyrern). Ich will unbedingt daran festhalten, ganz gleich, was man darüber sagt.

Gott hat mich ergriffen wie Simon von Cyrene, um sein Kreuz zu tragen; man muss es mit offenen Armen entgegennehmen. Welch ein Segen, dass mein Leben aus Kreuzen und Rosenkränzen besteht! Es sieht aus wie ein Dornenhaufen, aber darüber prangt eine hübsche Rose, von der ein lieblicher Geruch ausgeht. Es sind Jesus und Maria, die mich lehren, sie zu lieben. Es zahlt sich aus,

Seelen zu retten. Sogar in meinen Träumen sage ich ausdrücklich: „Jesus, Maria, ich liebe Euch! Rettet viele Seelen!"
Alle Ehre sei Dir, oh allmächtiger Gott!

Karfreitag, 2004.

Kapitel 50

Eine Familie von Märtyrern

Papst Johannes Paul II. sprach 125 chinesische Märtyrer selig,
die vor ein oder zwei Jahrhunderten gestorben sind. Heute gibt
es in China immer noch keine Religionsfreiheit für den christlichen Glauben, und immer noch werden chinesische Katholiken gefangen genommen, und einige sterben auch heute noch
für ihren Glauben. Ich bin mir sicher, dass eines Tages viele der
Märtyrer des vergangenen Jahrhunderts selig- und heiligge-
sprochen werden.

Ich wurde in eine heidnische Familie geboren, aber nach meiner
Taufe bat mein Seelenführer eine glaubenseifrige Familie, sich
um mich zu kümmern. Das Oberhaupt dieser Familie war Duocaï
Shen, Gemeindemitglied von der St.-Peters-Kirche in Shanghai.
Er war Ingenieur bei einem Elektrizitätsunternehmen. 1955 wurde die Diözese Shanghai von einem schweren politischen Sturm
heimgesucht und Herr Shen wurde verhaftet. Er hatte vier Söhne und eine Tochter. Zwei seiner Söhne, Letian und Lerping, und
seine einzige Tochter, Teresa Lixia, wurden ebenfalls verhaftet,
weil sie sich weigerten, ihren Glauben zu verleugnen. Am Abend,
als ihr Mann, ihre beiden Söhne und ihre Tochter verhaftet und
weggebracht wurden, ermahnte Frau Shen sie: „Habt Mut und
vertraut auf Gott, wir werden uns im Himmel wiedersehen!"

Frau Shen hat von da an viele finanzielle und seelische Prüfungen durchgemacht. Ihre beiden anderen Söhne, Le-an und Leren,
wohnten bei ihr zu Hause und verdienten kein Geld. Zudem gab
es Probleme mit den Verwandten und Nachbarn. Obwohl sie nicht

viel Geld hatte, ging Frau Shen oft zum Postamt, um ihren Familienangehörigen, die sich im Arbeitslager befanden, Lebensmittelpakete zu schicken. Die Postbeamten demütigten sie jedes Mal, wenn sie diese Pakete zum Versenden brachte, weil die Empfänger „Gefangene" in einem Lager waren. Sie forderten sie regelmäßig auf, die Pakete zur Kontrolle zu öffnen, aber Frau Shen bewies dabei immer Geduld, Tapferkeit und Mut. Sie nahm ihnen ihre Härte und die Demütigungen nicht übel, ließ ihnen aber auch nicht die Genugtuung, sie das Fürchten gelehrt zu haben. Nach und nach machten ihre Beharrlichkeit und Freundlichkeit immer mehr Eindruck auf die Postangestellten. Die Treue, die sie ihrer Familie gegenüber bewies, stärkte ihr Ansehen so sehr, dass Frau Shen bald als Helferin beliebt war, die andere Frauen dabei unterstützte, ihre Hilfspakete ins Arbeitslager zu schicken. Die Mutter von Vater Francis Chu zum Beispiel hatte vier Kinder im Lager. Frau Shen begleitete Frau Chu zum Postamt und half ihr, wo immer sie nur konnte.

Nach dem Beginn der 68-er Kulturrevolution wurden auch die Familien der „Konterrevolutionäre" gewaltsam angegriffen. Sie wurden geächtet, verfolgt und öffentlich geschlagen. Die körperliche und seelische Folter, die die Mitglieder dieser Familien erdulden mussten, war unbeschreiblich, weshalb nicht wenige Selbstmord begingen. Auch Frau Shen und ihre beiden jüngsten Söhne gehörten zu den Opfern der Kulturrevolution. Die Kommunisten verhafteten Frau Shen, fesselten sie an den Händen und folterten sie Tag und Nacht, und auch ihre beiden Söhne verschonten sie nicht. Der Älteste, Le-an, der an einem angeborenen Herzfehler litt, starb bei einer Folter an einem Herzinfarkt. Unbeirrt brachte Frau Shen all ihr Leid und ihren Schmerz Gott und der allerseligsten Jungfrau Maria dar. Sie und ihr jüngster Sohn, Leren überlebten; Leren kam später auch in die Vereinigten Staaten, wo er noch heute lebt. In den achtziger Jahren wurden Letian und Lerping nach fast dreißig Jahren Haft wieder freigelassen. Kurz nachdem die Familie wieder zusammenkam, wurde bei Frau Shen Leberkrebs diagnostiziert. Als ich sie besuchte, hatte sie ihren Frieden gefunden: „Ich danke Gott für alles. Die Kommunisten haben mit allen Mitteln versucht, mich dazu zu bringen, meinen Glauben zu verleugnen, aber selbst unter der Folter habe ich mich nicht davon abbringen lassen. Ich habe keine Angst mehr. Und siehe da, meine beiden Söhne sind mir zurückgegeben worden. Ich bete, dass mein Tod friedlich sein möge und um nichts anderes." Sie war sehr gelassen, als sie starb. Ich glaube, Gott hat ihr Leid belohnt.

Der älteste Sohn, Letian, wurde katholischer Priester. Nach seiner Verhaftung im Jahr 1955 wurde er in ein Lager gesperrt, weil er sich weigerte, die Anklageschrift, in der es hieß, Bischof Kung sei ein „Konterrevolutionär", anzuerkennen. Er erklärte immerzu, dass es in Wirklichkeit die Kommunisten waren, die den Katholizismus ablehnten, und nicht die Katholiken, die die Regierung ablehnten. Man bestrafte ihn, indem man ihm Essen und Trinken entzog. Nach sieben Tagen ohne Brot und Wasser begann er aus Ohren, Nase, Augen, Mund und Anus zu bluten. Die Verantwortlichen hatten die Befürchtung, dass auch er als Märtyrer sterben würde, denn der letzte Märtyrer, Pater Cheng Beda, hatte durch seinen Tod viele Ungläubige bekehrt. So gaben sie Letian doch wieder etwas zu trinken und konnten ihn lebend nach Hause schicken.

Die kommunistische Partei Chinas beschlagnahmte daraufhin das Haus der Familie Shen und ließ die restlichen vier Familienmitglieder auf einem 100 Quadratmeter großen Dachboden wohnen. Um die Sünden des Kommunismus zu sühnen, feierte Letian täglich mehrere Messen zu Hause.

Dieser Ort, wo sie nun lebten, war sicher nicht als Wohnraum geeignet. Es war ein kahler Innenhof auf dem Dach eines drei stöckigen Gebäudes. Um die Shens zu besuchen, musste man eine alte, verfallene Treppe hinaufsteigen, die bei jedem Schritt so heftig knarzte, dass man glaubte, sie würde jeden Augenblick zusammenbrechen. Im Vergleich zu ihrem schönen Haus, das beschlagnahmt worden war, erschien der Dachboden fast wie die Hölle. Doch die Familie Shen beschwerte sich nie. Auch nicht über den Rauch, der sich auf dem ganzen Dachboden verbreitete. Nachdem er einige Jahre lang diesen Rauch eingeatmet hatte, spuckte Letian Blut. Er starb friedlich in der Notaufnahme eines Krankenhauses.

Die einzige Tochter der Familie Shen hieß Teresa. Sie wurde wegen ihres Glaubens nach Qinghai verbannt, wo man bei ihr dann Brustkrebs diagnostizierte. Teresa ertrug ihr Leiden mit einer fast übernatürlichen Anmut. Die Katholiken waren sehr beeindruckt von der Art und Weise, wie sie ihr Leid annahm, so als wäre es ein Geschenk Gottes. Schon bald nannte man sie „die kleine weiße Blume von Shanghai" und ihr Mut bekehrte viele Ungläubige.

Schließlich lebte nur noch der letzte Sohn, Lerping auf dem Dachboden und hatte dort vier Urnen aufgestellt, eine seiner Mutter, eine von Letian, eine von Le-An und eine von Teresa. Die sterblichen Überreste seines Vaters wurden nie gefunden. Wenn das der Fall gewesen wäre, hätte es eine fünfte Urne gegeben. Alle fünf Angehörigen Lerpings starben für ihren Glauben. Der Dachboden sah aus wie eine Grabstätte, denn Lerping hatte kein Geld für eine Bestattung, und auch seine Verwandten hatten ihn dabei im Stich gelassen. So hatte er nicht das nötige Geld, um die Urnen seiner Angehörigen auf dem Friedhof zu beerdigen. Ich schlug ihm vor, doch irgendwo ein Stück Land zu suchen, um dort alle zu begraben. Das ist ihm auch gelungen, und so hat er die Asche seiner vier Familienmitglieder begraben können, an dem Ort, wo Lerping später selbst begraben wurde.

Bis zu seinem Tode lebte er auf diesem Dachboden in Shanghai, ohne Arbeit und ohne Aufenthaltsgenehmigung. Ohne eine Aufenthaltsgenehmigung bekam er keine Lebensmittelkarten, und ohne Lebensmittelkarten bekam er keine Lebensmittel. Damals waren alles rationiert und es gab Lebensmittel nur auf Gutschein. Um nur drei Deziliter Öl oder dreißig Gramm Mehl zu kaufen, war eine Karte erforderlich. Doch Lerping schien sich nie darum zu kümmern. Er unterrichtete umsonst Englisch und lebte von dem Essen, das ihm seine Schüler mitbrachten. Er eignete sich den katholischen Glauben wirklich an. Jedes Mal, wenn seine Schüler ihm Essen brachten, teilte es Lerping, auch wenn es nicht viel war, mit einer alten Dame aus der Nachbarschaft, und sein Gemüse teilte er mit einem alten Mann. Er kümmerte sich immer um andere, aber nie um sich selbst. Einige Monate vor seinem Tod waren seine Beine so geschwollen, dass sie aussahen, wie Elefantenbeine, aber er schaffte es immer noch, mit dem Fahrrad zu fahren, um den älteren Menschen Essen zu bringen. Wie sollte man so einen Menschen nicht lieben?

Die Familie Shen war eine heilige Familie, der Stolz der Katholiken in Shanghai. Ihre Geschichte sollte an die Nachwelt weitergegeben werden. Alle ihre Mitglieder starben für den katholischen Glauben und könnten vielleicht eines Tages von Rom seliggesprochen werden.

Ein Rätsel bleiben die Umstände, wie Herr Shen, der Familienvater, in einem abgelegenen Arbeitslager in Qinghai gestorben ist. Der Lagerleiter informierte die Familie, dass er an einer Lungenentzündung verstorben sei, ohne jedoch einen Beweis dafür zu liefern. Einige Jahre später kehrte ein „Häftling" aus dem Arbeitslager zurück und erzählte Lerping unter Tränen, was wirklich passiert war: In einer verschneiten Winternacht wachte Herr Shen auf und verließ sein Lager, um zur Toilette zu gehen. Ein Wärter beschuldigte ihn des Fluchtversuchs und schoss auf ihn. Das Lager, das für seine Isolation ausgewählt wurde, war im Winter kilometerweit von endlosem Schnee umgeben, so dass jeder, der versuchte zu fliehen, ohnehin keine Überlebenschance hatte und entweder verhungert oder erfroren wäre. Aber Gott hat es zugelassen, damit wir einen ehrwürdigen Märtyrer unter uns haben. Herr Shen, bitte beten Sie für uns!

Die Familie Shen war für mich in der langen Zeit, in der ich schwach, verwirrt und niedergeschlagen war, ein Vorbild. Ich möchte ihre Liebe zu Gott nachahmen, nicht nur in Worten, sondern auch in Taten, jeden Tag!

Kapitel 51

Ein Stein wirbelt tausend Wellen auf

In den fünfziger Jahren hatte ich etliche Leute um mich, die später den Märtyrertod erlitten haben. Pater Matthew Zhang war wohl derjenige, der am meisten leiden musste. Man hatte ihn zu achtzehn Jahren Gefängnis verurteilt. Sein Fachgebiet war Philosophie und Logik und unter den Gefangenen gab es zahlreiche Intellektuelle und Lehrer, die Pater Zhang nicht nur respektierten, sondern durch sein Vorbild bekehrt wurden und nach der Taufe verlangten. Pater Zhang erzählte mir, dass er sie in ihren Zellen getauft habe.

1971 veranstalteten die Gefängnisdirektoren spezielle Gehirnwäsche-Sitzungen, um ihre Feindseligkeit gegenüber der Religion zu demonstrieren. Bischof Kung und Pater Zhang waren die am meisten Angegriffenen in diesen Sitzungen. Weil der Bischof international bekannt war, zwangen sie ihn nicht, seine Meinung über den Maoismus und den Leninismus zu äußern; sie konzentrierten ihre Angriffe vielmehr auf Pater Zhang. Die Verantwortlichen versammelten also einige so genannte „Experten" des Marxismus, die aber in Wahrheit keine Ahnung hatten von linker Politik. Sie standen unter der Kontrolle der kommunistischen Partei Chinas und nahmen sich das Recht, so viele Geschichten und Lügen wie nötig zu erfinden, solange sie nur ihren Zwecken dienlich waren. Aber das Schlimmste dabei war, dass die Verantwortlichen auch einige hart gesottene Verbrecher dazu überreden konnten, mit ihnen zu kooperieren. Sobald Pater Zhang anfing, die Wahrheiten unserer Religion darzulegen, stand einer von ihnen auf, stürzte ohne Vorwarnung auf ihn und schlug ihn mit aller Kraft mit einen Holzteller auf die Brust. Ziemlich genau in der Höhe des Herzens, so dass der Pater fast ohnmächtig wurde.[26] Mehr als ein dutzend Mal wiederholte er diesen Vorgang. Diese Gehirnwäsche zog sich über neun Monate hin.

Schließlich geschah etwas sehr Bemerkenswertes. Ein Wärter fragte Bischof Kung: „Was halten Sie jetzt von Ihrer katholischen

218

Religion?" Der Bischof stand auf und antwortete: „Meine Meinung dazu hat sich nicht geändert!" Der Verantwortliche schrie hysterisch: „Steht alle auf, alle Katholiken!" Pater Zhang war der Erste, der stand. Die ersten Katholiken folgten ihm. Dann erhoben sich auch jene, die darauf warteten, getauft zu werden und schließlich auch die Verehrer von Pater Zhang. Es wurden immer mehr. Das verwirrte den Wärter so sehr, dass er nicht mehr wusste, wie er mit so einer Situation umgehen sollte. Er fing an, aus voller Brust zu schreien: „Einige von euch werden der Hinrichtung nicht entgehen; ihr werdet schwer bestraft werden. Ihr werdet schon noch sehen!"

„Was waren denn die Folgen dieser neunmonatigen Misshandlungen?", fragte ich den Pater, als ich ihn wiedersah. Er lächelte: „Immer mehr Menschen wollten getauft werden. Dass es in einem Gefangenenlager so viele Bekehrungen gab, war etwas Außergewöhnliches. Es fehlte uns an Freiheit, aber nicht an Wasser, um zu taufen. Und was die Nichtkatholiken angeht, so behielten sie auch in der Haft ihren freien Willen: nichts konnte sie nun mehr davon abhalten, sich an die Wahrheit zu halten. In der Tat", so beendete der Pater seine Erklärung, „...je heftiger die Kommunisten unsere Kirche angriffen, desto mehr Menschen bekehrten sich."

Pater Zhang war ein treuer Priester, wie der heilige Petrus, der sein ganzes Leben darauf achtete, den Blick fest auf den Herrn gerichtet zu halten, um über das Wasser gehen zu können. Sein missionarischer Eifer in den Gefängniszellen war unglaublich. Nach jedem dieser strengen Verhöre kamen Leute, um sich taufen zu lassen. Wie der Pater sagte, die Kommunisten haben uns bei der Arbeit geholfen. Die Wächter waren übrigens nicht alle schlechte Menschen. Einige bewunderten den Pater heimlich und boten ihm sogar an, ein wenig seine Zelle verlassen zu dürfen, um Luft zu schöpfen, was unser tapferer Priester wiederum als Gelegenheit dazu nutzte, ihnen die elementarsten Wahrheiten unseres Glaubens zu vermitteln. Der Pater hat mir erzählt, dass er tatsächlich Fälle von Bekehrungen gesehen hat, wo ein Saulus zu einem Paulus wurde, das heißt, wo Menschen, von eifrigen

Verfolgern zu unerschrockenen Verteidigern des Glaubens geworden sind.

1982 wurde ich aus dem Arbeitslager entlassen und 1985 kehrte ich nach Shanghai zurück. Als ich zu Hause ankam, erzählte mir eine Freundin, dass Pater Zhang sehr krank sei und in einem Krankenhaus im Zentrum von Shanghai liege. Er hatte seit 1950 schwere Herzprobleme und wurde mit Coramin-Injektionen behandelt. Er trug sie immer bei sich, für den Fall, dass er sie benötigte. Infolge der brutalen, fast tödlichen Prügel während der Verhöre waren seine Mitral- und Trikuspidalklappen so stark geschädigt, dass sein Herz extrem unregelmäßig und manchmal mit einem Puls von über zweihundert Schlägen pro Minute arbeitete. Die Ärzte teilten seiner Familie mit, man müsste jederzeit auf seinen Tod vorbereitet sein.

Eines Tages kam ich auf die Station – der Pater war offensichtlich in ausgezeichneter Stimmung. Er nahm meine Hand und sagte zu mir: „Wissen Sie eigentlich, dass Pater Francis-Xavier Chu für mich ein echtes Wunder gewirkt hat?" Ich war so glücklich, dass ich auf der Stelle hätte tanzen können. Dann bot er mir Kuchen und Süßigkeiten an und sagte: „Es hat keine Eile. Essen Sie ein wenig, und dann erzähle ich Ihnen meine Geschichte." Ich antwortete: „Pater, Sie haben mich immer wie Ihr Kind behandelt. Jetzt bin ich über 50 Jahre alt und bin sehr gespannt, zu hören, was mit Ihnen passiert ist." Der Pater war offen und direkt zu mir und erzählte mir seine Geschichte im Detail.

„Vor einer Woche lud der Kardiologe dieses Krankenhauses Experten aus anderen Krankenhäusern ein, mich noch einmal zu untersuchen. Ihre Diagnosen waren eindeutig, alle Ärzte ließen ihre Hände in den Schoss fallen. Als sie für weitere Untersuchungen eine Pause machten, legte ich mir eine Reliquie von Pater Xavier Chu unter mein Kissen und betete zu ihm: „Wenn Gott will, dass ich für ihn weiterarbeite, dann lass ein Wunder an mir geschehen, wenn Gott es will!"

Schon am nächsten Morgen, als der Arzt zur Visite kam, stellte er zu seiner großen Überraschung fest, dass mein Puls wieder normal war. Daraufhin untersuchten mich die Ärzte noch einmal, mit den gleichen medizinischen Geräten wie zuvor, aber sie konnten keinen Herzschaden mehr feststellen. Weil der Chefarzt dieses Ergebnis nicht anerkennen wollte – vielleicht dachte er, die Maschinen hätten nicht richtig funktioniert – ließ er sich leihweise Elektrokardiogramme anderer Krankenhäuser kommen, doch die Ergebnisse blieben dieselben. Es wäre noch untertrieben, zu sagen, die Ärzte wären überrascht gewesen. Sie mussten eingestehen, dass das, was mit mir geschehen war, medizinisch nicht zu erklären war. In der Folgezeit kamen immer mehr Krankenschwestern zu mir und baten mich, für sie zu beten: „Pater, wir wissen, dass Ihr Gott Sie gerettet hat; bitte beten Sie für uns! Einige von ihnen ließen sich sogar taufen."

1989, bevor ich in die USA ging, sagte ich Pater Zhang Lebewohl. Ich finde keine Worte, um zu beschreiben, wie ich mich damals fühlte. Einerseits wollte ich China unbedingt so schnell wie möglich verlassen. Auf der anderen Seite blieben so viele Priester, vor allem mein lieber geistlicher Führer, Pater Zhang, im Land. Ich ahnte, dass ich nie wiederzusehen würde und nie mehr mit ihm sprechen würde. Wie hätte ich meine Tränen zurückhalten können, als ich ihm zum Abschied die Hand gab? Seine letzten Worte waren entschieden und deutlich: „Es gibt viele Kreuze, die auf Sie warten. Sie sollten sich darauf gefasst machen, selbst von Ihren Nächsten angegriffen zu werden, den Gläubigen, den Priestern, den Bischöfen. Vielleicht werden Sie eines Tages exkommuniziert, und diejenigen, die den Glauben verloren haben, wird man als die Guten bezeichnen. Bewahren Sie Ihren Glauben unter allen Umständen! Ich werde im Himmel auf Sie warten!"

In der Tat, Pater Zhang war ein Priester voller Eifer und übernatürlicher Weisheit. Er war der Einzige, der die Zukunft voraussehen konnte. In dem Augenblick, als er diese Worte sprach, beunruhigten sie mich zutiefst; verstanden habe ich sie erst viel später.

Kapitel 52

She Shan, das Lourdes des Ostens

Die Basilika Unserer Lieben Frau von She Shan wurde 1863 auf dem She Shan Hügel erbaut. Die Gläubigen wollten damit unserer himmlischen Mutter ihre Dankbarkeit zum Ausdruck bringen, dass sie die Diözese Shanghai unter der Qing-Dynastie vor einer Katastrophe bewahrt hatte. 1871 wurde die Kirche wieder aufgebaut, vergrößert und zur Hauptkirche von Shanghai gemacht. Die Eröffnungsfeiern wurden von Bischof Long Huairen am 1. und 24. Mai desselben Jahres gefeiert. 1874 gewährte Papst Pius IX. allen, die im Marienmonat Mai dorthin pilgern, einen vollkommenen Ablass.

Die alte, ursprünglich bestehende Kapelle wurde 1925 abgerissen und man begann mit dem Bau einer Kathedrale. Es dauerte mehr als zehn Jahre, bis sie vollendet war. Diese Kathedrale wurde 1946 von Papst Pius XII. zur Basilika erklärt und 1948 vom Apostolischen Nuntius, Bischof Riberi, geweiht. Sie galt fortan als die erste große Kirche des Fernen Ostens. Tausende von Katholiken aus ganz China, ja aus der ganzen Welt, pilgerten seither dorthin.

Die Katholiken der Diözese Shanghai haben in den fünfziger Jahren einen neuen Brauch eingeführt: Sie machten Wallfahrten zur Kathedrale von She Shan, eine im Mai, im Monat Unserer Lieben Frau, dann eine im Oktober, im Rosenkranzmonat, und schließlich auch jeden ersten Samstag im Monat. Sie machten auch in besonderen Anliegen Pilgerreisen. Sie knieten vor der Kapelle der „drei Heiligen" und der Kapelle Unserer Lieben Frau nieder und flehten sie inständig um ihren Schutz an. Sie baten Gott, Erbarmen mit uns armen Sündern zu haben.

Unsere Liebe Frau von She Shan ist meine Schutzpatronin und mein Leben steht unter ihrem besonderen Schutz. Schon als Gymnasiastin pilgerte ich oft nach She Shan, vor allem im Jahre 1952, als ich nach dem Zwischenfall mit der Legion Mariens nicht zur Schule gehen durfte und auch keine Arbeit fand. Ich hatte damals viel Zeit, um nach She Shan zu pilgern und zu beten; oft machte ich dort auch dreitägige Exerzitien. Einige dieser Exerzitien wurden von Pater Matthew Zhang gepredigt, und ich zog immer großen Nutzen daraus. Dort erhielt ich die Kraft, meinen Glauben bis zum Ende zu bewahren, durch alle Mühen und Qualen hindurch, die ich zu erleiden hatte. Manche Prüfungen waren wirklich schwer und ich war oft so deprimiert war, dass ich nicht mehr wusste, wie es weitergehen sollte. Es war die Muttergottes, die mich unter ihrem Mantel behütete und mich durch dieses „Tal des Todes" hindurchführte.

Seitdem ich in die USA gezogen war, bin ich zweimal nach China zurückgekehrt. Jedes Mal machte ich zuerst eine Pilgerreise zur Kathedrale von She Shan. Beim ersten Mal traf ich dort auf viele Gläubige, die mit ihrer gesamten Familie, den Kindern und Großeltern auf ihren Fischerbooten gekommen waren, und die am Yangtse-Fluss ihre Netze auswarfen. Sie begannen ihre Wallfahrt mit der Lauretanischen Litanei und setzten sie mit der Litanei vom Heiligsten Herzen Jesu und der Litanei zum hl. Josef fort. Sobald sie auf halbem Wege, auf der Hälfte des Hügels zu der Kapelle Unserer Lieben Frau gekommen sind, knieten sie sich demütig nieder. Einige ertrugen sogar den Schmerz, auf den Knien zu pilgern und beteten dabei einen Rosenkranz nach dem anderen. Sie folgten dem Kreuzweg bis zum Gipfel des Hügels. Diese Gläubigen, die das ganze Jahr über auf ihren Booten lebten, führten ein einfaches Leben, aber sie hatten einen ungeheuerlichen Glaubenseifer. Schon die ganz kleinen Kinder kannten das Vaterunser und das Ave-Maria und beteten mit. Um nach She Shan zu gelangen, konnten diese Familien einen ganzen Tag lang nicht mehr fischen, aber das Geld war ihnen egal. Sie sagten: „Wir sind gesegnet von Gott! Wir verdienen zweifellos weniger Geld als die Heiden, aber unser Leben ist friedlicher, beständiger und sinnvoller als ihres."

In den Vereinigten Staaten treffe ich viele Gläubige. Manchmal fragen sie mich, ob es in She Shan einen Brunnen oder eine Quelle gibt, wie in Lourdes in Frankreich. Leider nicht. Andere wiederum wollen wissen: „Haben Sie in She Shan schon Wunder erlebt?" Meine Antwort ist immer noch nein. „Wenn das so ist, warum hat dann dieser Ort so viele Gläubige aus dem Ausland angezogen, die dorthin pilgern?" Ich habe oft darüber nachgedacht. Bis jetzt gibt es in She Shan noch keine Wunderquelle. Der Grund dafür ist vielleicht, dass die Zeit dafür noch nicht reif ist, aber vielleicht wird man eines Tages eine finden, Gott weiß wann. Der andere Grund ist der, dass es auf She Shan, obwohl es keine Wunderquelle gibt, ein pflanzliches Heilmittel gibt, das Kranke heilt. Dieses Heilkraut wird auf der einen Seite des Hügels verkauft und hat schon viele Pilger wieder gesund gemacht. Sobald sie nach Hause gekommen sind, kochen sie dieses Kraut und trinken es wie eine Suppe. Oft werden sie dann gesund. Es wird auch berichtet, dass ein berühmter Arzt, Herr Wu Yunrui, ein glühender Katholik, herausgefunden hat, dass dieses Kraut ein hochwirksames blutstillendes Heilmittel ist. Also sind doch schon viele Wunder in She Shan geschehen. Obwohl ich es nicht selbst miterlebt habe, so traf ich doch mehrere Leute, die dort von Leber- oder Lungenkrebs geheilt wurden. Sie kehren immer wieder nach She Shan zurück, um der Muttergottes ihre Dankbarkeit auszudrücken.

Dennoch bin ich enttäuscht, dass diese Patienten ihre Heilung nicht in einem Krankenhaus nachweisen konnten. Weil es in China keine Freiheit für den Katholizismus gibt und auch weil die Gläubigen und Priester überaus bescheiden sind, würde sich niemand, selbst wenn er im Krankenhaus untersucht würde, von den Ärzten eine Bestätigung der Heilung ausstellen lassen. Wie sollte man aber eine Wunderheilung ohne ein solches Zertifikat beweisen?

Die Muttergottes, die uns mit so vielen Wundern gesegnet hat, die der Öffentlichkeit noch unbekannt sind, verlangt nicht nach Ruhm in dieser Welt. Alle Gläubigen, die in die Kathedrale von She Shan gekommen sind, um zu beten, sind sich dessen durchaus bewusst. Unsere himmlische Mutter kümmert sich um jeden von uns und weist unsere Bitten nicht ab, besonders wenn sie von den Pilgern aus She Shan kommen. Ihr mütterliches Herz wird nie aufhören, die armen Chinesen, ja alle Armen zu lieben. Sie ist es, die unsere Tränen abwischt, die uns unsere Last abnimmt, die uns stärkt, damit wir auf dem Weg nach Golgatha nicht verzagen. Sie ist der Inbegriff von Großzügigkeit, denn sie weiß, dass wir für ihren Sohn gelitten haben und sie belohnt uns sogar schon in dieser Welt. Wie soll das geschehen? Ich wurde in den Arbeitslagern von schweren Krankheiten heimgesucht. Ich bekam weder Heilmittel noch hatte ich einen Arzt. Aber mehr als einmal wurde ich auf wundersame Weise von unserer himmlischen Mutter geheilt.

Als ich 1998 nach Shanghai zurückkehrte, erlebte ich aber tatsächlich auch ein Wunder mit: Ein gläubiger Katholik namens Zhang Poqiao hatte einen vierjährigen Sohn, der von Geburt an taubstumm war. Eines Tages brachte die Familie den Jungen nach She Shan, wo sie einen Untergrundpriester, Pater Wang, trafen. Der Vater hielt ihm seinen Sohn hin und sagte zum Priester: „Pater, bitte segnen Sie dieses Kind." Pater Wang machte dem Jungen ein Kreuzzeichen auf die Stirn und sagte: „Im Namen des Vaters und des Sohnes und des Heiligen Geistes, Amen." Plötzlich rief der Junge laut und deutlich: „Mama!" Alle Gläubigen, die anwesend waren, riefen: „Unsere Liebe Frau von She Shan hat uns ein großes Wunder geschenkt, ein wahres Wunder!" Die ganze Familie wollte Pater Wang umarmen, der aber auf der Stelle floh! Dieser Priester war viele Jahre lang mein Freund. Als ich dieses Wunder einmal ansprach, sagte er nur: „Das ist gewiss wahr, aber es wurde nicht von mir, sondern durch die Fürsprache Unserer Lieben Frau erlangt. Sie war es, die den Jungen geheilt hat." Der Bischof der Diözese, Msgr. Fan, hat jemanden vom Krankenhaus damit beauftragt, diesen Fall medizinisch zu untersuchen. Das Ergebnis war folgendes: Der Junge war als taubstumm registriert worden und kann heute wieder sprechen und hören. Der Bericht über dieses Wunder kann offiziell verbreitet werden, da er die Approbation von Bischof Fan hat, der im Jahr 2000 die Nachfolge von Kardinal Kung angetreten hat.

So viele Wunder wurden durch die Fürsprache Unserer Lieben Frau von She Shan erlangt. Die kommunistische Partei Chinas hat keinen Stein auf dem anderen gelassen, um die Kirche zu verfolgen, aber sie wird von Tag zu Tag größer. Sie hat unzählige Märtyrer hervorgebracht, die in den Himmel aufgenommen worden sind. Viel Samen des Glaubens wurde gesät und wir sind zuversichtlich, dass er eines Tages dank der Fürsprache der allerseligsten Jungfrau eine reiche Ernte bringen wird.

Kapitel 53

Aus dem Kokon schlüpfen

Als ich ein kleines Mädchen war, züchtete ich mit viel Freude Seidenraupen. Wenn ich morgens in die Schule ging, steckte ich Würmer und Maulbeerblätter in meine Tasche, so dass ich sie in der kleinen Pause und in der Mittagspause füttern konnte. Die Tage vergingen und die Raupen wuchsen. Sie häuten sich alle zwei Wochen. Sie machen drei Häutungen durch, während denen sie nichts fressen. Bei jeder Häutung werfen sie ihre Haut ab, so dass ihre Körper immer transparenter werden, bis sie dann auf einmal Seide ausscheiden und sich damit einen Kokon weben. Schließlich verwandelt sich die Raupe in einen Schmetterling, der aus dem Kokon hervorkommt, Eier legt und dann stirbt. Das Leben einer Seidenraupe ist sehr merkwürdig. Irgendwie ist sie eines der Geheimnisse der Schöpfung Gottes.

Ich möchte mein Leben mit dem einer Seidenraupe vergleichen. Auch ich habe drei Häutungen in meinem Leben durchgemacht. Die erste war meine Taufe 1949. Die Leiden und der Tod unseres Herrn haben mir die Pforten des Himmels geöffnet und mich von einer armen Sünderin zu einem Gotteskind gemacht.

Gott machte den 8. September 1955, den Geburtstag Unserer Lieben Frau, zum Tag meiner zweiten Häutung, zum Tag meiner „Geburt" im Gefängnis. Er tat es, damit ich Zeugnis gebe von unserem Herrn. Dies war die glücklichste Zeit meines Lebens. Die Muttergottes drückte mich an ihre Brust, behütete mich mit all ihrer Güte, und während der sechsundzwanzig Jahre, in denen ich unter ihrem Schutz in Gefangenschaft war, musste ich mir keinen einzigen der Flüche böser Menschen anhören. Das Einzige, das ich hörte, war die sanfte Stimme unserer gebenedeiten Mutter, die mir ihr Wiegenlied sang, bis ich einschlief. Das Einzige, was ich sah, war ihr würdevolles und anmutiges Gesicht. Man sollte auf die letzten Worte unseres Herrn am Kreuz hören: Er hat alle Menschen den Händen und dem Herzen Mariens anvertraut. Es spielt keine Rolle, ob der Himmel auf einen herabstürzt oder die Erde bebt: Ein kleines Kind, das friedlich an der Brust seiner Mutter schläft, hat vor nichts Angst. Gott hat mir in diesen schlimmen Jahren unendliche Gnaden gewährt. Ich konnte meinen Glauben bewahren, denn mein Geist blieb einfältig und unversehrt, trotz all der Jahre der Gehirnwäsche. Ich vergab allen, die mich verfolgten und seit den ersten Tagen in der Legion Mariens hatte ich Freude daran, anderen Menschen zu helfen, vor allem den Missionaren. Mit Gottes Schutz, so glaube ich sagen zu können, sind weder Zweifel noch Hass oder Eifersucht in meine Seele eingedrungen. Dieser zweite Teil meines Lebens hat mir geholfen, mein Herz näher zu Gott zu bringen. Der Herr hat auf die Demut seiner Magd geschaut!

Die göttliche Barmherzigkeit ist so reich, sie kennt keine Grenzen und sie hat es nicht zugelassen, dass ich meine Zeit oder Energie verschwendete. Die Vorsehung ließ es zu, dass ich mehrmals an Krebs erkrankte. Das ist meine dritte Häutung. Mithilfe dieser Krankheit hielt mich Gott lange Zeit von Freunden und Verwandten fern und schenkte mir die nötige Ruhe, dass ich mich in die Tiefen des geistlichen Lebens zurückziehen konnte. So wurde mir bewusst, dass das Schlimmste nicht der Krebs des Körpers, sondern der Krebs der Seele ist. Gott half mir, dieses „Tal der Tränen" zu durchqueren und über das Feuermeer zu springen. Wovor sollte ich jetzt noch Angst haben? Nichts ist unmöglich für Gott, wenn man an ihn glaubt. Was sollte ich also noch fürchten? Das Leiden an Krebs ist ein von Gott gewährtes Fegefeuer schon in dieser Welt. Ich habe davon Gebrauch gemacht, um die verlorene Zeit wiedergutzumachen und um die Seelen meiner Familienangehörigen und andere Seelen aus dem Fegefeuer zu retten.

Nun aber ist es Zeit für mich, Seide zu produzieren und einen Kokon um mich herum zu weben. Ich bin wie ein Passagier, der in der Halle des Flughafens mit einem Ticket in der Hand wartet. Vielleicht bin ich schon beim nächsten Flug an der Reihe, und darf an Bord gehen. Weltlicher Ruhm und Reichtum sind wie vo-rüberziehende Wolken; sie können mich nicht mehr locken. Wie aber kann man Gott über alles lieben und alles in Gott lieben? Das ist immer noch ein Problem für mich. Ich weiß sehr wohl, dass ich auch die Menschen lieben soll, die ich nicht mag. Ich sollte mich nicht so sehr an die Menschen klammern, die ich liebe. Tu-gend ist das rechte Maß, zwischen nichts und zu viel. Gott fordert uns auf, das aufzugeben, was wir nur ungern aufgeben. Wie dem auch sei, wenn wir dem Tod gegenüberstehen, müssen wir alles hinter uns lassen und uns von dieser Welt verabschieden. Wenn das so ist, warum geben wir es nicht gleich hin? Ich weiß, das ist leichter gesagt als getan. Ich möchte mich in einen Schmetterling verwandeln und in den Himmel fliegen. Oh, mein Gott! Schau, wie schwach ich doch bin! Erlaube mir, auf Dich zu zählen, und hilf mir, Dich zu lieben und die anderen, wie Du es mir gebietest.

Kapitel 54

Zwei Pyramiden

Als ich jung war, war ich schwächlich und fiel auch oft hin. Jedes Mal, wenn ich krank im Bett lag, erklärten mir die Nonnen, dass die Menschen aufgrund der Erbsünde Adams und Evas leiden und sterben müssten. Niemand entkommt diesem Schicksal. Die menschliche Natur ist verwundet worden; Hass und Krieg herr-schen zwischen den Nationen. Gier, Faulheit, Stolz und Eifer-sucht sind allgegenwärtig.

Das sind die Früchte der Erbsünde. Oh, mein Gott! Ich habe mich über die Jahre tausend Mal darüber beklagt. Ich war böse auf Eva, weil sie auf den Teufel gehört und von der Frucht gegessen hat. Adam und Eva waren die Ursache allen Elends und Leidens in der Welt. Jetzt befindet sich die Menschheit im Streit mit Gott, was einen Abgrund zwischen Gott und dem Menschen schafft, den niemand überbrücken kann. Was für eine Tragödie! Aber, so sagte ich zu mir selbst, Adam und Eva haben diese Sünde nun einmal begangen, und ich, wie oft habe ich gesündigt? Die Antwort lautet: Immer wieder! Ich habe wirklich kein Recht, ihnen Vorwürfe zu machen.

Wer sollte mir in all meinen inneren Kämpfen helfen? Und siehe, eines Abends war ich wie versetzt in den Garten Gethsemane. Wie finster die Nacht war! Die Wolken hingen schwer und das Mondlicht war schwach. Alles schien ins Dunkel gehüllt zu sein. Die nahe gelegenen Bäche flossen langsam und mit leisem Murmeln dahin, als ob sie wüssten, dass etwas Schreckliches geschehen würde. Du kleiner Bach, warum nur hast du den drei Jüngern unseres Herrn nicht gesagt, dass er zu Tode betrübt war?

Sieh dir den grünen Felsen an. Er hat sich rot gefärbt wegen des Blutes, das unser Herr geschwitzt hat. Jesus erhob sich und ging zu seinen viel geliebten Jüngern, um zu sehen, ob sie sich seinem Gebet angeschlossen hätten. Wie groß musste doch seine Enttäuschung sein! Sie waren in einen tiefen Schlaf gefallen, in dieser entscheidenden Stunde. Der Herr war ganz allein. Es war niemand bei ihm. Ich konnte es kaum hören, so leise betete er zu Gott dem Vater. Seine Stimme zitterte vor Angst, aber er wiederholte immer wieder: „fiat" („so geschehe es"). Das Wort „fiat" erinnert mich daran, dass die Zahl der von der Menschheit begangenen Sünden außerordentlich groß sein musste, wenn es unser Herr für notwendig erachtete, so zu leiden. Ich dachte an die unzähligen Sünden, die seit Adam und Eva begangen wurden und werden, bis zu den Generationen vor dem Ende der Welt: an den Verrat des auserwählten Volkes aus dem Stamme Davids, das immer noch auf den Messias wartet, an die Ablehnung derer, denen er seine Liebe bewiesen hat, an die Untreue seiner Bischöfe und seiner Priester, an die schrecklichen Sakrilegien gegen sein heiligstes Herz, an die Sünden gegen unsere geliebte Mutter, die willkürlichen Tötungen und die Morde. All das und meine eigenen Sünden sind wie eine riesige Pyramide, die nun mit der Spitze nach unten auf den Schultern Christi lag, und die gleich einem Trichter alle Sünden in sich versammelt hatte. Sie war schwer, zu schwer. Sie ließ unseren Herrn Blut schwitzen, ließ ihn all die

Qualen in diesem Garten erleiden und am Kreuz sterben. Er hat die Welt mit seinem Leiden erlöst und uns die Pforte des Himmels geöffnet. Seitdem haben wir sündigen Geschöpfe das Recht, Gott-Vater unseren Vater zu nennen. Was für ein Privileg! Wir haben viel mehr gewonnen als wir verloren hatten. Es ist eine „glückliche Schuld", denn sie hat uns den Erlöser gebracht.

Es ist das kostbarste Geschenk auf der ganzen Welt, dass der Herr wirklich Tag und Nacht im Tabernakel gegenwärtig ist. Wir sollten uns über nichts beschweren oder uns Sorgen machen. Unser Leben ist voller Glück. Diese Welt ist nicht nur ein Tal der Tränen, sondern vielmehr eine Schule, die uns auf den Himmel vorbereitet. Wir sind hier, um zu lernen, wie man Gott durch Reue und Tugendhaftigkeit seine Liebe beweist.

Jeder Mensch muss sich reinigen, entweder durch das Fegefeuer oder durch die Leiden hier auf Erden. Die heilige Teresa von Avila hat mit gutem Grund gesagt: „Leiden oder Sterben". Eine Zeit gibt es nur in dieser Welt, aber nicht in der Hölle oder im Himmel. Da wir in der Zeit leben, wird unser irdisches Leid einmal enden. Und weil unsere Leiden der Zeitlichkeit angehören, können wir sie aufopfern, eines nach dem anderen. Dazu ist uns ein Zauberstab in die Hände gegeben: Alles, was wir aus Liebe zu Gott tun, ist verdienstvoll und Gott wohlgefällig. So erklimmen wir die Pyramide der Reinigung. Wie gerne ahme ich die kleine Therese nach, und nehme den „Göttlichen Aufzug". Ich bitte den Herrn, mich auf seinen Schultern zu tragen oder in seinen Armen zu halten. Wie schön muss es gewesen sein, als unser Herr in den Himmel auffuhr umgeben mit schönen farbigen Wolken!

Mein Herr, ich bete darum, dass Du mich an dem Tag, an dem Du mich zu Dir rufst, auf dem Weg in den Himmel einfach fest in Deinen Armen hältst. Amen.

22. September 2004

Kapitel 55

Das „Jetzt"

Als ich an einem Gymnasium in Shanghai Englisch unterrichtete, fand ich es mit am schwierigsten, den Schülern beizubringen, wie man die Zeitformen des „simple present" und des „present continuous" richtig verwendet. Ich war oft nicht weniger verzweifelt als meine Schüler. Wenn etwas gerade im Augenblick passiert, benutzt man das present continuous oder auch present progressive. Das einfache Präsens, das simple present hingegen wird verwendet, um etwas auszusagen, was allgemeingültig wahr ist oder für etwas, das täglich oder immer wieder geschieht. Eines Tages sagte ich zu meinen Freunden: „Wenn ich einmal gestorben bin, hoffe ich, dass ihr dieses simple present benutzt, wenn ihr an mich denkt, und einfach nur sagt: ‚Rose lebt in unseren Herzen'. Das wäre eine große Freude für mich."

Schon seit meiner Jugend faszinierte mich die Bedeutung des Wortes „jetzt", das mich wegen meiner chinesischen Denkweise zugleich auch verwirrte. Oft dachte ich darüber nach und fragte mich: „Wann ist das, ‚jetzt'?" Keine Antwort konnte mich zufriedenstellen. Soweit ich weiß, liegt das „Jetzt" irgendwie zwischen der Vergangenheit und der Zukunft. Wir wissen „jetzt" Dinge aus der Vergangenheit und wir warten „jetzt" auf die Zukunft. Die Jahresringe eines Baumstammes, die Falten auf unserem Gesicht beweisen uns, dass die Zeit vergeht. Wenn die Zeit existiert, muss auch das „Jetzt" existieren.

Aber wie lange dauert das „Jetzt" in dieser Welt? Eine Sekunde, eine Minute oder einen Tag? Niemand kann uns eine verbindliche Antwort geben. Wenn wir „jetzt" sagen, ist ja dieser Moment bereits vorbei, und wir können dieses „Jetzt" nicht mehr ergreifen. Wie aber ist es uns Menschen möglich, in der Realität zu leben, wenn wir das „Jetzt" nicht fassen können, weil es uns doch ständig zwischen den Fingern entrinnt? Die Erde dreht sich ständig und das Ticken der Uhr hört nicht auf. Das erinnert uns daran, dass es in der Welt, in der wir leben, Zeit gibt. Das „Jetzt" vergeht jede Sekunde, also ändert sich beständig alles. Irgendwann wird alles vorbei sein.

Es spielt keine Rolle, ob es Glück oder Leid ist, denn nichts auf Erden wird bleiben. In der Hölle hingegen steht die Uhr still und es gibt eine ununterbrochene und endlose Folter, während im Himmel die Engel und die Heiligen ihr freudiges Lied singen, um Gott in alle Ewigkeit zu preisen. Wir, die wir nur Durchreisende sind auf dieser Welt, sind dabei, eine Brücke zu überqueren, um das andere Ufer zu erreichen. Niemand baut sein Haus auf einer Brücke, um dort ein Zuhause zu finden. Die Brücke ist nicht unser Ziel. Lassen wir uns nicht von der Aussicht ablenken, die man oben auf der Brücke hat, so schön und verlockend sie auch sein mag! Wir müssen über die Brücke. Unser Leben geht nur in die eine Richtung, es ist kein Hin-und-wieder-Zurück. Nichts in unserem Leben wird sich je genauso wiederholen. Das Problem ist also dies: Wie können wir die vergängliche Zeit, die uns gegeben ist, nutzen, um der ewigen Strafe zu entgehen und um eine nicht endende Freude zu erlangen?

Warum sind so viele Menschen zu Bekennern, Märtyrern und Heiligen geworden? Ganz einfach, weil sie den wahren Wert des Leidens in dieser Welt erkannt haben. Sie haben erfasst, dass das zeitliche Vergnügen kurz ist. Das Motto des hl. Ludwig von Gonzaga lautete: „Was ist und bedeutet dies bezogen auf die Ewigkeit? Die kleine heilige Maria Goretti wollte lieber sterben, als eine Todsünde zu begehen. Sie wussten, wie kurz das Leiden hier auf Erden ist. Was uns viel mehr Angst machen muss, ist die ewige Strafe. Alle Heiligen haben jedes „Jetzt" ergriffen, um Gott darin zu lieben.

Keiner von uns hat etwas anderes in der Hand, womit er seine Eintrittskarte in den Himmel bezahlen kann, als das Leiden unseres Herrn und sein eigenes Leid. Leid und Glück gehören zur selben Familie. Zum Glück gehört immer auch das Leid; ohne dieses ist es nur wie ein mit Schokolade übergossenes Gift, es schmeckt gut, aber es ist und bleibt Gift.

Manche suchen das Glück im Casino. Der erste Gewinn steigt ihnen zu Kopf und sie hoffen auf weitere Erfolge. Wenn sie dann ihr

Geld verloren haben, trösten sie sich mit der Erwartung eines zukünftigen Gewinns. Aber die Realität ist meist das Gegenteil von ihren Träumen. Und wer das Vergnügen liebt, das Drogen und Alkohol mit sich bringen, hat nur ein kurzes Glück. Aber ist er wirklich glücklich? Sicher nicht!

Unser Herr ist erst nach seiner Kreuzigung in den Himmel aufgestiegen, um uns den Weg zum Himmel zu zeigen. Auch wir müssen bereit sein, „jetzt" zu leiden, um das ewige Glück zu erlangen. Wir sollten also nicht in der Vergangenheit leben und versuchen, sie zurückzuholen. Die Vergangenheit ist Vergangenheit. Wenn sie gut war, preise ich den Herrn; wenn ich gesündigt habe, übergebe ich meine Sünden der göttlichen Barmherzigkeit. Ich vertraue auf die Barmherzigkeit Gottes, die viel größer ist als meine Sünden. Und so flehe ich ihn an, sie auszulöschen, da ich meine Sünden nicht bereuen könnte, wenn ich diese Hoffnung nicht hätte. Das würde mir jede Minute der Gegenwart rauben. Aber Gottes Blick ruht auf uns in jedem Augenblick.

Genau so wenig sollten wir in der Zukunft leben, denn sie ist ungewiss und unbekannt; hinsichtlich der Zukunft gibt es nur ein Erwarten und ein Ausharren. Überlassen wir vielmehr die Sorge um alles, was geschehen soll, der Vorsehung Gottes. Die gegenwärtige Sekunde aber ist unser, wir müssen uns um jede Sekunde kümmern.

Jede Sekunde des „Jetzt" ist einzigartig, und jeder Tag ist etwas Besonderes. Nie wieder wird es denselben Moment, denselben Tag in unserem Leben geben. Heilig sein bedeutet nicht, uns auf die Anzahl der Jahre, die wir noch zu leben haben, oder auf den Komfort, den wir vielleicht genießen können, zu verlassen. Sie hängt ganz davon ab, wie wir den gegenwärtigen Moment nutzen, um Gott und unsere Mitmenschen zu lieben.

„Jetzt" ist die Zeit, Gott zu verherrlichen, „jetzt" ist die Zeit, meine Seele zu retten, „jetzt" ist die Zeit, anderen zu helfen, „seht, jetzt ist die rechte Zeit." (2 Kor 6,2) „Jetzt" will ich das Kreuz tragen, das der Herr auf meine Schultern legt. Fiat, fiat, bis zum allerletzten „Jetzt", dem „Jetzt" meines Todes.

Geschrieben im Krankenbett in Los Angeles, am 26. Mai 2005.

Kapitel 56

Der Wert der Tradition

Heute ist ein Fest Gottes, das Fest der Liebe. Für das Heil unserer Seelen wollte unser Herr wie ein gewöhnliches Kind geboren und in eine Krippe gelegt werden, um uns einzuladen, uns ihm ohne Furcht zu nähern. Wie demütig er ist! Er hat beim Letzten Abendmahl das Sakrament der Eucharistie eingesetzt und sich uns ganz geschenkt. Wie schön heißt es doch in der heutigen Sequenz Lauda Sion, dass an diesem Tag der Hirte sein Fleisch gegeben hat, um uns zu nähren, und sein Blut um uns zu retten, jetzt und für alle Ewigkeit...

Das ist nicht nur ein Gebet, das ist nicht nur Liturgie, es ist die Realität. Aber warum nur ist mein armes, sündiges Herz so hart wie Stein? Ich muss mich um mein Herz kümmern. Es ist wie ein Stein in einem Bach, der schon lange von Wasser umgeben ist, innen aber immer noch trocken ist.

Als ich 1997 an Krebs erkrankte, zeigten mir meine Verwandten und viele meiner Freunde großes Mitgefühl. Ich hatte viele Jahre in einem Arbeitslager verbracht; es versteht sich von selbst, dass ich mich danach ausruhen sollte. Aber es gab einen weiteren Kampf. In meinem früheren Kampf hatte ich mich entschlossen, den Weg zu gehen, der mich dem Herrn folgen ließ. Ich bin aus freien Stücken den schmalen Weg des Kalvarienbergs hinaufgestiegen. Selbst in meinen Träumen gab ich nie die Hoffnung auf, dass sich, wenn der Sturm vorüber ist, der Regenbogen zeigt. Meine Familie und meine Freunde haben in keiner Weise verstanden, warum mir das mit dem Krebs passiert ist. Sie waren sauer auf Gott, dass er mich so grausam behandelte. Ich aber fragte mich: „Liebe ich Gott wirklich?" Wenn die Antwort ja ist, dann kann diese Liebe, wenn sie echt und rein sein soll, nicht an Bedingungen geknüpft sein. Sie gilt unter allen Umständen.

Obwohl ich mit Seiner Gnade viel für Gott gelitten habe, ist dieses Leiden doch nichts anderes als ein Geschenk. Ich bin nichts. Er ist alles. Ich kann mich nicht ausruhen und meinen, dass ich angekommen bin. Gott blickt auf uns.

Das Leben ist eine lange Reise. Nur diejenigen, die Gott bis zum letzten Augenblick lieben, können ihre Seele retten. Was mich betrifft, so ist meine Jugend vorbei; ich bin wie ein Fisch auf einem Teller, dessen mittlerer Teil schon gegessen ist. Warum sollte ich den winzigen Schwanz für mich zurückbehalten? Als ich jung war, habe ich mich ganz Gott hingegeben. Ich will nichts davon zurücknehmen. Wohlan denn, schreiten wir zur Tat!

Ich habe mir diesen Krebs nicht ausgesucht, ich bin nicht verantwortlich dafür. Gott, mein geliebter Vater, hat es so gewollt. Ich kniete einfach nieder, um das Te Deum zu singen, und meine Nächsten lachten mich aus: „Wo ist denn dein Gott? Du hast so lange leiden müssen und jetzt hast du auch noch Krebs. Wo ist denn dein Gott?" Ich habe nur mit dem Finger auf mein Herz gedeutet und gesagt: „Da ist Gott; überall ist Gott. Ja, ich habe für ihn gelitten, aber wenn ich Krebs habe, bedeutet das nicht, dass er sich nicht um mich kümmert. Wenn Gott will, geschieht ein Wunder. Und wenn es kein Wunder gibt, werde ich auch nichts verlieren, denn ‚für mich ist das Leben Christus, und Sterben ist mir ein Gewinn'."

Dank der göttlichen Vorsehung habe ich bis heute überlebt. Was hat mir meine Vergangenheit gebracht? Trotz allem Bitteren hat sie mir die Gnade geschenkt, zur katholischen Tradition zurückzufinden. Ich betrachte diese sechsundzwanzig Jahre als eine Art Noviziat, das mich darauf vorbereitet hat, eines Tages als Mitglied des Dritten Ordens der Bruderschaft St. Pius X. aufgenommen zu werden. Gott wollte, dass ich mich selbst verlasse, um seine Tochter zu werden und diese Welt zu verlassen, um unserem Herrn nachzufolgen, wie es unser lieber Erzbischof Lefebvre getan hat. Als ich arbeitete, beschwerte ich mich immer darüber, dass ich meine Zeit und Energie für einen lächerlichen Lohn vergeudete. Aber Gott hatte seine eigenen Absichten. Was ist der Sinn dieser Krebserkrankung? Sie hat mir die Zeit und die Möglichkeit gegeben, dieses Buch zu schreiben, das von der Freude im Leiden erzählt.[27]

Am 8. Dezember 2003 legte ich meine Gelübde als Mitglied des Dritten Ordens der Bruderschaft St. Pius X. ab. Das bedeutet, dem Beispiel von Erzbischof Lefebvre zu folgen, um möglichst vollkommen in der Tradition der römisch-katholischen Kirche zu leben. Einige Zeit später haben einige Priester, die die Messe nach dem Novus Ordo zelebrierten, und auch Gläubige Gerüchte über mich verbreitet. Nicht jeder akzeptiert die Wahrheit. Wenn man die Wahrheit nicht annimmt, stellt man sich gegen sie.

Simon von Cyrene war der mutigste unter allen Menschen auf dem Kreuzweg. Wenn ich nicht würdig bin, die hl. Maria Magdalena nachzuahmen, will ich wenigstens Simon von Cyrene folgen, und die schwere Last des Kreuzes und all die Demütigungen mit Jesus Christus teilen, welche die römischen Soldaten und die blinde Öffentlichkeit ihm zufügten. Ich habe zur Tradition der katholischen Kirche gefunden und lehne freudig jede Einladung ab, bei der hl. Eucharistie zu ministrieren oder am Pult die Lesungen vorzutragen. Wozu soll so viel eitler Ruhm nützen? An der Seite Jesu Christi zu stehen bedeutet immer, zu den Wenigen zu gehören. Die Wahrheit ist die Wahrheit. Sie ist keine Frage von demokratischen Abstimmungen und hat nichts mit Zahlen zu tun.

Keiner kann sich wie Gott im Vorhinein ein Bild vom Leben eines Menschen machen. Ich stieg den Berg hinauf, ging hinunter ins Tal und überquerte den Ozean mit Gott, und er hielt mich überall fest an Seiner Hand. Ich bin zweimal an Krebs erkrankt. Letztes Jahr ist er wieder gekommen und hat sich ausgebreitet, diesmal bis zu meinem Brustbein, wie die Computertomografie und die Biopsie zeigten. Zuerst habe ich mich gefragt, ob Gott mir jetzt die letzte Mahnung geschickt hat. Wenn das der Fall gewesen wäre, wäre Gott so gut gewesen, mir jetzt alles zurückzugeben, was ich ihm angeboten hatte, und zwar mit Zinsen! Ich hätte von diesem Geschäft nur profitiert, denn ich war bereit zu gehen, ohne irgend etwas zu bereuen.

Aber diesmal gab mir Msgr. Lefebvre ein Zeichen, das mich ermutigt hat, am traditionellen Glauben festzuhalten: Er hat mir ein großes Wunder geschenkt. Was für eine Gnade! Ich betete zum Monsignore und nahm eine Reliquie mit seinen Haaren in meine Hand. Mein Krebs ist innerhalb von nur zehn Tagen zum Stillstand gekommen. Mein Arzt sagte mir: „Selbst mit Medikamenten, kann niemand so schnell gesund werden. Das ist zweifellos ein Wunder."

Ich bin wie in einem winzigen Boot, das voller Löcher ist. Das sind meine Gewohnheits-Sünden. Ich rudere, um das Schiff in den Himmel zu bringen. Damit es nicht untergeht, muss ich soviel Ballast abwerfen wie nur möglich, um so das Boot leichter zu machen. Die Zeit lässt kein Zögern zu und wir müssen uns jetzt, in diesem Augenblick, an die Arbeit machen.

Der traditionelle katholische Glaube und der römische tridentinische Ritus sind die Quelle der Kraft, die Quelle der Gnade, und so war es durch die Jahrhunderte hindurch. Es ist die Messe aller Päpste, und es ist die Messe aller Heiligen. Der Gottmensch bietet sich dort Gott als Opfergabe an. Es ist das mächtigste aller Opfer, und wir können aus ihm unaussprechliche Gnaden schöpfen. Es ist der Brunnen des Lebens. Was könnten wir mehr verlangen? Danken wir Gott! Und danken wir Msgr. Lefebvre!

Kapitel 57

Zündet das Streichholz an

Gleich nach meiner Taufe im Jahre 1949 konnte ich jeden Tag die Morgenmesse in der Christkönigs-Kirche in Shanghai besuchen. Sie war berühmt für ihren grandiosen Chor und ihre eifrigen Messdiener. Der Chor bestand aus mehr als zehn Personen; einige von ihnen kamen von der Musikhochschule und waren Berufsmusiker. An großen Festtagen sangen sie vierstimmig; es war eine Darbietung höchster Frömmigkeit und Sangeskunst. Bei einer so feierlichen Messe hatten wir oft über vierzehn Messdiener; mehrere Jungen schwenkten ein Weihrauchfass in gleicher Höhe. Es war wirklich ein wunderschönes Bild. Damals hielten die Priester die traditionelle Messe auf Latein und die Gläubigen waren gute, ruhige Menschen. Ich kann gar nicht beschreiben, wie sehr ich diese heilige und wahre Messe geschätzt habe!

Aber diese guten Zeiten währten nicht lange. Im Jahr 1955, nachdem die Kommunisten die Macht ergriffen hatten, brach ein schrecklicher, vom Himmel zugelassener Sturm über uns herein. Unser Bischof, viele Priester und Gläubige wurden inhaftiert. Die hl. Messe und alle anderen kirchlichen Aktivitäten verschwanden. Für uns im Gefängnis war die heilige Messe eine lange Zeit nur noch etwas, wovon wir träumten. Die treuen und eifrigen Eltern draußen lasen die hl. Messe im Messbuch und schenkten so ihren Kindern die Möglichkeit, die hl. Messe wenigstens geistlich zu feiern und so den Glauben zu bewahren.

1985 kehrte ich nach Shanghai zurück, obwohl die Verfolgung der Christen nicht aufgehört hatte. Einige Priester feierten die hl. Messe in den Häusern der Gläubigen, eine Messe, die neu war. Zu meiner großen Enttäuschung war jetzt die Liturgie ganz anders. Wir wissen, dass die Wahrheit die Wahrheit ist und bleibt; sie ändert sich nicht. Was war nur mit unserer Kirche geschehen? Warum haben sie den Ritus geändert? Ich war ganz verwirrt. Man wusste in China nichts von einem „Zweiten Vatikanum", und noch weniger kannte man einen Bischof namens Lefebvre. Keiner konnte mir auf meine Fragen eine Antwort geben.

1989 verließ ich auf Wunsch meines Bruders China. Bis es endlich so weit war und ich fliegen durfte schwebte ich in schönen Träumen von den Vereinigten Staaten. Ich dachte, ich würde in das Land der großen Freiheit kommen. Dort würde es endlich keine Verfolgungen mehr geben und ich bräuchte keine Angst vor einer weiteren Verhaftung zu haben. Der Albtraum, der sechsundzwanzig Jahre gedauert hatte, war nun endlich vorbei. Ich hoffte, dort mein „verlorenes Paradies" wiederzufinden, will sagen, eine Kirche, in der ich die traditionelle lateinische Messe besuchen konnte. Diese Messe war der Brunnen, die lebendige Quelle meines Lebens, ohne die ich nicht leben konnte.

Gleich am Tag nach meiner Ankunft ging ich unverzüglich in die nächste Kirche. Zu meiner Überraschung empfing man dort die hl. Kommunion in die Hand. Das konnte nur die neue Messe sein. Mein Bruder hatte mich am Vortag ermahnt: „Rose, mach in Rom, was die Römer machen!" In diesem Land empfängt die Mehrheit der Katholiken die Kommunion in die Hand. Ich folgte blind seinen Anweisungen, aber mein Gewissen gab keine Ruhe. Ich fragte den Priester immer wieder, warum sich die Messe so verändert hatte. Niemand hat mir diese Frage je beantwortet. Ich spürte, dass ich nicht viele Gnaden erhielt, obwohl ich jeden Morgen zur Messe ging. Noch größer war mein Erstaunen, dass es Novus-Ordo-Priester gab, die bei Beerdigungen nicht einmal den Rosenkranz richtig vorbeten konnten. Vielleicht, weil sie ihn nicht jeden Tag beteten? Konnte das der Fall sein? Einmal hat ein Priester, als er die hl. Messe feierte, anstatt sich an den Ritus zu halten, nur allerhand Gebete aufgesagt, die er liebte. Ein anderes Mal war ich allein bei der hl. Messe in einer sehr großen Kirche. „Sie sind die einzige hier. Es lohnt sich nicht, dass ich die Messe halte", sagte der Priester zu mir. Ich flehte ihn an: „Pater, ich bitte Sie, ich leide an Krebs. Ich gleich zur Chemotherapie ins Krankenhaus. Ich brauche die hl. Kommunion, um mich zu stärken." Nur um mir einen Gefallen zu tun hat er schließlich die Messe dann doch gelesen.

Einige Jahre später fragte mich einer meiner Freunde, David, ganz offen: „Wie empfängt man bei euch in der Kirche die Kommunion?" Ich antwortete: „In die Hand". Er antwortete kategorisch: „Das ist ein Sakrileg!" In jener Nacht konnte ich nicht schlafen und weinte unaufhörlich. Ich hatte so viele Jahre für Gott gelitten und nun sollte ich eine Todsünde begangen haben? Am nächsten Morgen empfing ich die Kommunion auf die Zunge, aber der Priester schrie mich an: „Haben Sie keine Hände?"

Eines Tages nahm mich David in die Kirche „Our Lady of the Angels" in Arcadia, in Kalifornien, mit. Das ist eine Kirche, die von der Bruderschaft St. Pius X. betreut wird. Schon als ich die Kirche betrat, hatte ich das Gefühl, als kehrte ich nach Hause zurück. Ich war wieder zurück in der Kirche meiner Kindheit. Die Messe war heilig; die Predigt des Priesters war meisterhaft. Es war genau die gleiche Kirche wie vor fünfzig Jahren. Was für eine Segen! Msgr.

Lefebvre hat dieses verlorene Schaf auf seinen Schultern getragen und mich behütet auf dem Wege der Heiligung.

Schaut, die zahllosen Gläubigen auf der ganzen Welt: Sie sind ganz verwirrt und dürsten nach Wahrheit. Sie suchen den Brunnen und den Teich, aber weil das Schaf, das die Herde anführt, seinen Kopf nicht neigt, um aus dem Teich zu trinken, ziehen die anderen Schafe es vor, lieber vor Durst zu sterben, anstatt dem Schaf an ihrer Spitze nicht zu folgen. Wie traurig das ist! Aber hört! In Rom läuten jetzt die Glocken und sie wollen uns darauf aufmerksam machen, dass der Papst den Priestern teilweise erlaubt hat, die traditionelle Messe zu feiern. Jetzt ist die Tür leicht geöffnet. Ich habe mich so sehr gefreut, als ich diese Nachricht hörte! Es war wirklich ein großer Schritt auf dem Wege zur Rückkehr zur Tradition; viele Jahre lang war der Weg nämlich nicht leicht.

Werden jetzt mehr Priester bereit sein die traditionelle Messe zu feiern? Werden sie auch von den Bitten der immer zahlreicher werdenden Gläubigen dazu ermutigt werden? Wann werden die Katholiken verstehen, dass es mit dem, wovon ich träumte, immer noch nicht gut bestellt ist? Die heilige Messe ist das vollkommenste Opfer, die Vergebung unserer Sünden, das Heil unserer Seelen. Wir brauchen mehr echte Messen. Danken wir Msgr. Lefebvre! Ohne ihn hätten wir heute nicht die traditionelle Messe. Wie freue ich mich auf den Tag, an dem endlich alle Priester der Welt die Messe aller Zeiten feiern! Möge dieser Tag so bald wie möglich kommen! Aber leider ist die Realität nicht so einfach.

Ich kann mich gut daran erinnern, wie ich, als ich zehn Jahre alt war, ein Märchen von Hans C. Andersen gelesen habe, es hieß: „Das kleine Mädchen mit den Schwefelhölzchen": Es war ein kalter Silvesterabend. Ein kleines Mädchen stand hungrig und frierend auf der Straße. Das Einzige, was sie besaß, waren ein paar Streichhölzer, die sie in ihrer Schürze trug. Niemand achtete auf sie, und doch hatte sie einen Traum, an dem sie festhielt. Und sie schaffte es, ihn wirklich werden zu lassen: Sie nahm ein paar Streichhölzer aus ihrer Schürze und zündete sie an. Das vertrieb die Kälte und die Finsternis. Das Streichholz brannte, und in seinem Licht sah das kleine Mädchen schöne Bäume, die köstlichsten Speisen und ihre Großmutter im Himmel. Am nächsten Morgen fand man den leblosen Körper des Mädchens. Die kleine Streichholzhändlerin war vor Hunger und Kälte gestorben, aber mit einem Lächeln auf ihrem Gesicht, denn an Ende hatte sich ihr Traum erfüllt.

Ich höre die Glocken fröhlich läuten, ja, aber die Welt ist dunkel und kalt. Viele Menschen sehen die Wahrheit nicht klar. Ich, arme Sünderin, habe nichts, um Licht in die Welt zu bringen. Ich wünschte so sehr, ich wäre wie dieses kleine Mädchen, und hätte solche Streichhölzer. So gerne würde ich diese Streichhölzer anzünden und abbrennen bis zum letzten Stück. Das würde vielleicht nicht viel Licht bringen, aber es wäre immerhin besser als gar nichts. Ich möchte eine brennende Kerze sein, um anderen mehr Licht und etwas Wärme zu geben. Ich bringe Gott meine armen Gebete und die Leiden dar, die durch meine Krankheit verursacht werden. Ich hoffe von ganzem Herzen, dass die Priester eines Tages diese neue Messe aufgeben und zur tridentinischen Messe zurückkehren. Dann werden wieder mehr Gläubige den rechten Weg zum Himmel finden.

Ein berühmtes chinesisches Sprichwort sagt: „Ein einziger Funke kann das ganze Land anzünden". Wenn jeder von uns das Streichholz in seiner Hand anzündet, können wir mit unserem Eifer andere entzünden. Das wird ein großes Feuer der Gottesliebe und der Nächstenliebe geben! Erzbischof Lefebvre hat die erste Schlacht gewonnen, aber es warten noch viele Kämpfe auf uns. Gott und unsere himmlische Mutter garantieren den endgültigen Sieg. Lasst uns auf der Stelle die Streichhölzer anzünden, lasst uns alles tun, was wir können!

Kapitel 58

Verloren und wiedergefunden

Das erste „Verloren und Wiedergefunden" in der Geschichte der Menschheit begegnet uns bei Adam und Eva. Ihre Erbsünde führte zum Verlust des Paradieses. Aber Gott ist Gott, und er kann aus dem Bösen Gutes hervorbringen. So hat uns die „glückliche Schuld" (wie es in der Liturgie im Exsultet der Osternacht heißt) einen Erlöser und unsere geliebte Mutter geschenkt. Vom einem zweiten „Verloren und Wiedergefunden" spricht das Evangelium, wenn es berichtet, dass unser Herr im Alter von zwölf Jahren verloren und dann im Tempel wiedergefunden wurde. Viele Jahre lang habe ich mich gefragt, warum dies im freudenreichen Rosenkranz das fünfte Geheimnis ist, denn es war ja in der Tat etwas überaus Schmerzvolles für den hl. Josef und vor allem für Maria, die Mutter unseres Herrn, die ohne Sünde empfangen wurde. Sie ist das vollkommenste Geschöpf Gottes. Was den heiligen Josef betrifft, so wird er als Schutzpatron verehrt. Schon vor der Geburt unseres Herrn hatten Maria und Josef viel zu leiden: Die Schrift lehrt uns, dass sie alle Schwierigkeiten bereitwillig erduldet haben, bis sie nach Betlehem kamen. Als dann Herodes den Herrn suchte, um ihn zu töten, erschien ein Engel und befahl dem heiligen Josef, auf der Stelle nach Ägypten zu fliehen. Es war eine echte Herausforderung. Schließlich, und damit sind wir beim fünften Geheimnis des freudenreichen Rosenkranzes, kehrten sie nach Jerusalem zurück, als Jesus zwölf Jahre alt war. Auf dem Rückweg haben sie irgendwann bemerkt, dass sie ihren einzigen Sohn, Jesus, verloren hatten (man darf nicht vergessen: sie waren von der Gottheit Jesu überzeugt, und das sollte doch ausschließen, dass er etwas Unvernünftiges tat). Sie konnten, so sehr sie auch ihr Gewissen erforschten, nichts finden, was sie falsch gemacht hatten und warum sie nun diese Prüfung verdient hätten. Es brach ihnen das Herz, und doch kam kein Engel, um sie zu trösten. Alles, was sie tun konnten, war weiter zu suchen.

Maria und der heilige Josef versanken in einem Meer von Tränen. Sie wären bereit gewesen, auf ihr Leben oder die ganze Welt zu verzichten, aber nicht unseren Herrn zu verlieren. Drei lange Tage verbrachten sie in tiefem Schmerz; sie ertrugen ihn, das Schlimmste befürchtend. Am dritten Tag, als Maria dann Jesus im Tempel fand, sagte sie zu ihm: „Kind, warum hast du uns so etwas getan? Siehe, dein Vater und ich haben dich mit Schmerzen gesucht!" Er erwiderte ihnen: „Warum habt ihr mich denn gesucht? Wusstet ihr nicht, dass ich im Haus meines Vaters sein muss?" (Lk 2, 48-49)

Mein menschlich beschränkter Verstand begriff wirklich nicht, warum der Herr Maria und den heiligen Josef so rücksichtslos behandelte. Wenn Jesus ihnen im Voraus angekündigt hätte, dass er so handeln werde, hätten die heilige Jungfrau und der heilige Josef das doch sicher selbstverständlich akzeptiert.

Aber unser Herr ist wahrer Gott und von Geburt an wahrer Mensch, der in Demut, Armut und Verfolgung lebte. Keine Klage kam jemals über seine Lippen, und erst im Alter von zwölf Jahren hat er sich als Sohn Gottes zu erkennen gegeben. Für diese Wahrheit über unseren Herrn haben Maria und Josef den Preis mit ihren Schmerzen bezahlt. Wie wunderbar ist doch Gottes Vorsehung! Sie haben nur drei Tage für dieses große Geheimnis gelitten und danach blieb unser Herr bei seiner Mutter, noch achtzehn Jahre lang!

Als unser Herr ans Kreuz geschlagen wurde, waren das vierte seiner letzten Worte: „Mein Gott, mein Gott, warum hast du mich verlassen?" (Mt 27,46) Unser göttlicher Herr wurde, so scheint es, von seinem ewigen Vater verlassen. Es war die Krönung seiner schrecklichen Qualen, und das alles, um uns von unseren Sünden zu erlösen. Wir haben Gott verlassen und wir hätten es verdient, für immer von ihm getrennt zu sein. Er hat uns durch sein Leiden das ewige Leben verdient und uns etwas überaus Wichtiges gelehrt:

Wir müssen in dieser zeitlichen Welt etwas verlieren. Dieser Verlust bedeutet, etwas aufzugeben, Schwierigkeiten zu akzeptieren oder Leiden zu ertragen, etwas zu bezahlen, um zu gewinnen. Was wir bezahlen, ist lächerlich, aber wir verdienen uns damit ewige Verdienste. Das ist ein gutes Geschäft! In der Tat, das „Verloren und Wiedergefunden" wird ein Jeder irgendwann einmal erleben. Bei vielen Dingen weiß man erst, was sie wert sind, wenn man sie verloren hat. Viele Menschen wissen erst, was Gesundheit ist, wenn sie krank werden. In einem freien Land gehen wir einfach so in die Kirche und betrachten diese Freiheit als etwas Selbstverständliches. Erst wenn eines Tages Verfolgungen über euch kommen, werdet ihr erkennen, was Freiheit wirklich bedeutet.

Was mich betrifft, ich habe viele und große „Verloren und Wiedergefunden" in meinem Leben erlebt. Jedes Mal, wenn ich etwas verloren habe, habe ich danach etwas Besseres gefunden: Als ich verhaftet wurde, verlor ich meine ganze Freiheit und meine Familie, aber damit erlangte ich die Freiheit, mit Gott in aller Freiheit des Geistes zu kommunizieren. Als ich meine Gesundheit verlor, fand ich die Zeit, um dieses Buch zu schreiben und gewann die Gesundheit meines spirituellen Lebens. Als ich meine Freunde verlor, Priester und Gläubige, die dem Novus Ordo verbunden waren und nichts mehr von mir wissen wollten, fand ich Msgr. Lefebvre. Es ist fast zur Routine geworden: verlieren und finden. Wie dem auch sei, das „Verlieren und Wiederfinden" prägt unser Leben. Das eine zeigt in diese Richtung und das andere in die entgegengesetzte Richtung und schiebt uns einen Riegel vor, wenn wir in der Gefahr sind, unsere Seele zu verlieren.

Unser Herr hat im Evangelium gefragt: „Denn was nützt es dem Menschen, wenn er die ganze Welt gewinnt, aber dabei sein Leben verliert?" (Mk 8,36) In der Verdammnis ist alles verloren, aber im Paradies ist alles gewonnen. Verlieren und Wiederfinden prägen unser Leben hier auf der Erde. Wir dürfen in dieser Welt alles verlieren, aber nicht unsere Seele. Ich weiß noch nicht, was ich in Zukunft noch alles verlieren werde. Was auch immer es sein mag, ich bin bereit, es Gott darzubringen. Ich werde mein Opfer mit den Leiden unseres Herrn vereinen zur Sühne für meine eigenen Sünden und für die der Welt. Geliebter Herr, erlaube mir, deine Vorsehung zu preisen, jetzt und in alle Ewigkeit!

Kapitel 59

Wasser

Jeder weiß, dass Wasser die wichtigste Ressource ist, die der Mensch braucht, aber es ist so bescheiden, fast versteckt, wie Asche und Staub. Es tritt nie nach vorne. Niemand schenkt ihm wirklich Beachtung. Es scheint ganz normal für uns zu sein, es zu trinken oder für andere Zwecke zu verwenden. Die Menschen werden sich der Notwendigkeit und des Wertes von Wasser erst dann bewusst, wenn sie sich an Orten befinden, an denen es an Wasser mangelt, wie in der Wüste oder in anderen Regionen, wo kein Regen fällt.

Wein hat eine höhere Qualität als Wasser, aber Wasser ist notwendiger. Das Sakrament der Taufe darf nicht ohne Wasser gespendet werden. Wenn das Wasser gesegnet wird, wird es zu einem Sakramentale, das die Priester benutzen, um die anderen Sakramentalien zu segnen. Auch unsere Körper werden nach dem Tod vom Priester mit Wasser besprengt. Jedes Mal, wenn wir eine Kirche betreten, machen wir das Kreuzzeichen mit Wasser. Wir brauchen das Wasser in unserem täglichen Leben wie in unserem spirituellen Leben.

Ich wünschte, ich wäre so demütig wie das Wasser. Es hat keinen Geschmack und so ist es der Ausgangsstoff für unsere besten Getränke, für Kaffee, Tee oder Limonade. Die Demut ist wie das Wasser: klein sein in der Familie, klein in der Pfarrei, klein überall. Die Letzten sind immer die Ersten. Ich will so gehorsam sein wie das Wasser, wenn mein Meister mich in ein Gefäß gießt, egal in welcher Form. Ich will mich ohne Zögern in jede Ecke ergießen, alles sorgfältig ausfüllen und mich ganz dem Willen Gottes unterwerfen. Wie das Wasser würde ich alles beschützen, was ich bedecke, und ich würde wie das Wasser durch ständiges Tropfen den widerspenstigen Stein aushöhlen, und wenn es noch so viel Zeit bräuchte. Denn das Wasser, das ohne Unterlass Tropfen für Tropfen auf den Stein fließt, höhlt ihn eines Tages aus. Herr, mach aus mir einen Wassertropfen!

Ich wäre gerne stark wie das Wasser, das doch so schwach zu sein scheint. Das Wasser eines Baches fließt sanft dahin, aber weder Messer noch Gewehr können seine unaufhaltsame Reise zum Meer aufhalten. Ununterbrochen fließt es in den Fluss, es ergießt sich in den See und gelangt schließlich ins Meer. Denkt immer daran, dass wir alle von Gott und für Gott erschaffen sind. Betet, dass mich nichts davon abhalten kann, Gott allezeit anzubeten.

Ich will sein wie das Wasser, ich will meine Form ändern, je nachdem, wie es nötig ist. Wenn Versuchungen und Prüfungen kommen, will ich wie zu Eis gefroren so fest und hart sein, dass nichts mehr hindurch kommt. Wenn die Menschen mich brauchen, will ich ihnen wie der Dampf sein und sie erwärmen; ich will ihnen zur Quelle der Kraft werden, wie das kochende Wasser in der Dampfmaschine.

Als Sünderin gleiche ich zwar einer Pfütze mit schmutzigem Wasser, aber ich tue alles dafür, rein zu werden und mich mit dem reinen Wasser des Stromes der Kirche zu vermischen, der in den Ozean Gottes fließt.

Ich will so alltäglich wie das einfache Wasser sein. Das ist mir lieber als die bunte Flüssigseife, die doch nur schillernde, aber leere Seifenblasen bildet. Sie glänzen eine kurze Zeit, aber nach einer Sekunde schon platzen sie und sind dann für immer verschwunden.

6. Dezember 2005

Kapitel 60

Achte auf die Strömung!

Gott ist der unendliche Schöpfer. Er ist die Ordnung selbst. Die Genesis erzählt, wie er alles in einer Ordnung schuf. Alles, was Gott schafft, ist gut. Ob Pflanze oder Tier, jedes Geschöpf hat seine eigene Art zu wachsen und zu leben. Alles, was Gott erschafft, hat seine eigene Natur, und jedes Geschöpf lebt und arbeitet mit den anderen zusammen. Gott schuf unseren riesigen Planeten und einen funkelnden Himmel aus Milliarden von Sternen. Das Universum ist so groß! Wie viel größer muss Gott sein, der alle diese Galaxien ins Dasein ruft, sie im Raum behütet und erhält, indem er die Bahn jedes Himmelskörpers lenkt! Tausende von Pflanzenarten, unzählige Vögel, Fische und Tiere leben harmonisch zusammen. Ich habe nicht viel Ahnung von der Wissenschaft und ich weiß nicht, wie es die Bienen oder die Ameisen schaffen, in einer so strengen Ordnung zu leben. Aber alle diese Geschöpfe sind doch Zeugen der Herrlichkeit und der Güte Gottes.

Ein Mathematiker hat mir kürzlich etwas Geheimnisvolles über die Zahlen dargelegt. Es ist wirklich außergewöhnlich. Ich meine, dass dieses Mysterium der Zahlen nicht von so etwas wie Zufall, sondern von göttlicher Weisheit kündet:

Das Geheimnis der Zahlen

$$1 \times 1 = 1$$
$$11 \times 11 = 121$$
$$111 \times 111 = 12321$$
$$1111 \times 1111 = 1234321$$
$$11111 \times 11111 = 123454321$$
$$111111 \times 111111 = 12345654321$$
$$1111111 \times 1111111 = 1234567654321$$

Allein die unendliche Zahl der auf der Erde geschaffenen Dinge erfüllt den Menschen mit Bewunderung. Darüber hinaus verfügt jedes Geschöpf über eine eigene Natur, die dazu beiträgt, das Gleichgewicht des Kosmos zu erhalten. Durch die schlimmen wissenschaftlichen Experimente des Menschen ändert sich heute in der Natur leider alles.

Das merkte ich schon kurz nach meiner Ankunft in den USA, als ich in einen Supermarkt ging. Wie habe ich mich über die Größe der Hühner, des Mais und der Äpfel gefreut! Aber nach und nach musste ich feststellen, dass die Hühner nicht wirklich schmeckten und dass der Mais nicht gut duftete. Sogar der Pfeffer war nicht scharf. Alle diese sogenannten Naturprodukte waren künstlich. Nur um noch reicher zu werden, bauen Geschäftsleute ihre Produkte nach diesen neuen Methoden an.

Die Gesundheit der Menschen interessiert sie nicht; sie injizieren Hühnern und Kühen Hormone und Antibiotika, damit sie schneller wachsen. Die meisten Gemüse und Geflügel sind genetisch manipuliert, weg von der Natur, die Gott ihnen gegeben hat. Die meisten Katzen in diesem Land können keine Mäuse mehr fangen! Sie haben sogar Angst vor ihnen! Sie sind nur noch Haustiere, manchmal mit einem Band oder einer Glocke um den Hals, verwöhnt, aber oft auch sehr ängstlich.

Natürlich ist die Wissenschaft an sich nicht schlecht, auch wenn der Mensch sein wissenschaftliches und technisches Wissen missbraucht. Auch die Wissenschaft kann den Menschen zur Anbetung seines Schöpfers führen.

Seit ich in den Vereinigten Staaten bin, muss ich mir immer wieder in Erinnerung rufen, dass ich römisch-katholisch bin. Unsere Kirche hat eine mehr als zweitausend Jahre währende Geschichte. Man soll sich nicht ändern, nur um mit dem Strom zu schwimmen. Gebt nicht eure alte Religion auf, um einer neuen anzuhängen! Hütet euch vor den Tricks des Teufels! Er pflanzt schlechte Gedanken in unsere Seele, und sie wachsen schnell, wenn sie einen geeigneten Boden und eine günstige Temperatur vorfinden.

Wir würden es uns in dieser materialistischen Welt nur allzu gerne leicht machen. Ohne es zu merken, ziehen wir die materiellen Dinge dem Geistigen vor. So verfallen wir nach und nach dem Modernismus und dem Liberalismus. Der Teufel wird nicht direkt sagen: „Glaubt nicht an Gott", sondern er wird euch einreden, dass die Religion schon alt ist, dass sie nicht mehr relevant ist, dass sie in einem überholten Selbstverständnis gefangen ist. „Du solltest das Neue akzeptieren. Du musst dich an neue Konzepte gewöhnen, denn Veränderung ist das einzig Beständige in der Welt." Hört nicht auf solche Sprüche!

Die neue Religion ist erst vierzig Jahre alt. In der Tat ist die moderne Kirche nicht mehr das, was die Kirche einmal war; alles hat sich geändert. Sie hat ihre Wahrheit verloren, ihre Traditionen. Wie können wir nur dieses „Aggiornamento" (diese Neuerungen) hinnehmen ohne Fragen zu stellen? Wir entfernen uns von der Wahrheit, wenn wir diesem Weg folgen.

In China gibt es seit über einem halben Jahrhundert Christenverfolgungen, aber in den Vereinigten Staaten gibt es eine andere Art der Verfolgung. So viele Katholiken haben den Glauben verloren, ohne es zu merken. Um dieser besonderen Prüfung zu begegnen, ist die beste Waffe, die wahre Messe in lateinischer Sprache zu besuchen und täglich den Rosenkranz zu beten.

Folgt unbedingt Erzbischof Lefebvre und bewahrt euren Glauben!

Kapitel 61

Bedeutungsvolle Daten

Wir sind Kinder Gottes. Alles, was in unserem Leben geschieht, ist eine Folge der göttlichen Vorsehung. Nichts ist Zufall. Gott hat alles geplant, was mit uns geschehen soll, bevor wir geboren wurden, um uns seine Liebe zu erweisen. Aber uns Menschen mangelt es oft an geistlicher Weisheit, und deshalb verstehen wir die Geheimnisse der göttlichen Absichten nicht richtig. Die meisten Menschen beklagen sich ständig über irgend etwas, und einige haben den Mut verloren, weiterzumachen.

Als ich jung war, wusste ich nur, dass der Herr für uns am Kreuz gestorben und in der heiligen Eucharistie gegenwärtig ist. Gott war noch so weit weg. Ich war so materialistisch gesinnt, dass ich gar nicht wusste, wie lieb er mich hat. Jetzt, wo ich älter bin, kann ich den wunderbaren Charakter der göttlichen Vorsehung bezeugen.

Gott hat mir zu jeder Zeit meines Lebens große Barmherzigkeit erwiesen! Ich wurde zweimal verhaftet. Das erste Mal war an einem 8. September, das zweite Mal an einem 12. September. Das war ein Hinweis darauf, dass unsere unbefleckte Mutter mich auserwählt hatte, um mit ihr den Kreuzweg zu gehen.

Ich erinnere mich noch gut an den 8. September 1955, als mir der Rektor der Universität den polizeilichen Haftbefehl zeigte und mit großem Seufzer zu mir sagte: „Schau dir dieses Papier vom 3. September an. Warum haben wir noch fünf Tage gewartet, um es dir zu sagen? Wir haben nur auf dein Geständnis gewartet. Da du so stur bist, haben wir keine andere Wahl, als dich in Gefängnis zu werfen." Und er fügte hinzu: „Die Polizei wird diesen Haftbefehl in deiner Akte aufbewahren, als Beweis dafür, dass wir unser Bestes getan haben." Ich habe mich viele Jahre lang gefragt, was das Datum des 3. September für mich bedeutet. Ich habe erst in diesem Jahr in der Bruderschaft St. Pius X. eine Antwort gefunden.

Als dieses Jahr in unserer Pfarrei die feierliche Messe für unseren Schutzpatron gefeiert wurde, habe ich über das Leben des hl. Pius X. nachgedacht, des Papstes, der die Tradition verteidigt hat. Und ich habe darüber nachgedacht, warum unser Gründer, Msgr. Lefebvre, den hl. Pius X. zum Patron gewählt hat. Der 8. September, das Fest der Geburt Unserer Lieben Frau, ist auch der Tag, an dem Pius X. den Modernismus verurteilt hat. Um unsere Seelen zu retten, müssen wir den Modernismus bekämpfen und unseren Glauben bewahren. Die Bruderschaft St. Pius X. hat die große Aufgabe der Priesterausbildung, denn die Messe ist von zentraler Bedeutung für einen Priester. Satan arbeitet sehr hart daran, die traditionelle heilige Messe zu bekämpfen. Der Teufel weiß sehr wohl, dass er die Messe umgestalten muss, um die Kirche zu zerstören. Bewahren wir den wahren Glauben und geben wir ihn an die nächste Generation weiter, denn ein Kompromiss mit dem Bösen ist unter keinen Umständen möglich!

Vor drei Jahren bekam ich vom hl. Pius X. die Gnade, Mitglied des Dritten Ordens seiner Bruderschaft werden zu dürfen. Die heilige Messe ist der Mittelpunkt meines Lebens. Ich liebe nicht nur die wahre Messe, sondern opfere auch den Rest meines Lebens auf, um sie zu verteidigen. Sie ist das mächtigste Gebet, der Aufzug, der uns in den Himmel führt. Ich würde lieber alles verlieren als sie. Von nun an werde ich keinen Tag mehr vergehen lassen, ohne an einer hl. Messe teilzunehmen.

Wie viele Menschen wissen, ist das chinesische Neujahr (auch Frühlingsfest genannt) das großartigste Fest des ganzen Jahres. Die Menschen haben in der Regel sieben bis zehn Tage Urlaub, um das neue Jahr zu feiern. Aber für mich war es im Jahre 1951 ein trauriger und ein glücklicher Tag zugleich. Ich war traurig, weil mein Vater an jenem Tag starb; und auch glücklich, weil er wenige Stunden vor seinem Tod getauft wurde. Unsere geliebte Mutter hat meinen Vater an jenem Tag im Himmel willkommen geheißen und diesen Tag zu einem bedeutsamen Datum für unsere ganze Familie gemacht.

Mein geistlicher Vater, Pater Francis Shu, sagte zu mir: „Wie begnadet ist euer Vater! Er hat viel für die Legion Mariens gelitten, und jetzt hat Gott ihn belohnt. Sie sollten eine hl. Messe zum Dank für ihn lesen lassen." Wenige Monate nach seinem Tod startete die kommunistische Regierung einen systematischen Angriff auf alle Eigentümer von Unternehmen. Der Heimgang meines Vaters ersparte ihm daher die Angst, alles zu verlieren, wofür er gearbeitet hatte.

Mein Geburtstag ist der 4. Mai, der Festtag der heiligen Monika. Gott wollte, dass ich diese große Heilige nachahme, die etwa dreißig Jahre lang für die Bekehrung ihres Mannes und ihres Sohnes gebetet hat. Schließlich wurde ihr Sohn durch ihre Gebete und Buße zu einem großen Lehrer unserer Kirche, und auch ihr Mann bekehrte sich. Nichts ist unmöglich für Gott. Seine Gnade kann ein sündiges Herz zur Umkehr bewegen; wir müssen nur volles Vertrauen in ihn haben.

Lieber Herr, ich weiß nicht, wann du mich zu Dir rufen wirst. Das wird zweifellos der wichtigste Tag in meinem Leben sein. Ich bete darum, dass es der Moment sein wird, an dem ich Dich am innigsten lieben werde und in dem meine Seele Dich mit größter Sehnsucht erwartet. Erlaube mir, dann in Frieden in Deinen Armen zu ruhen. Jedes Ereignis ist gehalten von der Vorsehung Gottes, und das heißt, von der Liebe Gottes. Ich sage „Deo gratias", jetzt und in Ewigkeit!

Kapitel 62

Hier und dort, Gott ist überall

Jetzt, wo ihr meine Geschichte gelesen habt, wisst ihr, dass ich mein Leben inmitten vieler Märtyrer verbracht habe. Dennoch habe ich nie gehört, dass einer von ihnen eine Vision von Unserer Lieben Frau oder Unserem Herrn gehabt hätte. Es schien, als hätte Gott die chinesischen Gefängnisse und Arbeitslager vergessen. So viele Priester und Gläubige hatten jahrzehntelang nicht das Glück, die hl. Messe zu feiern oder zu besuchen oder die Sakramente empfangen zu können. Viele haben mich gefragt, wie wir es geschafft haben, unseren Glauben ohne hl. Messe und Beichte zu bewahren. Das ist in der Tat ein Mysterium.

Vor Gott waren wir zwar alle Sünder, aber wir haben nie etwas getan, um unserem Land oder unseren Mitmenschen zu schaden. Wir haben unsere Freiheit nur deshalb verloren, weil wir Zeugnis von der Wahrheit gegeben haben. Wegen Seines Namens wurden wir verfolgt. Wie könnte der barmherzige Gott uns vergessen haben? Der Allmächtige war überall mit uns.

Als ich im Lager war, dachte ich, dass Gott mich liebt, weil er mich auf das Martyrium vorbereiten wollte. Gott würde mir, sobald ich sterbe, seine Gerechtigkeit erweisen und mich in den Himmel aufnehmen. Jetzt, nach über fünfzig Jahren, bin ich, die arme Sünderin, immer noch am Leben.[28]

Ich bin in besonderer Weise ein Zeuge dafür geworden, dass Gott Gott ist; denn ohne ihn hätte ich das Tal des Leidens nicht durchqueren können. Selbst ein sehr starker und sehr heiliger Mensch hätte diese Art von Verfolgung über so viele Jahre hinweg nicht aus eigener Kraft ertragen können. Zweifellos bin ich ein Nichts. Eigentlich kann ich mich wegen nichts rühmen.

Meine liebe Freundin Teresa hat mir von einem wundervollen Vorfall erzählt: Als sie in Shanghai inhaftiert war, befand sie sich in derselben Zelle wie eine Hexe. Diese Frau erzählte ihr, dass sie von mehreren Dämonen besessen war, die es ihr erlaubten, mit den Toten zu sprechen. Sie verdiente sich damit eine Zeit lang ihr

Geld, aber diese Kontakte ließen sie verstört und erschöpft zurück. An einem Wintertag zitterte sie nur so vor Kälte, weil sie nicht genug Kleidung hatte. Teresa hatte Mitleid mit ihr und deckte sie mit ihrem Mantel zu. Innerhalb weniger Sekunden fing die Frau an, laut zu schreien, so laut, wie sie nur konnte. Jeder in der Zelle war erschrocken. Zwei Minuten später verstummte die Frau wieder. Sie vertraute Teresa an, dass sie schon seit mehreren Jahren von Dämonen besessen sei, aber nun sei sie frei. Sie fragte Teresa, ob an dem Mantel etwas Besonderes sei. Teresa antwortete, dass es sich um einen ganz gewöhnlichen Mantel handelte. Als aber Teresa ihren Mantel später doch sorgfältig inspizierte, entdeckte sie, dass ihre Mutter ihr ein braunes Skapulier in das Futter eingenäht hatte.

Ihre Mutter war die Einzige, die davon wusste. Dieses Skapulier hat ein großes Wunder bewirkt. Die Frau fand schließlich Zuneigung zu meiner Freundin Teresa, so dass sie sich aus eigenem Antrieb den Gläubigen anschloss. Hier und da waren Gott und unsere Unbefleckte Mutter in der Zelle anwesend. Ein weiteres Ereignis gab es vor vielen Jahren in den USA. Ich lebte damals in China Town und ging jeden Morgen zur Messe. Der Fußweg von meinem Haus zur Kirche war nicht lang, denn ich kannte eine Abkürzung. Dazu musste ich einen steilen Aufgang über eine Treppe nehmen, um eine Brücke zu erreichen. Da der Weg verwinkelt und düster war, benutzten ihn nur wenige Menschen. Viele meiner Nachbarn sagten mir, es sei gefährlich, diesen Weg zu nehmen, weil es dort schon etliche Diebstähle und sogar Morde gegeben hätte. Sie warnten mich immer wieder und rieten mir, einen anderen Weg zu benutzen. Der sichere Weg zur Kirche dauerte aber mehr als vierzig Minuten, weshalb ich ihn nicht gerne nahm. Einmal, als ich schon fast oben an der Brücke angekommen war, tauchte plötzlich ein bedrohlicher Schatten vor mir auf: Ein nackter Mann, wahrscheinlich ein Latino, stand zehn Schritte von mir entfernt. Er schien gewalttätig zu sein wie ein hungriger Löwe, und ich wusste absolut nicht, was ich tun sollte. Wenn ich davonrannte, würde er mich sicher schnell einholen, und niemand würde kommen, selbst wenn ich um Hilfe rufen würde. Nun trug ich, ganz egal, wohin ich auch ging, immer einen Rosenkranz bei mir und betete ihn so oft wie nur möglich. Ich bin fest davon überzeugt, dass der Rosenkranz die stärkste aller Waffen ist. Während die Überlegungen, wie ich hier wieder heil herauskommen könnte, in meinem Kopf nur so herumschwirrten, habe ich meinen Rosenkranz von meiner rechten in die linke Hand genommen und machte dabei mit großem Eifer das Kreuzzeichen.

Da fing dieser Mann plötzlich an zu zittern. Ich habe also damit weitergemacht und bin auf ihn zugegangen, Schritt für Schritt. Das machte dem Mann eine solche Angst, dass er anfing, rückwärts zu laufen, nur um mein Gesicht nicht zu sehen. Dann drehte er sich um und rannte weg. Als ich in der Kirche ankam, kniete ich vor dem Herrn nieder und wusste nicht, wie ich Gott danken sollte.

Ich bin ehrlich gesagt auch nur eine Sünderin und habe keine besonderen Kräfte. Was auf diesem Aufgang zur Brücke geschah, war nur der Macht des Kreuzzeichens zu verdanken. Was auch immer geschieht, die Dämonen fürchten sich vor diesem großen Symbol, dem Zeichen des Heils. Gott hat uns am Kreuz gerettet. Seht, was immer es war, es ist ein Beweis dafür: Ich wurde von unserer heiligen Mutter beschützt. Ein solches Wunder kann auch Ihnen passieren, wenn Sie auf Gott vertrauen. Er ist hier und dort. Er ist überall, immer bereit, unsere Gebete zu erhören.

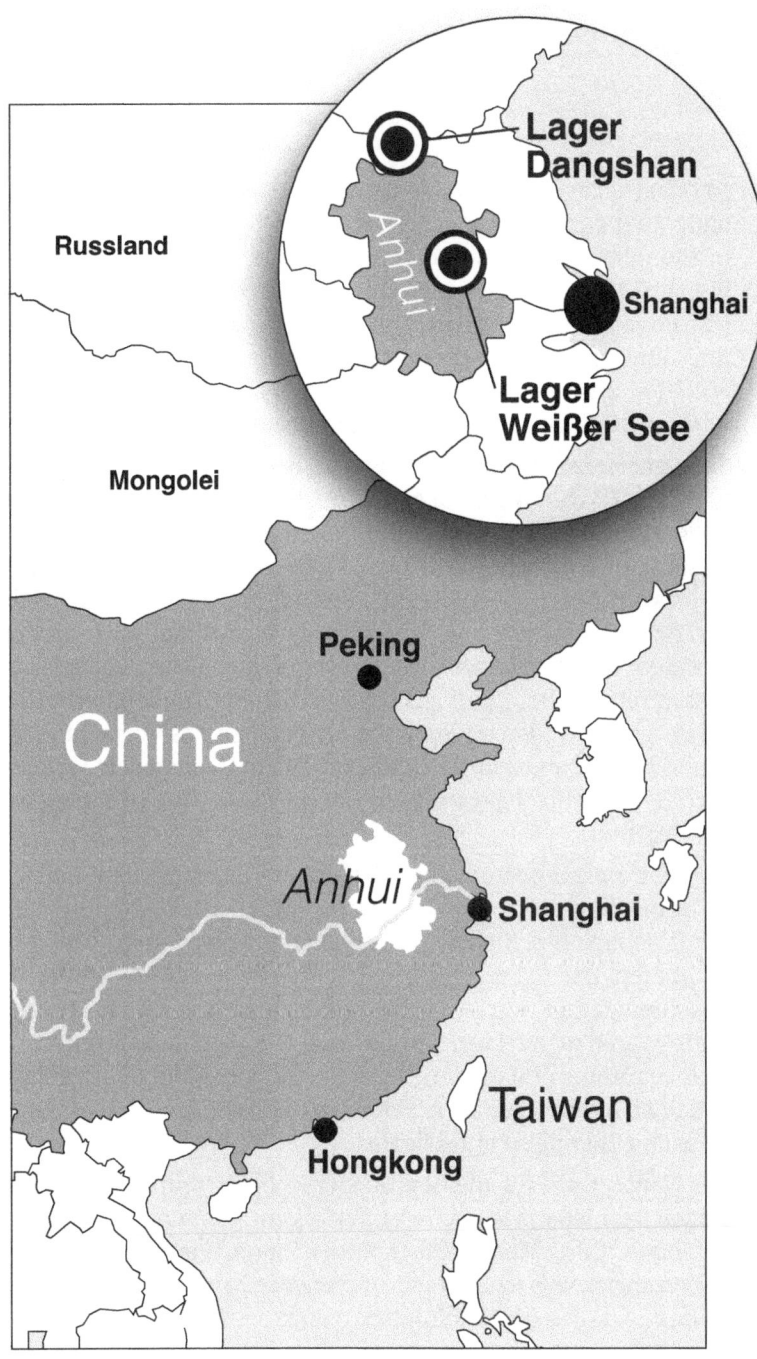

Russland

Mongolei

Anhui

Lager
Dangshan

Shanghai

Lager
Weißer See

China

Peking

Anhui

Shanghai

Taiwan

Hongkong

Nachwort

1973 hatte ich die Strafe, zu der ich verurteilt wurde, ganz verbüßt. Aber das Lagergesetz erlaubte zu jener Zeit Häftlingen, die
in Shanghai oder einer anderen Großstadt wohnten, nicht, dorthin zurückzukehren. Es gab keinen großen Unterschied zwischen
Häftlingen und Nachhäftlingen, bis auf den, dass die Nachhäftlinge ein kleines Gehalt von 15 chinesischen Renminbi im Monat
erhielten und sieben Tage im Jahr nach Hause durften. Was die
körperliche Arbeit betrifft, so war diese keineswegs leichter.

Seltsamerweise durften wir dagegen heiraten, was ich im Jahre
1974 tat. Es waren Gläubige, die mich mit meinen zukünftigen
Ehemann bekannt gemacht hatten, einem Mann mit Universi-
tätsabschluss, einem Architekten der verschiedene Arten von
Häusern entwarf. Viele Priester kannten ihn, weil sie in demselben Arbeitslager waren wie er, und sie ermutigten mich, ihn zu
heiraten. Universitätsabsolventen waren damals in den Gefängnissen recht selten, und aus unerklärlichen Gründen hatten sie
im Vergleich zu den anderen Nachhäftlingen das Vorrecht, dass
ihnen zwei Räume zur Verfügung standen, in denen sie wohnen
konnten, was doch ein gewisser Komfort war. 1976 bekamen wir
eine Tochter.

Im Jahr 1982 endete schließlich meine „Gefangenen-Karrie-
re" dank der neuen „Entspannungspolitik". Die Regierung hatte tatsächlich beschlossen, die gegen uns ergangenen Urteile zu
revidieren. Das hat es uns ermöglicht, wieder einen Platz in der
Gesellschaft zu finden und eine Arbeit zu suchen. Wie ich bereits
sagte, waren mein Mann und ich beide Hochschulabsolventen, so
dass es für uns einfach war, Arbeit zu finden. Mein Mann kehrte
in seinen alten Beruf als Architekt zurück und ich fing an, Englisch und Chemie zu unterrichten.

Der Hauptgrund für meinen Umzug in die Vereinigten Staaten,
wo ich jetzt lebe, war, weiterer Verfolgung zu entgehen und un-
gehindert die hl. Messe besuchen zu können. Wenn Sie sich an all
das erinnern, was ich Ihnen bisher erzählt habe, werden Sie auch
wissen, dass ich die Vereinigten Staaten weder wegen der Kinos

noch wegen der Casinos als Heimat gewählt habe. Ich denke mir oft, dass ich, wenn ich später in die Vereinigten Staaten gekommen wäre, am Ende noch den Glauben verloren hätte.

Welche Bedeutung hat also mein Leben in dieser Zeit?

Das lässt sich am besten mit den folgenden Worten zusammenfassen: Alles ist Vorsehung! Ich habe hier etwas geschrieben, das sich an einem bescheidenen Platz in die große Geschichte der Kirche einfügt, um die Treue zahlloser Menschen unter Gefangenschaft, Folter und Martyrium bekannt zu machen. Als ich noch in China war, sagten mir viele: „Hu Meiyu, du träumst. Du bist in den Augen der Kommunisten eine Verbrecherin. Glaubst du wirklich, dass sie dir eines Tages erlauben werden, das Land zu verlassen?" Ich antwortete immer: „Es liegt alles in Gottes Händen. Eines Tages werdet ihr sehen, wie ich mit dem Flugzeug davonfliege, und ihr werdet mich nicht aufhalten können."

Und die Zeit hat gezeigt, dass es genau so kam.

Es gibt auch in der heutigen Zeit noch Arbeitslager in China. Es gibt sie in den Provinzen Anhui und Xin Jiang; viele Menschen sind dort eingesperrt. Beten Sie für sie!

Biographische Hinweise

Rose Hu wurde am 4. Mai 1933 in Shanghai, China, als achtes Kind einer Familie mit fünf Jungen und drei Mädchen geboren. Sie ließ sich am 17. April 1949 in Shanghai taufen und schloss sich unmittelbar danach der Legion Mariens an.

Von 1945 bis 1951 besuchte sie in Shanghai die Aurora-Mädchenschule. Dann studierte sie Chemie an der Universität Hua Dong.

Am 8. September 1955 wurde sie zum ersten Mal verhaftet, ein zweites Mal am 12. September 1958.

Von 1955 bis 1957 war sie in Shanghai inhaftiert. Danach wurde sie in zwei Arbeitslagern gefangen gehalten: von 1958 bis 1962 im Laogai am Weißen See; von 1962 bis 1982 im Laogai in Dangshan. Sie verbrachte insgesamt 26 Jahre ihres Lebens in Gefängnissen oder in Arbeitslagern.

1989 emigrierte sie in die Vereinigten Staaten.

2001 kam sie mit der Priesterbruderschaft St. Pius X in Kontakt. 2003 legte sie die Gelübde als Mitglied des Dritten Ordens der Bruderschaft FSSPX ab.

Am 13. Oktober 2012, dem Jahrestag der Erscheinung der Jungfrau Maria in Fatima, starb Rose Hu nach einer langen und schmerzhaften Zeit des Leidens friedlich an den Folgen ihrer Krebserkrankung. Sie wurde 79 Jahre alt.

Endnoten

1   Hauptquelle für das Folgende: Das Schwarzbuch des Kommunismus. 4. Auflage, München, 2000, S. 539, ff.

2   Das Schwarzbuch des Kommunismus. 4. Auflage, München, 2000, S. 540.

3   Internetseite der Internationale Gesellschaft für Menschenrechte (IGFM) www.igfm.de/laogai-arbeitslager/. Das Schwarzbuch des Kommunismus. 4. Auflage, München, 2000, S. 539, ff.

4   Quelle: Chinas Straflager - Die chinesischen Gulags. Arte-Dokumentation von Tania Rakhmanova (F 2021), Teil 2., ab min. 55:00.

5   Tania Rakhmanova nennt in ihrer zweiteiligen Dokumentation des deutsch-französischen Fernsehsenders „Arte" die Laogai den „Kern von Xi Jinpings Macht". Auch im deutschen Bundesministerium für Bildung und Forschung (BMBF) gibt es ein Arbeitspapier, in dem von einem „digitalen Punktesystem" die Rede ist, und das nach chinesischem Vorbild in naher Zukunft eine „zentrale politisch-gesellschaftliche Steuerungsfunktion" übernehmen soll: https://www.vorausschau.de/vorausschau/de/home/home_node.html. Dazu auch: www.tichyseinblick.de/daili-es-sentials/bildungsministerium-chinesisches-sozialpunktesystem-fuer-deutschland/ ; jew. abgerufen am 25.10.2021.

6   Chinas Straflager - Die chinesischen Gulags. Arte- Dokumentation von Tania Rakhmanova (F 2021).

7   Dazu: Friedrich Heiler, Die Religionen der Menschheit. 4. Auflage, Stuttgart 1982.

8   So Friedrich Heiler, op. cit. S.75.

9   Arthur F. Utz: „Die Jesuiten duldeten, wenigstens vorläufig, die Verehrung des Weisen und Staatsmannes Konfuzius und der Ahnen als bürgerlich-politische Sitte. Man verwendete als Gottesnamen die chinesischen Bezeichnungen Tien (Himmel) und Schangti (höchster Herr, Kaiser), unterließ gewisse Zeremonien bei der Taufe und der letzten Ölung usw." Arthur F. Utz, Variationen des Modernismus Die Neue Ordnung, Nr. 5/1999 Oktober, 53. Jahrgang, S. 38.

10 Das Schwarzbuch des Kommunismus. 4. Auflage, München, 2000, S. 534.

11 Joseph Kardinal Zen im Interview mit Kirche in Not, bei einer Veranstaltung im Mai 2017 in Kevelaer, Teil 2: www.youtube.com/watch?v=CcDAa7ELUrs

12 Dieser Hinweis der Autorin bezieht sich auf die ursprüngliche Übersetzung.

13 Die Legion Mariens (lat.: Legio Mariae) wurde am 7. September 1921 von Frank Duff u.a. in Dublin als katholische Laienorganisation gegründet. Ausgehend von Irland verbreitete sich das Werk nach einem Empfehlungsschreiben von P. Pius XI. bald in der ganzen Welt. Heute gibt es ca. 2,2 Millionen aktive Legionäre und 10 Millionen Hilfslegionäre.

14 Als Präsidium bezeichnet die Legion Mariens ihre kleinsten Gruppierungen.

15 KPCh: Die Kommunistische Partei Chinas.

16 Senatus: So bezeichnet die Legion Mariens einen Rat, dem ein großes Gebiet unterstellt ist.

17 Die „Drei-Anti- und Fünf-Anti-Bewegung" war eine von Mao Zedong ausgelöste Aktion zur Verfolgung der politischen Gegner der Kommunisten; freie Unternehmer und Geschäftsleute („Kapitalisten") wurden wie Staatsfeinde verfolgt. Sie dauerten von Ende 1951 bis Oktober 1952 und führten zur Zerschlagung der freien Marktwirtschaft in China. Vgl. das Vorwort das Übersetzers.

18 Die Kurie, lat. curia ist der oberste Rat der Legion Mariens mit Sitz in Dublin.

19 Die Katholisch-Patriotische Vereinigung ist eine von der kommunistischen Regierung Chinas ins Leben gerufene „katholische" Gemeinschaft, die von Rom lange Jahre nicht anerkannt wurde, weil sie dazu diente, die katholische Kirche in China den kommunistischen Machthabern zu unterwerfen. Unter Papst Franziskus ist es zu diplomatischen Annäherungen gekommen, so daß im September 2018 ein geheimes Abkommen mit der chinesischen Regierung geschlossen werden konnte. Vgl. das Vorwort des Übersetzers.

20 Anm. des dt. Übersetzers: Angesichts der Bilder, die wir von der jugendlichen Rose Hu haben, ist davon auszugehen, daß die sowohl in der englischen wie in der französischen Übersetzung angegebenen 70 kg nicht zutreffen können. Wahrscheinlich ist die Rede von 70 britischen bzw. amerikanischen Pound, was ca. 32 kg entspricht.

21 Anm. d. Übersetzers: Die Kommunisten verlangten von den Leuten, ihre Freunde und Verwandten öffentlich für ihre antikommunistischen Taten zu kritisieren; dafür wurden sie selber aus dem Gefängnis entlassen.

22 Anm. d. Übersetzers: Die „Drei-Selbst-Patriotische Bewegung" (TSPM) war eine Bewegung der protestantischen Kirche in China, von der ein Pendant auch in der katholischen Kirche Chinas errichtet werden sollte.

23 Anmerkung des Übersetzers: Das Arbeitslager „Weißer See", auf Chinesisch Baihu, wurde 1953 eröffnet. Es liegt etwa 400 Kilometer von Shanghai entfernt, in Chaohu. Seine Gesamtfläche beträgt 162 Quadratkilometer. Noch heute (Stand: 2023) sind dort 18.000 Häftlinge inhaftiert. Es ist derzeit das zweitgrößte Gefängnis in China. Er war schon immer mit einer Landwirtschaft (Baihu Farm) verbunden.

24 Eine Referenz auf Erzbischof Marcel Lefebvre: Die Autorin spielt mit dem „Tag des Erzbischofs" auf den Zeitpunkt seiner offiziellen Rehabilitierung an.

25 Die Kongregation der Helferinnen der Armen Seelen im Fegfeuer (Societé des Auxiliatrices des âmes du Purgatoire), Ordenskürzel: SA, ist eine internationale, katholische Ordensgemeinschaft päpstlichen Rechts mit Ignatianischer Spiritualität. Sie wurde 1856 in Paris von Eugénie Smet gegründet.

26 Es scheint, daß die hier beschriebene Folter auf einer Art „Herzdruckmassage" beruht, die in diesem Falle jedoch bei einem Gesunden angewendet wird, dessen Herz regelmäßig schlägt, was zu dessen Tod führen kann (Anmerkung des Übersetzers).

27 „Freude im Leiden" ist der Titel des Buches sowohl in der chinesischen wie in der englischen Fassung.

28 Rose Hu starb an einem Fatima-Tag, am 13. Oktober 2012 (Anmerkung des Übersetzers).